Hilda Catz
y colaboradores

La Pandemia y después...
Una mirada Psicoanalítica.

Prólogos: Marcelo Viñar y Ricardo Rodulfo
Epílogo: Raúl D. Motta

Colaboradores:

Altavilla, Diana	Linenberg, Patricia
Baena Cagnani, Juan	Lutemberg, Jaime
Burdet, Marina	Monserrat, Alicia
Catz, Hilda	Morais, Guadalupe E.
Cerioni, Mariela	Pinetta, Juan
Cohen Bello, León	Piovano, Tripcevich Gladis M.
Cruppi, Mónica	Rasisnsky, Susana
Gómez, Lilia F.	Rey, Ricardo Juan
Isely, María Pía	Rosenfeld, David
Isern, Viviana	Morandini Roth, Patricia
Iwan Mirta	Saiz Finzi, Josefina
Lago, Marta	Santamaría Linares, Jani

Ricardo Vergara
Ediciones

Catz, Hilda
    La pandemia y después... : una mirada psicoana-
lítica / Hilda Catz. - 1a ed. - Ciudad Autónoma de
Buenos Aires : RV Ediciones, 2020.
    300 p. ; 22 x 15 cm.
    1. Clínica Psicoanalítica. 2. Teorías Psicoanalíti-

    cas. I. Título.
    CDD 150.195

Coordinación de Producción y Edición: Ricardo Vergara
Te: (+549) 116-231-2760
email: edicionesvergara@gmail.com
Facebook: Ricardo Vergara
Instagram: @vergara_ric
Colegiales, Ciudad de Buenos Aires
Reoública Argentina

Imagen de tapa:
Freud, una mirada
Pintura digital de raíz por Hilda Catz

E-mail: hildacleliacatz@gmail.com

Índice

*"Una persona se hace
humana a través de las otras personas"*

Ubuntu
*(Regla ética sudafricana enfocada en la lealtad
de las personas y las relaciones entre éstas)*

Agradecimientos

Las colaboraciones de David Rosenfeld, Jaime Lutenberg, Jani Santamaría Linares y Martina Burdet

Es el hombre de la multitud.
Relato de una adolescente en Pandemia

Abril Dellapiana

En otros tiempos probablemente no hubiera llegado, no hubiera tenido el deseo de viajar y conocer otros cuerpos que infectar, pero los avances del transporte le han dado las herramientas para alcanzarnos y transformarnos la vida. Su cuerpo viscosamente verde e invisible a nuestra mirada se conmuta en la ciudad en nuestros transportes, veredas, objetos, aire. La escapatoria se encuentra en el interior de nuestras casas. En la aislación y evitar el contacto con el cual nacimos. Los primeros siete días fueron las vacaciones que anheladamente buscaba pero un sentimiento de profundidad y oscuridad acechaba con el pasar de las horas del octavo día. En mi desesperación por apagarlo y desaparecerlo moví los músculos, nervios, huesos de mis largos dedos, llevándolos por la contraseña, doblando a la derecha y luego la izquierda donde el local de Instagram se encontraría.

En su interior el feed sirve de sala de estar donde posteos de sus vidas abundan mis sentidos. "Comentarios" y "me gustas" llenan algo que solía estar en buen estado. Pero mi mayor felicidad la encuentro a unos metros de la primera sala. Exactamente 3 metros hacia arriba donde anécdotas de sus vidas se pueden escuchar con tan solo entrar en el sector de "historias". Cerrando los ojos y presionando el café que estaba en la mesada me imagino la cafetería de Lavalleja. Con su agitada muchedumbre pasando, sonriendo y viviendo. Esther y yo nos solíamos reunir allí, a tan solo unos metros de mi hogar. En mi recuerdo me levanto buscando ver desde mi ventana ese lugar que tanta luz proyectaba en mi pálida piel. Sorprendido noto como ese café siempre será mi reflejo emocional. Como esas cortinas grisáceas son símiles a mi vacío.

Ante la amenaza de este sentimiento tan nuevo corro a twitter hallando consuelo en los comentarios a un hilo. Las paredes de mi casa se oscurecen dejándome saber como dentro de poco estos locales estarán vacíos sólo con publicidades para ver. Saliendo del local me dirijo a la avenida principal donde el logo de whatsapp se divisa a lo lejos. En su espacio busco el grupo de mis amigos, preguntándoles al verlos si les interesaría hacer una reunión vía zoom. Ante el entusiasmo salimos para juntarnos en otro barrio de esta ciudad virtual. La organización del store zoom resembla una mesa virtual donde cada integrante ocupa un cuadrado. En ellos veo a mis compañeros y su intimidad.

El de la izquierda arriba se llama Roberto y a pesar de conocerlo hace diez años es tan solo ahora que logro divisar una colección de tocadiscos y distintos instrumentos. Al lado de Robert esta Lucila, la extravagante muchacha que vivía en búsqueda de excesos cada noche, decoró su habitación con una pared roja y peluches en variados tonos de color carmesí. Una imagen lejos de la que decidía poseer cada noche en nuestras salidas por la calle Rivadavia.

Florencia, Matías y Esther ingresan unos minutos mas tarde y con eso empezamos a narrar la vida de unos individuos que hace no mucho encarnaban nuestros cuerpos y almas.

Sus voces me llevan a aquella noche cuando con mis amigos nos aventurábamos como de costumbre en otra noche de distracciones y en nuestro delirio cegamos la verdad. Aquello que nos aleja del sueño cada noche se personificaba en la oscuridad del recinto, sin embargo nuestros cerebros viajaban en un mar de alcohol. Sólo cuando vimos que todos se estremecían ante sus risas por aquel poder superior o infernal, cuyo solo nombre le helaba la sangre, acabamos por callar. Este virus, vampiro, es el tipo y el genio del crimen profundo. Se niega a estar solo. **Es el hombre de la multitud.**

Bloqueando las ideas que no me dejarían dormir, me despedí de mis amigos y cerré el móvil, dejando que el vacío hable por mí, y así contemplo las ideas del pecado mas aborrecido por la sociedad. El pecado de la cobardía y la pérdida de la esperanza inunda la infinitud de mi cerebro y con pasos ligeros me dirijo al espacio de mi mayor intimidad.

En el camino a mi cielo capto mi imagen en el espejo del estrecho pasillo dándome cuenta que estoy durmiendo al amanecer. Instalando otra vez ese sofocante sentimiento de vacío que me llevó a levantar el pequeño tarro de la medicación en mi boca.

De golpe me despierto y... *Era mi cuarto iluminado, conocido, me daba seguridad y apoyo, mi música, la computadora, el teléfono, me comunicaban con la realidad que aunque plena de incertidumbre, eran mías, las propias que se unían a un vampiro cruel que no me había logrado atrapar... en ninguno de mis viajes, y sobretodo, como dicen que él no viene a nosotros sino que vamos hacia él, no haberme dejado atrapar o seducir en sus males. "Aléjate de mis emociones, vampiro Porque ya no resisto más Y aléjate de mis tentaciones Porque este cuerpo es mío, nada más"* En las palabras de Charly García he encontrado mi mantra desde que se inició la pesadilla mundial y constantemente las repito buscando una fuerza que se aleja sigilosamente de la humanidad.

HILDA CATZ Y COLABORADORES

Elogio a la manera de Prólogo

Ricardo Rodulfo

El elogio pertenece a los subgéneros de la escritura literaria, y es uno muy poco usado en nuestro campo. Como excepción recuerdo el texto Elogio de la histeria de Lucien Israel. No se trata de un ejercicio de adulación retórica, en cambio es un estilo en el que se destacan las particularidades singulares de una obra o de un autor.

En este caso lo dirigimos a los por ahora cuatro tomos compilados diestramente por Hilda Catz con la amplia colaboración de un calificado grupo de psicoanalistas de distintas edades profesionales. La dimensión que ha alcanzado llegando ya a su cuarto volumen no fue prevista desde el principio y es un signo del crecimiento espontáneo del proyecto, que llevó a ensanchar en mucho su espacio.

Este no es el menor de los méritos del proyecto, además de que pone de relieve la incansable capacidad de trabajo de Hilda Catz, capacidad que incluye la de dirigir un grupo en forma tal que este no pueda menos que crecer.

Por otra parte en la mayoría de los trabajos que vamos a leer se pone de relieve la capacidad imaginativa de los profesionales para encarar un dispositivo clínico -el de atención a distancia- que nunca había conocido semejante extensión, adaptada ahora a la situación creada por la pandemia y por las respuestas gubernamentales a ella. Este dispositivo clínico ya transitado anteriormente pero nunca con tanta intensidad y exclusividad requería flexibilidad clínica para no ahogarse a sí mismo y esto fue lo que los profesionales convocados supieron proveer. Parejamente, hacía falta la capacidad imaginativa de los pacientes, o por lo menos de una gran mayoría de ellos para acompañar este proceso, y los pacientes también han respondido en buena medida, moviéndose con soltura en un terreno al que no estaban acostumbrados.

Hubo todo una época en la que la sesión psicoanalítica se concebía a sí misma solo como presencial y se creía imposible recrear el clima de una sesión en otras condiciones, sin los dos cuerpos juntos en un mismo cuarto. Vale como otra prueba, si hacía falta, de que el psicoanálisis no es una técnica que solo responde a un procedimiento único y siempre el mismo; el psicoanálisis es una actitud y una manera de pensar que puede darse bajo gran variedad de rostros y de procedimientos. Por supuesto también hay que evocar la gran vitalidad del psicoanálisis en Argentina, que puede llevar a cabo en términos de muy pocos meses empresas como esta.

La proximidad del año 2021 vuelve aún más importante esta publicación, en la medida en que pueda ayudar a rectificar errores como los que se han dado en algunos aspectos de las medidas sanitarias. Por ejemplo el excesivo tiempo que demoró tomar alguna conciencia de cómo se dañaba a los niños privándolos de escolaridad, es decir nada menos que privándolos de la relación con sus pares y encerrándolos en sus casas al par que se cerraban las escuelas cuando es sabido que la vía de crecimiento de un niño es centrífuga y no centrípeta.

Ojalá por lo menos en algunos de los sectores vinculados a las medidas sanitarias halla quienes se dignen a prestarnos atención a los psicoanalistas, que algo sabemos de las condiciones necesarias para un buen desarrollo del psiquismo humano. Esto haría retroceder el predominio de enfoques neopositivistas que primaron en la larguísima cuarentena que marco casi todo el año 2020 y testimoniaría del valor de la investigación psicoanalítica tanto en el plano de los conocimientos que aporta como en el de la ética que sustenta. Una ética en que los valores de libertad deben encontrar siempre caminos para circular, aun en condiciones desfavorables como puede apreciarse en esta serie de libros realizados durante la Pandemia.

Hilda Catz y Colaboradores

Prólogo 2

Marcelo Viñar

*"Variación", más que "la cualidad estable",
es lo que caracteriza a la naturaleza
y al pensamiento humano.*
Stephen Gould

Subrayo principalmente, en esta serie de libros que me han invitado a prologar, la importancia de la Diversidad de perspectivas de comprensión, de vértices de observación diferentes y heterogéneos, porque es un libro que condena lo uniforme y destaca especialmente cómo lo social, lo socio-político influyen en nuestro quehacer. Como nos cambia un mundo que cambia donde la variación más que la cualidad estable es lo que caracteriza a la naturaleza y el pensamiento .

Es muy estimulante encontrarse con grupos que, como el que trabaja en este libro, construyen un espacio inter¬medio entre lo público y lo íntimo para enfrentar lo que acontece con multiplicidad de miradas, logrando lo que Hilda denomina ese pasaje de la intimidación que produ¬ce la Pandemia a la posibilidad de creación de espacios de intimidad, paredes virtuales flexibles y dinámicas como propone.

La grupalidad aporta una pluralidad de miradas que enriquece la percepción de los hechos en toda su complejidad, a su vez inabarcable y refleja. Grupos que, construyen un espacio intermedio para enfrentar con multiplicidad de miradas en esta serie de libros, lo que acontece porque sabemos que ni el río ni el sujeto serán los mismos y lo único permanente es el cambio.

Por otro lado, los autores tienen presentes a los pioneros de la Escuela Argentina (Racker, Pichon, Aberastury, Bleger, Baranger, Rodrigué) que promovían puentes entre mundo interno y mundo externo como los de Simbiosis y la Ambigüedad, esencial del campo analítico y su entorno. Incluir lo social en su interacción con el conflicto psíquico se ha vuelto un desafío ineludible para el psicoanálisis del Siglo XXI, teniendo en cuenta que el mundo de hoy es lo suficientemente cambiante, complejo y caótico como para proponer encuadres rígidos y teorías definitivas.

Serge Leclaire destacaba, que es necesario apuntar no solo al territorio del mundo fantasmático, sino estar alerta y vigilante a lo inédito del mundo de hoy, tomando de Freud su vocación de explorar tierras ignotas. Considero que justamente ahí reside la importancia de esta serie de libros, objetivo que logra con su heterogeneidad de enfoques y su respeto por la interacción con los estados de perplejidad ante un entorno que se ha vuelto atemorizante y también muchas veces desconocido.

Y en esta época de Pandemia se hace presente lo fronterizo en las ciencias de la subjetividad, que nos conduce a buscar, a asomarnos a esos bordes de los territorios interactivos y menos explorados. No es lo mismo pensar o interpretar la humanidad de un sujeto centrándolo exclusivamente en el fuero interior de sus pulsiones e identificaciones que pensarlo inmerso en sus vínculos y acontecimientos como se lo presenta en este libro que nos habla de trabajar en épocas de la Pandemia tendiendo Redes, pero Redes Humanas que se obstinen en lo humano de las Redes.

No nos olvidamos que estamos hechos de cuentos y leyendas como dije en el tomo 3 citando a León Felipe, y el trabajo de subjetivación, parafraseando a Badiou, supone la resistencia, casi insensata y casi impensable, a que mediante un esfuerzo inaudito no nos acomodemos al lugar asignado ya que la lucha entre el lugar asignado y el lugar asumido es una lucha permanente en todos los órdenes de la vida.

Para posicionarnos ante el flujo constante y cambiante de la experiencia interior, la metáfora que propongo es la del viento, el aliento que va desde la calma al huracán con sus intermedios de brisas y ventarrones, todas estas alternativas poseen un rasgo previsible y otras conducen por derroteros como está sucediendo con la Pandemia abruptamente inesperados.

Como podemos ver para este cuarto tomo de la investigación acerca de la Pandemia Hilda Catz ha escogido nuevamente la autoría múltiple para ese propósito, y es una opción que nuevamente celebro, en especial por la implicancia que tiene en estos momentos y por la forma en que se sostiene a lo largo de toda la producción que viene realizando con su grupo de autores-colaboradores.

En la lectura de este libro que aquí prologo palpita la libertad para escoger los parámetros y alcances de esa tarea y los autores cuentan para ello con la rica tradición de la Asociación Psicoanalítica Argentina, pionera del psicoanálisis latinoamericano, para reinventarse en este mundo inédito e insólito.

Son los antecesores que están presentes también a lo largo de estos cuatro libros sosteniendo formas de abordaje creativas que ponen en primer plano la fertilidad de los vínculos, esas Redes interactivas de lo humano que tanto significaron para el psicoanálisis latinoamericano y que sostienen esa mirada psicoanalítica a que alude el título de este libro. Y como nos dice Benjamín: contar la propia historia es un gesto humanizante y un derecho inalienable.

Introducción

La Pandemia y después...,
una mirada psicoanalítica

Hilda Catz

> *Sur... paredón y después...*
> *Ya nunca me verás como me vieras,*
> *recostado en la vidriera*
> *esperándote...*
> *Nostalgias de las cosas que han pasado,*
> *arena que la vida se llevó,*
> *pesadumbre de barrios que han cambiado,*
> *y amargura del sueño que murió...*
> *y mi amor en tu ventana*
> *y tu nombre flotando en el adiós...*
> *todo ha muerto, ya lo sé...*
> Tango Sur- Manzi, H. y Troilo, A.(1941)

La propuesta que me impulsó a convocar y reunir a colegas para motivarlos a escribir sobre lo que estábamos viviendo fue generar espacios de transición, que actuasen como continentes circunstanciales de los contenidos que desbordaban la posibilidad de ser pensados. Se trata, entonces, de modelos conjeturales y descartables para transformar estas nuevas formas de vincularse en una trama que genere presencia psíquica frente a la ausencia física resultante del aislamiento obligatorio. Intentar que, mediante los recursos que ofrecen las técnicas digitales y haciendo prevalecer la mirada psicoanalítica del terapeuta, se logre transmitir **cómo nos cambia un mundo que cambia.**

Y así surgió la urgencia del intercambio de nuestras impresiones y experiencias ante un peligro desconocido y sus imprevisibles y trágicas consecuencias con el horizonte de incertidumbre frente al que nos encontrábamos y nos encontramos. Como una forma de soportar la violencia física y psíquica que arrastra esta apocalíptica pandemia que nos enfrenta a las pulsiones más primitivas que impone el aislamiento, y donde resulta necesario abstenerse con humildad de distorsiones defensivas de una realidad que nos sumerge en la perplejidad.

Partimos de que lo trágico y lo creativo están en la complejidad de lo humano, por lo que *"en tiempos de incertidumbre y desesperanza es imprescindible gestar proyectos colectivos donde planificar la esperanza junto a otros"*, como nos decía Pichon Rivière, E. (1970).

Nuestro querido tango Sur acude en nuestro auxilio en tiempos de Pandemia, pero esta vez el protagonista, paradójicamente, está recostado en la vidriera de la pantalla de la computadora, donde el amor aparecerá en la ventana, pero la de la hiperconectividad digital.

Parafraseando la letra, disfrutando la música, acompañándonos en este "baile" metafórico con el tango "Sur" reparamos en que la letra del tango que nos dice **"todo ha muerto ya lo sé"** también nos dice: **"y un perfume de yuyos y de alfalfa que me llena de nuevo el corazón"**. Es como si se vislumbrara un por-venir absolutamente incierto, desde cuya inermidad quizás puedan escucharse los "acordes musicales" de la idea de un porvenir posible.

Remeda al mismo tiempo la nostalgia de las cosas que han pasado, y todo lo que ha muerto, como dice la letra del tango, donde por efecto del trauma estamos ante lo inimaginable, todo lo que ya no será igual, y también lo enorme, lo que está fuera de toda norma y la necesidad de construir vínculos que mitiguen la desmesura de esta especie de tsunami viral.

Ante esa enormidad tenemos que bailar, metafóricamente, con el **caos** producido por la Pandemia, con la caída de la eficacia simbólica de muchos paradigmas, donde ya no promete soluciones el desarrollo lineal del pensamiento. Este último que le permitía al sujeto adaptarse a los cambios, pero ahora los cambios son abruptos, vertiginosos e imprevisibles, además de inesperados y, por tanto, colocan lo humano del individuo y su sociedad en una situación muy débil para enfrentar lo que Motta (2008) denomina las "mutaciones cualitativas del presente".

Necesitamos recurrir al pensamiento complejo para poder contener esos cambios cualitativos que se dan a un ritmo acelerado en todas las áreas, incluido el psicoanálisis, y donde todo lo que se daba por obvio pasa a ser cuestionado y reformulado desde distintos vértices de observación.

Se complejiza y desemboca más rápidamente que nunca en aplicaciones prácticas y en la modificación de los estilos de vida con imprevistos desenlaces, como coreografías inusuales de danza en una pista de baile que se encuentra en movimiento permanente.

Lo importante es la solidaridad y la cooperación entre todos, como si fuésemos bailarines al ritmo del deseo y el esfuerzo de crear vínculos: redes hechas de sonidos, palabras y melodías que nos impidan abismarnos en el aislamiento, en el silencio, porque como dice Segal, H. (1997) el silencio es el auténtico crimen, señalando así la importancia de aprender de la experiencia, por más siniestra que ésta sea.

Sin dejar de tener en cuenta que se trata de una crisis que podría generar un empobrecimiento del mundo simbólico y de su soporte en afectos y representaciones colocando en el grupo de riesgo a la subjetividad, que se encuentra ante un horizonte de extrañeza en un mar de incertidumbres.

Así arribamos a la gestación de este libro, el cuarto tomo de la serie sobre la Pandemia, que es el resultado del entusiasmo y la participación de un grupo de colegas de la Argentina y del exterior que imaginan otra versión del mundo y ponen esfuerzo, ganas y sueños para construirla.

La enseñanza de nuestros pioneros fue la orquesta que, a la manera de un continente, concertó nuestros pasos en una pista virtual creando intimidad donde en un principio solo había intimidación y desconcierto. Y así fue como nos obstinamos en transmitir nuestras experiencias, como acordes complejos para entretejer tramas que nos sostengan los pasos muchas veces temblorosos y nos acompañen en este estado de duelo y de aflicción global.

Con las nostalgias y cadencias que trae el tango, reconociendo lo que ha muerto, como dice la letra, pero también buscando en las notas de un pentagrama imaginario **"ese perfume de yuyos y de alfalfa"** que augure la vida en devenir.

Los compases de la música, como urdimbres de lazos oficiosos, fueron dejando testimonios de esta crisis civilizatoria y sintonizaron con la **"esperación",** esa pausa entre **la desesperación, la espera y la esperanza** para poder musicalizar con palabras que creen presencia, que se transformen en canciones que traigan ese perfume que llena el corazón.

Sin dejar de reconocer el pesar de todos los nombres que quedaron **"flotando en el adiós",** como dice el tango que incluye la propia fragilidad psíquica, política y cultural, a pesar de lo cual se inaugura una nueva era, la de lo desconocido, con fronteras complejas y horizontes inciertos donde el futuro no sea cancelado.

"Sin saberlo , tal vez hemos sobrepasado los umbrales...la extensión de las megalópolis y de la industrialización no puede ser ilimitada, ... y... si los procesos no son desacelerados...conducirán a catástrofes irreversibles..." Morin, E.(2002)p.25

Bibliografía

2020 Catz Hilda y colaboradores-autores, *Psicoanálisis de Niños y Adolescentes Trabajando en cuarentena en tiempos de Pandemia. Bs Aires. Ricardo Vergara editores*

2020 Catz Hilda y colaboradores-autores

Trabajando en cuarentena en épocas de pandemia y de post-pandemia. Transformaciones e invariancias Transformaciones e invariancias. Bs Aires Ricardo Vergara editores

2020 Catz Hilda y colaboradores-autores

Las redes humanas, lo humano de las redes. Trabajando en cuarentena y en la post-pandemia. Bs Aires Ricardo Vergara editores.

Catz, H.(2019) *Psicoanálisis en el caos, fronteras complejas y horizontes inciertos,* Docta Revista de Psicoanálisis, año 16 Publicación de la Sociedad Psicoanalítica de Córdoba.

Morin, E.(2002) *Para una política de la civilización,* Biblioteca Edgar Morin, Paidós.

Motta, R.D.(2008) *Complejidad* Publicación anual nro. 34 2018/ ISSN 1853-8118

Filosofía - Estética - Epistemología - Poética - Humanidades – Política *"La revalorización de la retórica en la configuración de las competencias generales de la educación en las sociedades complejas"*

Pichon Riviere, E.(1970) *El proceso grupal, del psicoanálisis a la psicología social,* Ediciones Nueva Visión, Buenos Aires.

Segal, H. (1987), *"Silence is the real crime"*, International Journal of Psychoanalysis, núm. 14, pp. 3-12.

A la manera de una Presentación de los autores

Hilda Catz

El virus nos enfrenta con la siniestra perspectiva de la nada, entre el pulular de los fantasmas, la quietud de los muertos y el eco recortado de los sueños de lo que fue, de lo que ya no podrá ser y de lo que será, de lo **por-venir del porvenir.**

A través de las páginas de este libro, se trata de abrir espacios para poder pensar desde diferentes vértices teóricos la pandemia que nos hace sentir muchas veces como viviendo en "Ciudades invisibles" como dice Calvino.

Palabras potencialmente simbolizantes del camino que se invita a transitar, donde los autores nos ofrecen por infinitud de senderos diversos esas piedras de un puente y ese puente hecho de piedras, **donde cada uno es necesario y todos son necesarios para cada uno.**

> **"Marco Polo describe un puente piedra por piedra**
> **-Pero cuál es la piedra que sostiene el puente**
> **-El puente no esta sostenido por esta o aquella- responde Marco, sino por la línea del arco que ellas forman**
> **Kublai permanece silencioso, reflexionando. Después añade:**
> **-¿Por qué me hablas de las piedras?. Es sólo el arco lo que me importa**

Polo responde:
-Sin piedras no hay arco"

Epílogo del capítulo V de
"Las ciudades invisibles"
Italo Calvino (1972)

La orfandad social y la pandemia del coronavirus

Jaime Marcos Lutenberg

A) introducción general

En los inicios del año 2020 se originó una pandemia generada por la inusual contaminación mundial por un virus: el coronavirus.

Debido a una mutación genética, el coronavirus se transformó en el agente infeccioso que dio lugar a una ilimitada pandemia que, en la actualidad, ha colocado a todos los habitantes del mundo, ante una vivencia colectiva de desprotección, impotencia y desamparo frente al peligro de muerte, cuya duración resulta hoy incierta.

Su rápida difusión por todo el mundo, sin respetar ninguna frontera política, geográfica, o económica, se convirtió en un desafío que incluye a todas las instituciones mundiales sin excepción, como la OMS y la ONU, hasta el intendente de un pequeño poblado de cualquier pequeña ciudad del mundo.

Desde todo punto de vista, resulta muy desconcertante luchar contra un virus mortal para los seres humanos, contra el cual, los centros de investigación de todo el mundo, aún no han encontrado el modo eficaz de neutralizarlo con una vacuna específica que sea eficaz y segura.

De este modo, toda la humanidad se halla involucrada en una forma de *"orfandad social"*; a pesar de que muchas autoridades del mundo se hallan abocadas a tomar las medidas más pertinentes y necesarias, para proteger a sus habitantes.

Entiendo que esta pandemia representa un tipo particular de orfandad social, que no está relacionada inicialmente con la inoperancia o insensibilidad social general de las autoridades gubernamentales, sino con la transitoria impotencia gubernamental y científica mundial, para combatir el coronavirus.

Pero resulta notorio para todos que, en cada país y en las diferentes ciudades y poblados del mundo, dicha pandemia adquiere características bien distintas.

Las diferencias más relevantes están en relación directa con: a) el número de personas que habitan un determinado lugar geográfico, como el representado por un pequeño poblado rural de 1500 habitantes, por un lado; y una gran ciudad con más de un millón de habitantes, por el otro. b) las características políticas de las organizaciones gubernamentales y sociales locales. c) la sensibilidad social de sus gobernantes. d) la calidad y la operatividad práctica de los asesores a los cuales recurre el poder ejecutivo. e) la cooperación entre las autoridades del poder ejecutivo y sus asesores científicos, económicos y políticos. f) las posibilidades económicas de cada país y de cada municipio. g) las características históricas y culturales de cada población. h) las costumbres y tradiciones religiosas y sociales de sus pobladores. i) el hábito de cada agrupamiento social relacionado con el respeto a las normas jurídicas de convivencia social instauradas previamente en el imaginario social colectivo j) los hábitos alimentarios de cada población.

Al respecto, existe una hipótesis muy difundida, que afirma que el salto mutativo del coronavirus, que habitualmente parasitaba en algunas especies animales sin infectar a los seres humanos, se produjo en la ciudad de Wuhan, de la república de China, debido al habito alimentario vinculado con el consumo de alimentos basados en la caza de animales no siempre aptos para el consumo humano habitual, cazados por cuenta propia o adquiridos en los llamados "mercados húmedos".

Estos mercados húmedos siguen abiertos en China, y resulta muy difícil cerrarlos, a pesar de que muchos científicos afirman que estos mercados húmedos pueden ser el origen de futuras pandemias.

B) mi concepto de orfandad social

Entiendo por orfandad social a un padecimiento social colectivo, determinado por la sostenida y programada "indiferencia" de las autoridades que forman parte de los tres poderes públicos gubernamentales, ante el sufrimiento social colectivo, por ellos condicionado.

C) la orfandad social y el imaginario social

El concepto "Imaginario Social", se usa habitualmente como sinónimo de: 1) mentalidad colectiva, 2) cosmovisión, 3) conciencia colectiva y, 4) ideología colectiva.

El concepto de *"Imaginario Social"* fue creado por Cornelius Castoriadis[1], y es usado habitualmente para designar las representaciones sociales encarnadas en sus instituciones.

El concepto de Imaginario Social, me ayuda a discriminar la especificidad sociocultural que tiene el concepto de *"orfandad social"* en lo referente a la individualidad de *"ser"*. Como afirma Castoriadis, el imaginario social tiene que ver con *"el ser, en lo que es"*.

Vale la pena recordar que la relación entre el lenguaje y la verdad, tuvo nuevas definiciones en L. Wittgenstein. En su "Tractatus lógico Philosophicus2", este autor efectúa

---

[1] Castoriadis, C. (1989) *La Institución Imaginaria De La Sociedad.* Vol. 2. Tusquest Editores.

2 Wittgenstein, L. (1987) Tractatus Lógico-Philosophicus. Ed. Alianza Wittgenstein en el apartado 4.25:

originales puntualizaciones que replantearon al problema de la verdad del lenguaje. Cito dos de ellas, que tienen relación con el tema de la "orfandad social":

"Si la proposición elemental es verdadera, el estado de cosas se da efectivamente; si la proposición elemental es falsa, el estado de cosas no se da efectivamente".

"La especificación de todas las proposiciones elementales verdaderas describe el mundo completamente...".

Personalmente considero que la perspectiva proposicional de la verdad que la filosofía describe, nos ayuda a develar el movimiento del pensamiento que todo ciudadano puede generar en su mente, si la noticias que recibe de los medios de comunicación lo ayudan a reconocer o no, la verdad de los acontecimientos vinculados con las crisis sociales derivadas de la orfandad social.

Las distorsiones informativas de los medios periodísticos, perturban y alienan la capacidad de pensar.

La construcción lingüística de una información que aloja "la verdad" no es una estación terminal, sino tan sólo una intersección, un cruce de caminos entre el ser humano como pensador y la realidad social en la que vive.

La información verdadera, abre el pensamiento del ser humano al infinito, ya que, para pensar la verdad de los acontecimientos sociales, no existe una meta final del pensamiento, sino variados caminos con infinitas bifurcaciones.

El concepto de *"orfandad social"; surgió en mí en diversas ocasiones, cada vez que me detenía a pensar como psicoanalista, acerca de las consecuencias individuales que podrían generar los más diversos tipos de desastres sociales mundiales acerca de los cuales continuamente me informaba.*

En particular, cuando estos desastres sociales ponen en evidencia social colectiva, la incapacidad de las autoridades políticas para dirigir y coordinar con eficacia, los actos de gobierno destinados a proteger a toda la población que suele resultar afectada por los desastres geográficos, ecológicos y por los desastres políticos y económicos.

La distorsión de la información periodística es una de las formas solapadas bajo la cual se expresa la violencia social. Ello ocurrió en mi país, la república argentina en múltiples ocasiones y bajo diferentes gobiernos.

D) Relaciones entre la pandemia y la orfandad social

Voy a sintetizar mi perspectiva de la relación entre la pandemia generada por el coronavirus y su relación con la orfandad social.[3]

1) Entiendo que la toda la humanidad va a cambiar para siempre luego de superar la crisis mundial generada por el coronavirus.

2) Muchos investigadores ya están pronosticando que la severa crisis económica mundial que ya está en curso en todo el mundo, va a dar lugar a una nueva pandemia: la pandemia provocada por el hambre.

3) en la medida que ello ocurra se podrán generar nuevas y catastróficas figuras de la "orfandad social".

4) Es seguro que. en el curso de los 12 meses próximos, quede legalizada la posibilidad de que, en el mundo, cualquier ciudadano se aplique la vacuna contra el coronavirus. No se sabe si las mutaciones del coronavirus van a exigir que se repita una vez por año la vacunación, como ocurre con la vacuna contra el virus de la gripe, o la inmunidad va a ser sostenida por más tiempo. En la última semana del mes de octubre del año 2020, varios países están por lanzar al mercado mundial varias vacunas destinadas a adquirir inmunidad para el coronavirus.

---

[3] Lutenberg J. (2020) Se trata de una síntesis del tema que desarrollo ampliamente en un libro recién editado denominado "La Pandemia Por Coronavirus y La Orfandad Social" Editado por Publicaciones Psicoanalíticas Lima. Versión Electrónica Disponible en www.cauceseditores.com

5) todos los países intercambian sus investigaciones respecto al coronavirus.

6) Este fluido intercambio científico sin limitaciones políticas, puede cambiar favorablemente la historia geopolítica del mundo.

7) La alteración significativa y paralela de las variables económicas que dependen de "las ofertas económicas" y "las demandas económicas", va a crear nuevos interrogantes económicos para los especialistas de todo el mundo.

8) Recordemos que la experiencia científica y epistemológica demuestra que las matemáticas ayudan a resolver el 66% de las incógnitas económicas; el otro 34 % de las ideas que ayuden a resolver los problemas económicos, son las hipótesis provenientes de las ciencias sociales.

9) El teletrabajo que en la actualidad ha sido necesario implementar a raíz de la pandemia, se está constituyendo en un modelo laboral que, en la medida que demuestre prácticamente su eficacia, va a redefinir las futuras estructuras organizativas de muchas empresas mundiales.

10) Habrá que tener en cuenta cuanto se reduce el costo laboral empresarial, mediante el teletrabajo, organizado empresarialmente con eficacia coordinadora, y cuál es el nivel de desempleo que puede incrementar el teletrabajo, a nivel mundial

11) El aislamiento social colectivo mundial impuesto por la pandemia, en muchas personas vulnerables, puede afectar a la noción interna de la habitual secuencia temporal "pasado-presente- futuro". Ello se debe a que la incertidumbre del presente, afecta la noción interna de pasado y futuro.

12) El hecho que las urgencias de la pandemia obliguen al poder ejecutivo a gobernar transitoriamente mediante DNU (decretos de necesidad y urgencia), puede dejar un complicado precedente, como para que algunos gobiernos democráticos se deslicen imperceptiblemente, haca un predominio de un gobierno no democrático, con

diversas características locales, de acuerdo a la historia política de cada país afectado.

13) que se incremente la desconfianza de los habitantes de las grandes ciudades respecto al "otro ciudadano", cohabitante y vecino de la misma ciudad.

14) Alteración de los rituales culturales vinculados con los duelos de los familiares de la persona fallecida por coronavirus.

Durante la pandemia, el cuerpo del fallecido por coronavirus es retirado por las autoridades municipales y todos son cremados. Hay religiones que tienen prohibida la cremación de cuerpo de la persona que fallece.

15) algunos problemas graves de la pandemia que afectan las economías de España e Italia, mucho más que a la de otros países de la Comunidad Económica Europea, están cuestionando la posibilidad de que dicha alianza europea continúe vigente en el futuro. Lo mismo ocurre con Brasil y las alianzas económicas latinoamericanas.

E) Conclusiones de síntesis

La sociedad legítimamente organizada, es el continente de la esperanza individual de sus habitantes.

Cuando existe una adecuada armonía entre el individuo y su medio social, se dan las condiciones como para que, en forma constante, se reproduzca en el psiquismo humano, el circuito que va desde la in - diferenciación a la diferenciación individual, la creación y la sublimación.

En esas circunstancias sociales favorables, el Ello-Yo-Superyo de un individuo, establecen con el mundo social, una relación de "cooperación transformadora", que mantiene vivo el proceso psíquico de identificación evolutiva del individuo.

En este contexto, la represión y la culpa están al servicio de la creación.

Cuando tiene lugar la *orfandad social* derivada de la violencia social; se produce todo lo contrario.

La violencia social de estado; da lugar a una legislación que encierra física y psíquicamente a los habitantes de esa región, quienes quedan condicionados por estas leyes alienantes.

Ello da lugar a una sensación de *"orfandad social"* colectiva de base, que, a su vez, tiene múltiples derivaciones individuales, sociales e históricas.

Para disimular y encubrir la mencionada orfandad social, los gobernantes responsables suelen proponer, a través de distintos medios masivos de difusión, *modelos identificatorios alternativos*, los que, al entrar en relación con las características propias de la personalidad el cada individuo, promueven la disgregación de la identidad personal de sus habitantes, así como la regresión patológica de los componentes de su identidad ya configurada.

Ello da lugar a nuevas defensas yoicas, a través de las cuelas, los individuos de estas sociedades alienadas, intentan neutralizar dicha orfandad social.

La defensa yoica más común, suele ser la escisión del yo[4] y la consecutiva negación de la realidad externa e interna[5].

Muchos de los problemas mentales derivados de la sexualidad distorsionada, como lo son las perversiones, psicopatías y el Vacío Mental Estructural[6], son una consecuencia de la orfandad social.

Su significación teórica, debe buscarse en una comprensión basada en la lógica definida por Freud como re-

---

[4] Freud, S. (1938a) La Escisión Del Yo En El Proceso Defensivo. O C, Ed. Amorrortu.

[5] Klein, M. (1952) Some Theoretical Conclusions Regarding The Emotional Life Of The Infant. Extraído De Envy And Gratitude And Other Works, Cap.6

6 Lutenberg, J (2007) "Teoría Y Clínica Del Vacío Mental" (El Vacío Mental Estructural Y El Vacío Emocional Publicaciones Psicoanalíticas. Lima: Versión Electrónica Disponible En Www.Cauceseditores.Com

peticiones que están *"más allá del principio del placer*[7]*"*. Se trata de repeticiones automáticas, sin un pensador que las coordine.

Los problemas humanos generados por la violencia social de estado, dan lugar al sentimiento de *terror*. Para salir del estado de *terror*, el yo recurre a las defensas más extremas.

Una de estas defensas extremas colectivas, puede ser la generación de una variedad de protestas populares mediante las cuales, se cuestiona la validez social de las leyes que rigen todos los intercambios sociales de sus habitantes.

Entiendo que las estructuras sociales siniestras, se convierten en fuente común, de diversas afecciones mentales graves[8].

Las mismas se originan debido a los problemas derivados de la *"orfandad social"*.

Dicha orfandad social, impide que las "pulsiones de vida" de muchos de los integrantes de dicho medio social, puedan abrirse un camino social hacia la estabilización y evolución de las capacidades creativas naturales de cada persona.

Por ello considero fundamental revisar las descripciones clínicas de las estructuras psicopatológicas ya reconocidas, a la luz de esta situación cotidiana de violencia social, que da lugar a la *"orfandad social"* colectiva.

La desocupación laboral masiva que hoy amenaza a todas las sociedades del mundo, se convierte en un flagelo social debido al "ocio forzado" que genera.

La desocupación laboral tiene graves resonancias psi-

---

[7] Freud, S. (1920) *Más Allá Del Principio Del Placer*. Obras Completas. Ed. Amorrortu

[8] Lutenberg, J. (1994c) *La Violencia Social Y El Mundo Interno*. Rev. Actualidad Psicológica Nº 213.

copatológicas y fisiopatológicas para cada ser humano que la sufre.

En algunas oportunidades, la protesta social tiende a hacer pensable la orfandad social, sobre todo en aquellos medios sociales donde los gobernantes, mediante engaños, distorsionan el sentido histórico evolutivo del vivir.

Muchas veces las defensas individuales extremas (psicosis, intentos de suicidio, alucinaciones) están destinadas a eyectar de la mente de los ciudadanos involucrados, las vivencias sociales "siniestras".

Dichas vivencias sociales siniestras, son la consecuencia del hecho de que las autoridades encargadas del cuidado de los ciudadanos, se convierten en los que causan la muerte y la destrucción de los ciudadanos.

La violencia social nacida de la orfandad social, constituye, en sí misma, una situación traumática original y distinta, pues borra las operaciones defensivas que se fueron generando en el preconsciente de los habitantes de ese lugar geográfico.

De este modo, la violencia de estado, arrasa las barreras protectoras del yo.

Las transformaciones históricas -locales y mundiales- también intervienen en las mutaciones individuales que va experimentando cada individuo, en el curso del devenir histórico de los pueblos en crisis sociales latentes o manifiestas.

La peculiar combinación de: ó ocio ó vacío ó desesperanza ó muerteó....; se genera en los pueblos, en el momento en que son atravesados por múltiples acontecimientos traumáticos colectivos, que llevan el sello de la "orfandad social".

Ello genera nuevas figuras psicopatológicas que se derivan del "El Malestar en la Cultura Actual Globalizada".

Bibliografia

Castoriadis, C. (1989) *La Institución Imaginaria De La Sociedad.* Vol. 2. Tusquest Editores.

Freud, S. (1920) *Más Allá Del Principio Del Placer.* Obras Completas. Ed. Amorrortu Freud S. (1938) *La Escisión Del Yo En El Proceso Defensivo.* O C, Ed. Amorrortu.

Klein, M. (1952) *Some Theoretical Conclusions Regarding The Emotional Life Of The Infant.* Extraído De Envy And Gratitude And Other Works, Cap.6

Lutenberg, J. (1994) *La Violencia Social y El Mundo Interno.* Rev. Actualidad Psicológica N° 213.

Lutenberg, J (2007) *"Teoría Y Clínica Del Vacío Mental"* (El Vacío Mental Estructural Y El Vacío Emocional Publicaciones Psicoanalíticas. Lima: Versión Electrónica Disponible

En Www.Cauceseditores.Com

Lutenberg J. (2020) *"La Pandemia Por Coronavirus y La Orfandad Social"* Editado por Publicaciones Psicoanalíticas Lima. Versión Electrónica Disponible en www.cauceseditores.com

Wittgenstein, L. (1987) *Tractatus Lógico-Philosophicus.* Ed. Alianza

Dr. Jaime M. Lutenberg

Miembro titular en función didáctica de la Asociación Psicoanalítica Argentina. Miembro de honor de Sociedad Peruana de Psicoanálisis. Profesor Titular del Instituto de APA. Miembro del comité académico y profesor titular de la Universidad de la Matanza. Director de la Maestría "Especialización en Psicoanálisis con Orientación Clínica en Adultos". Director fundador de la subcomisión "Opera Y Psicoanálisis" de APA. Ha dictado conferencias nacionales e internacionales. Coordinador fundador desde hace 18 años de un grupo de investigación teórica (Bion, Freud y Winnicott) y clínica en Lima. Becario de la IPA en un grupo de investigación clínica coordinado por André Green. He publicado 90 trabajos (en revistas nacionales e internacionales) y 12 libros como único autor y otros 8 libros en colaboración.

E-mail: jaimelutenberg@gmail.com

HILDA CATZ Y COLABORADORES

Reactivación de determinados mecanismos de defensa ante el Covid-19: los traumas de la infancia y los traumas de los sobrevivientes del Holocausto

David Rosenfeld

Mi experiencia tratando niños autistas y el descubrir los mecanismos de defensa que ellos usan, uno de los cuales yo llamé y definí como mecanismos autistas llamados "encapsulamiento autista", me hizo pensar que son los mismos mecanismos que usan muchos pacientes adultos, especialmente aquellos que conocí y traté, sobrevivientes delos campos de concentración nazi.

La hipótesis del encapsulamiento autista es que dentro de esa cápsula, con poderosos mecanismos, hay recuerdos y vínculos infantiles que se preservan. Preservar dentro es la clave. Los afectos y memorias infantiles ahí preservados, en ese encapsulamiento, reaparecen muy bien preservados espontáneamente sin que provoquen estados confusionales en la mente de los pacientes. A diferencia de la disociación o "splitting," que cuando reaparece lo disociado sobre la mente, provoca estados confusionales.

Hoy pienso que sí podemos diagnosticar estos mecanismos de encapsulamiento autista y ubicarlos en un contexto teórico. Hay mecanismos que usan los niños autistas y que vuelven a ser usados en la adultez como forma de supervivencia. Lo verán en el ejemplo clínico posterior.

Hay una frase de Freud que siempre es importante tenerla presente, escrita en su último trabajo: "En algún rincón de la mente siempre hay una persona sana escondida".

Traduzco de la ST EDITION. *"In some corner of their mind there was a normal person hidden"*. (Freud, 1940, 1938: An Outline of Psycho-Analysis, SE, 23)

Pienso que terribles y masivos traumas poderosos, como fue el efecto del nazismo sobre muchas personas, perturban y destruyen las identificaciones. Postulo que las identificaciones introyectivas pueden desaparecer a causa de traumas extremos y masivos, y que los pacientes afectados por estos traumas terribles pierden identificaciones y también elementos valiosos de su self.

Por ejemplo, en el material que veremos, el paciente pierde su propio nombre personal. Cuando el Registro de Identidad fue bombardeado en su ciudad no fue sólo un bombardeo, sino que perdió su nombre original –Moshe– y terminó usando el de Manolo.

La pérdida del lenguaje de la infancia o del nombre propio es como perder la propia estructura universal de uno mismo.

Técnicamente es útil para el psicoanalista poner mucha atención a todo lo que son elementos de pérdida o ruptura, despedidas o duelos. Es como que la pérdida y la desarticulación del self o la desaparición o desmembramiento de las identificaciones es la consecuencia de una paradoja pragmática creada por el terror masivo: ante el peligro, se quieren preservar identificaciones y, al mismo tiempo, se pierden otras.

En el caso siguiente, correspondiente a Manolo, encuentro que el concepto teórico de "encapsulamiento autista" es útil. Esta es mi hipótesis y modelo explicativo, que me permite entender cómo en ciertos pacientes las primeras identificaciones del niño pudieron ser preservadas y guardadas dentro de una cápsula. Esto es lo que voy a describir, usando este mecanismo teórico, que fue usado por el paciente Manolo.

La estructura de la personalidad previa también influye en el buen uso de este mecanismo.

En el material correspondiente a Manolo, encuentro el concepto de encapsulamiento autista bastante útil y este modelo explicativo me ayuda a entender cómo las primeras identificaciones infantiles fueron guardadas en esa cápsula.

El mecanismo del "encapsulamiento autista" que preserva los más valiosos elementos del self frente al terrorífico y sanguinario mundo externo puede preservar algunas de las introyecciones e identificaciones, para evitar la pérdida total de las identificaciones introyectivas.

Como ustedes podrán leer, propongo una teoría fuerte: que las identificaciones introyectivas pueden desaparecer.

Basándome en mi experiencia, puedo agregar que algunos niños con problemas neuróticos pueden mantener una parte encapsulada en un núcleo aislado (pocket, en inglés) y permitir que otra parte de la personalidad pueda seguir funcionando aparentemente normal. Esto es lo que descubrí en pacientes adultos.

Esto lo verán en el material de pacientes adultos que presento, así como también trastornos de la identidad, de la pseudo identidad, que se muestran en este material.

Paciente Manolo

El paciente que tenía algo más de 40 años, alto, morocho y atlético. Aparentaba ser joven. Sus temores y ansiedades y cierta dificultad al contacto emocional eran obvios. En la primera entrevista habla acerca de su problema: un dolor en el estómago que reaparece cada tanto. Su médico diagnosticó úlcera gástrica y le indicó que comenzara un tratamiento psicoanalítico, cosa que Manolo hizo.

A los 32 años se casó con una mujer. No tiene problemas con ella. Tenía dos hijas, de 7 y 8 años y un varón de 4, en el momento de la entrevista.

Estando de novio, muere su padre y no se casa, en ese momento, para no dejar a su madre sola, viuda.

En el curso de las primeras entrevistas, el clima era siempre armonioso y parecía todo correcto y perfecto. Manolo parecía demasiado formal y sobreadaptado. Describía a su madre como una persona generosa, a veces hipocondríaca, menos educada que su padre. El padre y su familia eran una típica familia representativa de la

comunidad sefaradí judeo-española de Bulgaria, donde crecieron (la ciudad de Roustochouk, en el bajo Danubio). Era una maravillosa ciudad para un niño: personas de muy diferentes orígenes vivían juntos y se hablaban siete u ocho diferentes idiomas.

Aparte de los búlgaros había turcos y cerca de la casa de ellos, griegos, albaneses y sefaradíes, que hablaban el mismo idioma, español antiguo, de cuando fueron

expulsados de España, en 1492.

La familia tenía vínculos fuertes con esta comunidad: había armenios, rumanos, gitanos, que venían del otro lado del Danubio y algunos rusos. Hablaban italiano cuando eran visitados por sus parientes italianos.

El paciente cuenta que la relación con su hermano mayor a veces era tensa, él llegó a darle una bofetada por no querer participar en una competencia de natación.

Cambia de tema, hablando de cómo adora a su hijito. Vuelve a saltar de tema por la preocupación por su estómago. Cuando el analista le pregunta sobre su padre, dice que era afectuoso, gentil, una persona a la que todo el mundo quería, que él le hacía burlas al padre cuando no podía pronunciar correctamente alguna palabra en español.

Sus primeros recuerdos referidos a miedos y terrores los ubica a los 8 años de edad, cuando los alemanes atacan y bombardean Roustochouk: sangre, cuerpos mutilados, muerte y terror. Él huye a la casa de unos tíos y luego se esconde en una mezquita. Lo cuenta con mucha ansiedad mientras habla, como si estuviera reviviendo en ese momento con el analista este episodio traumático. Luego, cuando retornaron a su casa, los nazis habían ocupado todo el país. Les estaba prohibido escuchar la radio de

Londres, pero igual el padre la escuchaba en secreto y él cometió el error de contarlo confidencialmente a los amiguitos. El padre se entera de esto, con mucha furia lo corre con un cuchillo en la mano, quiere pegarle hasta que los tíos logran calmarlo. Como los nazis empiezan a observar a su padre, deciden abandonar la ciudad vestidos como musulmanes y alcanzan la costa dálmata.

Su padre, ahí es arrestado pero, por suerte, los que lo arrestan son del ejército italiano, y lo dejan pasar. Desde entonces, los italianos e Italia han sido símbolos admirados. Desde allí huyen apurados a Trieste, donde los "hombres de negro" (era el uniforme de las juventudes fascistas de Mussolini) los atan a todos con cadenas y los

llevan a la ciudad de Turín, donde son alojados. El tuvo que ir a vivir a un orfanato. Esos meses en el orfanato fueron vividos como largos años para él. Con mucho resentimiento, fantaseó y pensó que sus padres se habían deshecho de él. En ese momento recuerda, con mucho miedo, los ataques aéreos de ese período.

Luego de muchos años de análisis afirma que los bombardeos eran menos peligrosos que ser descubierto como un niño judío.

Luego, cuando la familia fue reunida en un pequeño pueblo, llegaron a sobrevivir trabajando como zapateros. Sin embargo, los alemanes avanzaron sobre ese pueblo y la familia huyó, apresurada, a la cima de las montañas, donde logran conocer a un grupo de la resistencia antifascista. Cuando los nazis hacen otra razzia buscando judíos, un milagroso y falso salvoconducto los salvó de la razzia y lograron huir, escondidos en cajones de arroz, hasta Roma. Cerca de allí vivía un tío y se escondieron en esa casa.

Cuando Manolo tenía alrededor de 11 años, los norteamericanos liberaron Roma. Recuerda muchas cosas, y entre ellas, que se masturbaba frotándose sobre superficies duras, una pared o un placard. Cuando el terapeuta le pregunta acerca de esto, dice que para los padres la sexualidad era un tema secreto, algo de lo que no se hablaba.

Solamente a los 20 años logró que un tío le explique lo que es la sexualidad, cómo es el coito, el sexo, etc. Tiempo después, llegan a Buenos Aires. Un pariente le da un pequeño trabajo. En ese momento descubre que sus abuelos, todos los hermanos de la madre, habían sido asesinados en Bulgaria. Aquí comienza a estudiar la escuela secundaria, era muy buen alumno. Recién a los 30 años tuvo su primera relación con una mujer.

Comienzo del tratamiento

Pudimos seguir el tratamiento de este paciente, 4 veces por semana, durante dos años. Su conducta era formal, a veces obsesivo en su lenguaje y estilo. No mostraba temor al tratamiento, creo que estaba disociado. Su terapeuta, católico, recuerda que una vez solamente lo vio aterrorizado en sesión, cuando estaban hablando acerca de las persecuciones de los cristianos a los judíos. El terapeuta le dijo: "Yo soy cristiano y usted es judío. ¿Usted cree que yo soy una amenaza para usted, por eso?".

El paciente saltó del diván, de golpe, y se paró. Luego de esto aparecen sueños que trae a las sesiones. El primer sueño: Él estaba caminando hacia el consultorio. Cerca hay un negocio de autos de marca italiana, Fiat, cosa que es real. Allí ve a cuatro hombres con la típica apariencia de los servicios secretos de la dictadura militar, que aterrorizó la Argentina por muchos años, en sus típicos automóviles.

En un auto ve un revólver. Trata de sacarlo mientras les grita: "Es un malentendido, no me tiren, no me tiren". Sin embargo, esos señores comienzan a disparar con un revólver de caño recortado y el paciente se despierta de este sueño, aterrorizado.

Las asociaciones del paciente: lo primero que observa es que todo el sueño ocurre cerca del consultorio. Parece que paraliza sus asociaciones. Parece tener terror del terapeuta y desconfianza del tratamiento. Pese a todo, hay un elemento que se mantiene como algo salvador. Italia, Fiat y la ciudad de Torino.

Otro sueño del primer año de análisis. Dice el paciente: "¡Qué sueño extraño tuve! Había un campo que estaba arado y había un hombre vestido de fiesta, que tenía una manguera de la cual salía sangre y con eso regaba el campo.

Luego de contar el sueño el paciente está con una muy fuerte crisis de ansiedad que invade al terapeuta y que le preocupa mucho. Hoy en día pienso que este sueño puede ser visto como expresión de su imagen corporal (body image). Tener y participar en un encuentro sexual (hose=penis) podría ser experimentado y fantaseado como que se podía vaciar desangrándose.

Además este sueño permitió formular hipótesis concernientes a sus afectos y emociones acerca de sus relaciones sexuales y vínculos basados en las nociones primitivas de su imagen corporal. (Rosenfeld, 1985). Las interpretaciones durante el trabajo analítico le permitieron entender mucho mejor sus inhibiciones y sus miedos a las relaciones sexuales.

Sesión luego de la fiesta religiosa a la que concurrió el Paciente

Durante los tres largos años de análisis, el paciente mantuvo su aparente y formal comportamiento y posiblemente una pseudo-identidad. También continuó con su estilo de lenguaje obsesivo, donde describía hechos reales y hablaba de sus compromisos y obligaciones en relación a su trabajo.

El paciente muy raramente podía mostrar algún temor en su relación transferencial, esto ocurrió una sola vez cuando el psicoanalista le dijo que él era cristiano.

Siempre encontraba una explicación racional a su tendencia a faltar a sesiones: algunas veces era por la fábrica, trabajo extra u horas extras. El paciente muchas veces parecía disociado.

En este momento del tratamiento algo pasó en él y en la supervisión. El psicoanalista, una persona altamente sensible, muy contenedor y afectuoso, trajo material donde se pudo detectar la disociación de una parte de la mente del paciente que estaba fuera de contacto con él mismo y con el tratamiento.

Intentamos trabajar varias hipótesis y maneras técnicas de acercarnos al paciente para ver si podíamos entrar en contacto con áreas del paciente muy disociadas o encapsuladas. Una de las próximas sesiones del paciente coincidía con una de las fiestas más importantes de la religión judía, llamada "Día de la Reflexión/Expiación/Perdón" (que en hebreo se llama Yom Kippur). El psicoanalista iba a aclararle al paciente que no tenía obligación de venir ese día a sesión. Le dijo que le respetaba que sea judío y que no tenía que esconderse en las montañas, como cuando era niño, huyendo de los nazis.

Tres sesiones más tarde apareció algo completamente nuevo, trajo material donde mostró lo importante que es la identidad judía para él y la relación con la identidad infantil.

Esto nunca había aparecido, manifiestamente, antes en sesión. Esto parecía estar encapsulado y puesto fuera de su mente y del tratamiento. Posiblemente, preservado por el paciente dentro de su self.

En esta sesión, él recordó la época en que de niño jugaba subido a los hombros del abuelo y en ese momento sintió el peculiar aroma del pelo del abuelo. El paciente llegó a decir: "Lo estoy oliendo en este momento de la sesión". A continuación dice que estuvo mirando televisión, una serie llamada "Holocausto". En ese episodio aparece el padre de una familia que encuentra a un hermano, ellos dos están caminando juntos a lo largo de las vías de un tren. Mientras relata esto el paciente se detiene bruscamente, su mente parece quedar en blanco, se queda totalmente en silencio, saltea la escena siguiente del film y comienza a hablar de otra parte.

El analista que también había visto en televisión "Holocausto" esa misma noche, le señala al paciente su error y le dice que él se había detenido bruscamente y quedado en silencio y había continuado hablando salteándose y eludiendo una escena completa en la cual el padre caminaba junto a un hombre llamado Moisés (Moses).

En ese momento el tono de voz del paciente sufre un cambio brusco y profundamente impresionado dice: -*"Doctor, usted tiene razón. Recién ahora recuerdo que mi verdadero nombre es Moses."*

El paciente había vivido en Argentina por más de 30 años y durante ese largo tiempo ese nombre nunca alcanzó a ser consciente en él. Nunca había hablado de eso en su casa. Tenía 14 años cuando llegó al país. Fue como si desde niño parte de su identidad había quedado encapsulada. Ahora, luego de esta larga hibernación, emergió nuevamente. Bien preservada, en el curso de una sesión.

Enormemente emocionado, el psicoanalista le pregunta, tratando de superar su emoción y sorpresa: "Pero entonces su nombre no es Manolo, es Moses."

El paciente dice: -*"Dr. recién ahora recuerdo que usaban el sobrenombre Misha para llamarme, que es un diminutivo de Moshe."* Muy pocas veces vi a un psicoanalista tan enormemente emocionado en el curso de una hora de supervisión.

En otra sesión, el paciente cuenta que fue invitado a una ceremonia importante de la tradición judía, la ceremonia de los 13 años (Bar Mitzvá), que le hacían al hijo de su socio. En ese momento el paciente estaba muy emocionado y cuenta que de repente se encontró él mismo llorando en el templo.

Agrega que antes se había sentido temeroso pero que, como en sus sueños, de repente se sintió invadido de emociones y recuerdos, de su pueblo de la infancia,

Roustchouk, y de voces llamándolo "Misha, Misha". También se sintió invadido con la imagen de la espalda de su abuelo, cargándolo en los hombros y la fragancia fuerte de su pelo.

Entonces le dice al analista: *"Yo nunca voy a poder recobrar ese nombre porque la oficina del Registro Municipal de ese pueblo ha sido destruida y bombardeada y mi verdadero nombre también fue destruido y quemado por las bombas."*

En ese momento el paciente se queda abrumado con una gran emoción por el resto de la sesión.

En la construcción lingüística podemos observar que se refería no sólo a su propio nombre sino a las partes de su identidad, de su self perdido (Liberman, 1972 –Rosenfeld, 1976-2008).

Obviamente, después de esta sesión, el mismo paciente que por semanas y meses sólo hablaba de su trabajo o daba lógicas explicaciones sobre sus tareas, para justificar muchas faltas a sesión, cambió. La inicial estructura rígida parece haberse esfumado, y otro estilo de comunicación surge y emerge. Más adelante, otras áreas de su personalidad pudieron ser tratadas con mayor facilidad. Por ejemplo, su relación con su esposa, sus hijos, su socio. Y aparece la posibilidad de tener otro niño más, cosa que antes él temía.

Además, emergieron, por primera vez, recuerdos de cuando tenía tres años: envuelto por una sábana blanca y llevado al hospital para sacarle las amígdalas.

Recuerda haber estado asustado por una luz que lo iluminaba, que venía del espejo que tenía el médico, que reflejaba un haz de luz, un espejo con un agujero en el medio. Meses después, este material sugirió alguna relación con miedo a la castración.

Las emociones infantiles y recuerdos aparecen muy relacionadas con su padre, pero previo a la persecución de los nazis. También surgen, intensamente, los sentimientos y duelos por la muerte del padre pero ahora visto desde otra perspectiva.

Por ejemplo, recuerdos de algunas travesuras: cuando era niño retiró la silla en la cual su padre se iba a sentar y éste se cayó.

Algo muy importante ocurre en su mente y remueve su mundo interior cuando Argentina entra en guerra con Inglaterra por las Islas Malvinas, llamadas por los ingleses Falklands. Le despiertan terrores (tanto en Manolo como en Moshe). En el curso de una sesión dice: *"Esto es demasiado para un niño."*

Pensamos y creemos que el paciente ahora tenía nuevos y mejores recursos psicológicos para hacer frente a esa guerra, así como al terror que causaba en él el secuestro y desaparición de mucha gente en las calles de Buenos Aires, con la dictadura militar. Esto siempre le recordó el día en que su padre fue arrastrado y llevado a prisión.

Recuerdos de la primera infancia crecen y aparecen, muchos de ellos en forma desordenada. El mismo paciente se da cuenta que tenía un agujero, un espacio que quedó vacío de cuando era muy pequeño. Un día le pregunta a su madre: *"¿Qué pasó cuando yo era muy pequeño, en nuestro pueblo de Rouschouk?"*.La madre le cuenta hechos, anécdotas, y entre ellas, una anécdota en la cual un vecino le dio un regalo al paciente. El paciente en estado de regresión, durante la sesión, sin darse cuenta, sigue hablando en italiano.

De esta manera expresó, en una manera concreta, la regresión lingüística que él mismo se permitió. Y como dice el poeta:

> *I lest parvenu mantenant au terme de sa route, i se devoile et Eclaire les vingt annees de mutisme ecoulees Dans son ombre. Il ne pourrait pas autant reveler s'il ne s'etait tu si longtemps...*
>
> (Elías Canetti –Premio Nobel de Literatura- Territoire de l'homme)

> *He has now reached the end of his journey, he takes off*
>
> *His veils and clarifies the twenty years of silence elapsed under His own shadow. He Could not have revealed so much if he had Not remained silent for so long...*
>
> *Ahora él arribó al final de su ruta, él se descubre los velos que tenía Y se esclarecen los veinte años de mutismo escondidos en su propia sombra. El no se hubiera podido revelar así si no hubiera estado callado y en silencio tan largo tiempo...*
>
> (Elías Canetti –Premio Nobel de Literatura- Territoire de l'homme)

Bibliografía

Avenburg, R. (1975). *El aparato psíquico y la realidad.* Buenos Aires. Ediciones Nueva Vision.

Bick. E. (1968). *The expierence of the skin in early object relations.* International Journal of Psychoanalysis,49.(3.)484-486.London

Freud, S. (1924). *Neurosis and Psychosis.* S.E., 19 Haag, G. (1997). *La contribution a la comprensión des identifications en jeu dans le moi corporal.* Journal de la psychanalyse de 1 enfant.V,20.pages,104- 123.Paris,Bayard Press

Houzel, D. (2000). Lalliance therapeutique .Dans Houzel,D &Geissmann,C. *L'*enfant ses parents et le psychanalyste,.pages.447-458.Paris.Bayard Press Mijolla De, A. (2007). *Diccionario internacional de psicoanálisis.* Madrid, Ediciones Akal.

Malher, M (1968). *On human simbiosis and the viscitudes of indivuation.* New York. International University Press

Rosenfeld, D. (2010). *Autistische Phaenomene in Psychoanalytischen Behanlungen.* Ed.Psychosozial Verlag , Gieshen, Germany

Rosenfeld, D. (2008). *The soul , the mind and the psychoanalyst.* London. Karnac Books

Tustin, F. (1986). *Autistic barriers in neurotic patients.* London. Karnac Books

David Rosenfeld

Profesor consultor de psiquiatría , Facultad de Medicina,, Universidad de Buenos Aires
Analista didacta de la Asociación Psicoanalítica de Buenos Aires
Premio SIGOURNEY AWARD (1996) New York
Premio HAYMAN , PRICE, a mejor trabajo publicado Congreso IPA-Berlín
Prenio otorgado por Virginia University ´por sus originales aportes a la comprensión de mecanismos en las psicosis
Premio Berkeley Boyer fundación por sus originales aportes a la comprensión en pacientes borderline, IPA-Chile
Vice presidente de IPA- International psychoanalytical ASOCIATION
Sus 10 libros están traducidos al inglés, francés, alemán, ruso, turco, italiano, ukraniano y español.
invitado año 2021 a dar Conferencia y workshop en Berlin, Moscú y Paris.
E-mail: rosenfeld236@gmail.com

El Temor al derrumbe como esperanza, una paradoja en la clínica.

Jani Santamaría Linares

"Siento que algo ha terminado
No es la vida todavía...
...Siento que algo ha terminado.
Debe ser que alguien empieza"
103,"Poesía Vertical", Juarroz, R.

El pensamiento de Winnicott es extremadamente rico y aparentemente simple y es imposible resumir en este escrito años de diálogo con este pensador original. Además del concepto de espacio y de fenomeno transicional, uno de los aportes más significativos de Winnicott es la comprensión de la naturaleza humana y la línea que recorre todo lo ligado al desarrollo temprano es de gran relevancia en la clínica contemporánea.

La idea de revisar uno de los más citados artículos"temor al derrumbe" después de más de cuarenta años de haber sido escrito es tan oportuno como necesario ahora que el mundo ha sido sacudido por una pandemia en diferentes formas.

Como lo señalé en otros trabajos (Santamaría 2020, 2020b), ninguna experiencia ha sido capaz de desafiar los limites de nuestra capacidad psíquica para tramitar la pandemia del Covid 19 que estamos viviendo/sufriendo ; esta pandemia del Covid 19 marcó un cambio paradigmático en la historia de este siglo y muy posiblemente en la historia de este milenio. El temor al derrumbe parece transitar por estos senderos en esta tragedia que parece no tener fin. Podríamos y tal vez deberíamos de leer línea por línea este artículo con el objetivo de articularlo con esta experiencia, Winnicott (1963) mencionó que este temor puede extenderse a otros temores afines, enumeró el temor a la muerte, la sensación de aniquilamiento y de vacío como estados análogos que están tan presentes hoy en día por lo que mucho de lo que describiré, puede aplicarse a diversas situaciones traumáticas.

Me propongo en esta comunicación presentar el concepto de temor al derrumbe de D.Winnicott en la clínica. Para el efecto, realizaré un breve recorrido del concepto de desarrollo emocional de acuerdo a Winnicott para continuar con la tesis principal que propone en el artículo, mencionaré algunos puntos de contacto con autores como Ogden (2014), Levine (2020) y Caldwell (2020) y después compartiré mi experiencia clínica con Soledad. Me interesa articular el sentimiento de esperanza (Santamaría 2014), como posibilidad almacenada con el concepto de temor al derrumbe mostrando que ambos conceptos están interrelacionados y tienen múltiples maneras de expresarse. Por último, me interesa entrelazar la experiencia del Covid 19 con el eje de las paradojas de la vida y cierro con algunas reflexiones.

El temor al derrumbe de Winnicott es un trabajo póstumo, escrito en 1963. De acuerdo a Caldwell (2020) algunos artículos como "psicosis y el cuidado de los niños (1979) y "nada en el centro" (1991) se encontraban desde entonces presentes en la mente del autor inglés. La autora brinda el contexto en que el artículo fue escrito y subraya la consistencia del tema que ya se encontraba en Winnicott aún cuando como sabemos, Winnicott no relacionaba sistemáticamente sus escritos, pero Caldwell y Taylor (2016) lo han hecho de una manera extraodinaria.

Mencionaré ahora una explicación simplificada pero

suficiente sobre el desarrollo emocional primitivo para el contexto de este escrito.

De acuerdo a Winnicott, el individuo hereda un proceso de maduración que le permite desarrollarse en la medida en que existe un medio facilitador. El autor inglés observó también, que la madre debe de alcanzar un periodo de alta sensibilidad, casi como si esta sensibilidad fuera una enfermedad y debe recuperarse después de este período pocas semanas después de nacido el bebé; llamó a este estado emocional: preocupación maternal primaria (Winnicott 1979). El propósito de este "repliegue-sensibilidad" es el de proporcionar un marco para que el bebé pueda empezar a desplegar todas sus potencialidades,, para que pueda experimentar el movimiento espontáneo y para que logre convertirse en dueño de las sensaciones propias de esta etapa temprana de la vida" (W-1959) Aquí encontramos la siguiente paradoja: para Winnicott, la"enfermedad (pre-ocupación maternal primaria), es el primer paso hacia la salud"(Santamaría J., 2016)

El ser humano avanza desde la dependencia absoluta hacia una independencia relativa y por último hacia una independencia.En las primeras etapas del desarrollo del bebé (dependencia absoluta) el ambiente (madre) se adapta de manera sensible, activa y completa y existe en el bebé el potencial rudimentario de un"yo unitario" pero el grado y los estados en los que se va integrando dependerá de la trama emocional que lo sostenga - el medio"suficientemente bueno -. La base de instauración del Yo está en la medida que la experiencia vital de continuidad existencial no se vea interrumpida. En este desarrollo temprano se establecen tres procesos básicos: la integración, la personalización (habitar el cuerpo) y la realización y todos estos logros se dan gracias a que el medio ambiente facilitador proporciona sostén (holding), handling (manipulación) y presentación del objeto.

Como sabemos, este desarrollo no siempre es favorable y a Winnicott le preocuparon siempre las consecuencias tanto para la madre como para el hijo cuando la madre no puede hacer un espacio mental para que el bebé real emerja. Desde su punto de vista, la parte más difícil es el hecho de que la madre debe estar disponible para el bebé y debe tener lo que llama una "casa mental libre" por un tiempo ya que ante cualquier intrusión ambiental *(impingement)* se despiertan en el bebé las ansiedades más profundas: agonías primitivas, ansiedad de aniquilación y/o ansiedad de caer para siempre.

Un fracaso demasiado frecuente o demasiado traumático en la tarea de proporcionar una burbuja de intimidad y de reciprocidad necesaria, puede precipitar agonías primitivas. Si el evento catastrófico ocurre demasiado temprano en el desarrollo de la persona o si el ser o el *"seguir siendo"* del ´yo unitario´ pierde continuidad, entonces no habrá ningún"yo" ahí para vivir *-en un sentido de primera persona-* lo que sucedió.

La desintegración, el auto-sostén, las adicciones, la pérdida de la convivencia psicosomática, la despersonalización, ataques de pánico, repliegues autistas, la pérdida del sentido de lo real y la pérdida de la capacidad de relacionarse con los objetos son algunas de las manifestaciones que ilustran los desvíos sufridos en el desarrollo del self y pueden reflejarse también como defensas contra el trauma original.

Conviene formular brevemente aquí la tesis central del artículo de Winnicott. En su opinión, cuando el temor al derrumbe se manifiesta clínicamente, ello indica que se produjo un derrumbe temprano previo en una época en que el "yo" no pudo organizarse contra las fallas ambientales. Esto sucede en la etapa de la dependencia absoluta donde la falla ambiental desbarata la precaria organización yoica y expone una vez más al individuo a las ansiedades primitivas contra las que se había organizado con la ayuda del medio facilitador. Esto lleva a una "situación inimaginable", de ahí que mencione que la palabra "ansiedad" no da cuenta para explicar lo catastrófico de esta situación.

Este trauma temprano sigue siendo una amenaza a menos que el paciente pueda experimentar el hecho original pero ahora con la ayuda del yo auxiliar del analista (madre).

Aquí encontramos la primera paradoja, ¿ cómo es que el derrumbe tan temido que amenaza siempre con tener lugar en el futuro ya ha tenido lugar en el pasado? ¿ha tenido lugar algo que carece de lugar? ¿ se trata de un derrumbe no representacional que adquiere una función directriz?

Entendemos entonces que en el periodo pre-verbal ocurrió un derrumbe en el vínculo que forzó al bebé a hacerse cargo de acontecimientos emocionales que no fué capaz de representar, aquí hablamos de estados no representados (Levine 2013) que forman parte del inconciente no estructurado (Freud 1923). Esto lo obliga a realizar un corto circuito de esta experiencia y genera una organización defensiva, psicótica en naturaleza y en donde por ejemplo, puede sustituir la realidad externa por auto-creaciones de la realidad interna y de este modo excluye la experiencia real de los acontecimientos de la vida. Al no poder experimentar el derrumbe del vínculo madre-bebé, el individuo crea un estado psicológico en el que vive con un temor al derrumbe que ya ha ocurrido antes pero que no se experimentó.

Coincido con Winnicott en que el padecimiento subyacente a la enfermedad psicótica es inenarrable y cuando hablamos de "derrumbe", nos referimos al derrumbe del establecimiento del *self como unidad*. En otras palabras, nos encontramos ante una inversión en el proceso de maduraciónen donde la inmadurez del ego (la ausencia de integración), le impide captar estas experiencias para colocarlas en el área de omnipotencia personal.

Ahora podemos abordar la pregunta crucial que él plantea: ¿por qué el paciente sigue preocupado por todo esto que pertenece al pasado? La respuesta que brinda es, que la experiencia original de la agonía primitiva no puede pasar al tiempo pasado a menos que el yo pueda primero reunirla en su propia experiencia en el tiempo presente.

La lógica de su afirmación parece apuntar a que hubo un registro de"mala experiencia" (trauma) que puede notarse desde una perspectiva externa, de un tercero, pero no es notado por un "yo" (experiencia en primera persona), porque la naturaleza del trauma o el momento en el que ocurrió fue tal que no había un "yo" integrado para percibirlo y notarlo.

El argumento de este artículo, sólo aparentemente sencillo, nos enfrenta a un escritor que describe lo inarticulable y ofrece ciertas hipótesis sobre partes inaccesibles de la mente que no conocemos. Winnicott no presenta estas ideas explícitamente pero están ahí para que el lector las encuentre. Como menciona Panceira (2018), a Winnicott hay que hacerlo trabajar con otros autores ; éste es un artículo que sin duda alguna contiene semillas de sus principales contribuciones y que ha inaugurado un diálogo con otros autores que han trabajado en esta línea,"los estados no representados de la mente" que proponen Levine, Reed y Scarfone (2013) es un ejemplo, lo mismo sucede con el concepto de"terror sin nombre" que estudió Bion en 1959. Levine (2020) estableció una relación entre este temor al derrumbe y la compulsión a la repetición (Freud, 1920) así como con la función de comunicación de la identificación proyectiva que Bion desarrolló en el año de 1962.

Por motivos de espacio no me es posible desarrollar estas valiosas aportaciones pero las recomiendo ampliamente, la presentación excede también adentrarme en el concepto de trauma y el impacto de lo traumático, pieza esencial en la elaboración de este artículo.

Cada texto se recrea en su encuentro con el lector ; éste último es quien transforma y da sentido a aquello que de otro modo no es sino una secuencia de letras impresas. Ogden (2014) estableció una relación de este artículo con lo que él llamó " una vida no vivida" El autor extendió el pensamiento de Winnicott y sugirió que la fuerza impulsora de la necesidad del paciente de encontrar una fuente de su miedo es el sentimiento de que partes de él están perdidas y que debe encontrarlas si quiere devenir una persona total, de ahí que lo que queda de su vida es sentida como una vida que en gran medida es una vida no vivida.

La mejor manera de palpar la fuerza de estos conceptos es sin duda alguna la clínica, pienso que es aquí donde se puede apreciar la vigencia de este propuesta y se puede apreciar la importancia que para los pacientes tiene que podamos comprender no solamente *"lo que no sucedió"* sino*"lo que sucedió y no pudo ser registrado.."*

Cuando Winnicott (1945) ofrecía material clínico, no se refería a una intervención específica con un paciente en particular sino a "una experiencia muy común" en el análisis. De esta manera, implícitamente pedía al lector que recurriera a su propia experiencia vivida con los pacientes con la finalidad de no asimilar las respuestas de él, invitaba siempre al lector a encontrar una respuesta original.

Apoyada en esta sugerencia, pasaré ahora a hablar de Soledad, una mujer de treinta años que conocí hace seis años. Por motivos de confidencialidad, no detallaré toda su historia, solamente diré que se encontraba en proceso de divorcio, que es madre de dos hijos y expresaba mucha culpa por la mala relación con la hija de ocho años, con el hijo de seis años, parecía no tener problemas. Quedamos comprometidas en un trabajo analítico de cuatro sesiones semanales.

El material analítico de los primeros años, estaba concentrado en la dificultad de diferenciar a los hijos de los hermanos menores que ella, hombre y mujer también, ella se había hecho cargo de ellos desde que tenía siete años, la hermana presentó alopecia en la infancia y el hermano controló esfínteres hasta los catorce años y creció con terrores nocturnos.

Narraba con humor negro el escenario familiar de una madre alcohólica y un padre golpeador y violento y me sorprendía (aterraba) mucho el relato en forma de chiste de escenas bastante traumáticas, parecía querer llenar la hora con detalles con el fin de derrotar cualquier posibilidad de trabajar estas experiencias de manera analítica y la capacidad para sentir estas experiencias como reales, estaba bloqueada.

Me interesa resaltar de la siguiente viñeta del tercer año, los aspectos que conciernen a nuestro tema. En sesiones anteriores, habíamos trabajado bastante el tema de los hijos.

Soledad - (Llora) Yo quiero resolver ese maltrato con Ana (hija), he estado recordando que la jalaba de bebé igual que jalaba a mi mamá de la cama para que despertara y nos diera de comer (silencio) porque cuando llegábamos de la escuela, estaba dormida, alcoholizada.. me he estado acordando de la cara de mi papá cuando nos golpeaba, mi papá se transformaba, le cambiaba la cara, era otro (en ese momento me doy cuenta que ella ya ´no está´ en el consultorio, su mirada está en otro lugar, no puede dejar de llorar y se empieza a encoger en el diván, toma una posición fetal pero no se dá cuenta de esto), yo le digo:"¿Dónde estás Soledad ? "Llévame ahí". Ella guardó silencio y después respondió: "una vez, mi papá entró al cuarto, me pegó cuando bajé las notas escolares, yo me aguanté los golpes, me pegó con el cinturón, recuerdo su cara, es la misma que yo hacía cuando le pegaba a Ana, parecía que te iba a.. "que te iba a matar" .....(silencio)

Era frecuente que se ausentara por varias sesiones después de este tipo de"*confesiones*" y regresaba "*como si nada pasara*", cuando intentaba señalar esta conducta, me respondía que empezaba a sentir un temor a derrumbarse (palabras textuales) y su manera de prevenir ese derrumbe era alejándose. De manera repetida se"encapsulaba" de diversas formas incluidas la adicción al trabajo, a las compras y a los síntomas somáticos.

En otra sesión, recordó una escena donde había golpeado a la hija, me dijo "estaba por dar a luz a Miguel, llegué a la casa y Ana se hizo pipi, la solté en la taza del baño, le empecé a pegar y a pegar, no volví a saber de mí, hasta que entró mi esposo y me la quitó, si no me la hubiera quitado, no sé qué hubiera pasado"..... continuó,"cada que me acerco a Ana, ella se hace para atrás, como para defenderse,,, ella se hace chiquita y chiquita y chiquita, se hacía como una bolita, como si fuera a desaparecer.. (en ese momento, me doy cuenta que ella está en la misma posición que describe a su hija ,está en forma de bolita, una imagen capta mi escucha: se trata de la imagen de una bebé en la cuna - diván, le pregunté ¿Quién se hace chiquita ?, ella me mira y me dice "Yo ? no lo sé".

Cada recuerdo empezaba a cobrar vida al resonar con la subjetividad. Estas sesiones, tras varios años de análisis, evidenciaron el flujo confusional del material. Por años, la posibilidad de depender se desvanecía pronto, tomó tiempo que Soledad ya no se peleara tanto por "depender del análisis", la dependencia que se generaba hacia mí, colocó este temor en un papel protagónico. Soledad me insistía en que no sentía que formaba parte de la vida y yo le decía que llevaba muchos años luchando por alcanzarla. Como todo proceso, cada paso iba acompañado de agonías y de enfermedades somáticas que había presentado cuando era niña como dermatitis atópica y migrañas.

Una cascada de recuerdos emergía y en varias ocasiones me dijo "se me abrió una llave que no puedo cerrar, siento que algo se me va a salir y no quiero". El clima de trabajo durante algunos meses fue de una lucha constante entre la insistencia de tomar medicamentos para no sentir la angustia y entre la posibilidad de pensar-se a sí misma.

Aunque estaban presentes en la transferencia, estas vivencias no habían sido experimentadas nunca con tal intensidad, la sensible conciencia de Soledad hizo posible que ella experimentara la imperiosa realidad en el relato, ya no describía la lluvia (el dolor), se mojaba en ella. Apoyada en la idea de Winnicott de que"no es posible finalizar el análisis a menos que se experimente lo que se teme", le pregunté en una sesión del final del cuarto año de análisis si sería posible que eso que tanto temía que pasara, ya había sucedido.

Consideré que era adecuado en ese momento que le dijera que el derrumbe que tanto temía, ya se había producido pero era tan pequeña que no le fue posible incorporarlo para manejarlo, confirmé que todo esto había sucedido mucho antes del establecimiento de lo que realmente correspondería llamar el self. Ogden (2014) lo resume diciendo que el paciente y el analista deben "vivir juntos una experiencia a lo largo del tiempo, una experiencia de fracaso por parte del analista que es significativa, pero no más de lo que el paciente puede aguantar".

Después de varios años de trabajo, Soledad me dijo: "siempre pensé que haber sido la mamá de mis hermanos había sido el mayor trauma pero en realidad eso ya fue una consecuencia, "algo se me rompió" desde antes de esto y si no hubiera sido la "mamá" de la casa, creo que me hubiera muerto". Este problema de tener una madre alcohólica parecía ser el problema central pero puedo ver que no es así, esto fue secundario". Soledad parecía confirmar lo que Winnicott escribió en 1963 cuando dijo que" era más fácil recordar un trauma que recordar que nada pasó cuando podría haber pasado" (1963), esto muestra que no se trataba de una traumatismo enterrado en la memoria y que lo que sucede en el periodo de no-integración no puede ser rescatado solamente como un recuerdo olvidado. Las agonías "inenarrables" de Soledad las experimenté en varias ocasiones contratransferencialmente, especialmente cuando en los estados más regresivos ella se ´desconectaba´ de la sesión y permanecía envuelta en un cobertor sin hablar por sesiones enteras.

Este tipo de intervenciones, representó un punto de giro en el tratamiento ; la reconstrucción de los hechos concernientes al derrumbe temprano ha llevado tiempo y seguimos descubriendo más elementos relacionados con él. Gradualmente, he sido testigo de que cuando Soledad deja de ver a su madre con los ojos de una niña, descubre a la mujer que le ayuda a alumbrarse a sí misma.

De acuerdo a Levine (2020) esto es una construcción que puede aproximarse a un evento que realmente tuvo lugar pero que es posible de acomodar. También puede funcionar como una metáfora contenedora que le da significado y sentido a la experiencia del paciente independientemente de si es literalmente "verdadera" por los criterios de validación externa. (Freud, 1937).

Las agonías más primarias habían sido convocadas, tuvimos que convivir un tiempo con ellas, antes de darle la bienvenida al despliegue de potencialidades de"*lo nuevo*" (la esperanza). Implícito en este paisaje estaba el reconocimiento de la esperanza como consecuencia de haber triunfado en la manera de manejar estos temores. Esto es, al mostrarme un "*me derrumbé*", está definiendo simultáneamente un "*me salvé*", es en este movimiento dialéctico que la esperanza, cobra un "lugar psíquico" y hace posible re-vitalizar al ser humano de una"cualidad creativa" que hará posible el vivir. Así, el temor al derrumbe y la esperanza se articulan en una paradoja, paradoja que, de acuerdo a Winnicott, expresa la naturaleza ambigua y contradictoria de la vida misma instituyendo así una epistemología original en el campo de la teoría psicoanalítica. Podemos extender este tipo de observaciones a la realidad que estamos viviendo en la pandemia actual en el sentido de que si pensamos que el miedo al derrumbe ya ha provocado lo peor, al menos queda la posibilidad de redondear los ángulos de ese miedo.

Este tipo de experiencias me ha llevado a pensar en que es importante reformular el concepto de temor al derrumbe para entenderlo no como una sola experiencia sino que existen múltiples dimensiones de expresión de temor al derrumbe que se despliegan de manera lenta en el contexto de la transferencia y la contratransferencia a lo largo del proceso

Podemos confirmar esta hipótesis en el hecho de que el inicio de la pandemia disparó en Soledad añejas vulnerabilidades psicosomáticas, ella expresó que aunque no era tan intenso como antes, sentía en momentos que podría "derrumbarse", continuamos trabajando en formato virtual y tratamos de motorizar los desafios que este periodo de la vida impone. Trabajar analíticamente, acompañada de la propuesta teórico-técnica sobre el temor al derrumbe, ha hecho posible que Soledad comparta el pensamiento de Margaret Little (1990) que dice "he descubierto que vale la pena vivir, algo de lo que antes no me había dado cuenta".

Antes de finalizar, debo destacar que el estudio de este artículo abre un amplio abanico de interrogantes que pueden pensarse desde distintos ángulos y desde distintas posibilidades de contradicción en la clínica y es un poderoso estímulo para volver a pensar el impacto de la pandemia como una experiencia que sin duda debilita y en ocasiones fragmenta la continuidad del ser; si logramos sostener la posibilidad de habitar la naturaleza de la paradoja de las relaciones humanas, el temor al derrumbe y la esperanza pueden trabajarse como un movimiento dinámico, dialéctico y transicional; quizás para lograrlo podemos apoyarnos en la frase de Hanna Arendt, quien decía:

Comprender es una manera de reconciliarse con el tiempo; no de resignarse a lo que es, sino de volverse capaz de acoger a lo que advenga.

Hanna Arendt

Bibliografía

Bion (1959) *Volviendo a Pensar*. Ed Hormé

Bion (1962*) Aprendiendo de la Experiencia*. Ed Paidós.

Caldwell L. & Taylor H. (2016) – *The collected works of D.W. Winnicott*. Ed. Oxford University Press, New York

Caldwell L. (2020) – *Fear of Breakdown online conference*. October 2020 A.Santamaría.Psychoanalysis Foundation

Freud S. (1923) *El yo y el Ello* - Tomo XIX – Ed Amorrortu. Buenos Aires

Freud S. (1937) *Construcciones en Análisis*. Tomo XXIII. Ed. Amorrortu Buenos Aires.

Levine, Reed, Scarfone"*Unrepresented states and the construction of meaning. Clinical and theoretical contributions*. En: Karnac Books, London

Levine H.B. (2020) Fear of Breakdown. En: *Fear of Breakdown online conference*. October 2020 A.Santamaría.Psychoanalysis Foundation

Little M (1990) *Psychotic anxieties and containment. A personal record of my analysis with Winnicott*. Ed. Jason Aronson Inc.

Ogden T. (2014) -*Fear of breakdown and the unlived life* – En: Int. J. Psychoanal. 95:205-223

Painceira A (1989)"*Nacimiento y desarrollo del self a partir de la obra de Winnicott*" Rev ApdeBA, no.2, 1989

Santamaría J (2014)- *Dreams, Transformations and Hope*. En: Explorations in Bion´s"O", Alisobhani A., Corstorrphine G..Karnac Books. London

Santamaría J. (2016) – *Un cuento acerca de la psicosis y la naturaleza humana en la obra de D.Winnicott*. Rev. De Psicoanálisis. Lima, Perú.2016

Santamaría J., Liberman A., Panceira A., (2018) *El temor al derrumbe en la clínica contemporanea*. Trabajo presentado en el XXVII Encuentro Latinoamericano de D.Winnicott. Buenos Aires Argentina. 2018

Santamaría J (2020) – *Momentos analíticos y cesura en la experiencia del Covid 19*. En: Hilda Catz. Volumen III. Ed. Ricardo Vergara.

Santamaría J (2020b) – *La relación Continente -Contenido en la Experiencia del Covid 19*. Trabajo aceptado para publicacion en la revista de la Asociación Psicoanalítica Argentina. (APA)

Winnicott D. (1979b)"*La psicosis y el cuidado de los niños*" En Escritos de Pediatra y Psicoanálisis. Barcelona, Laia.

Winnicott D. (1991)" *El miedo al derrumbe*". *Exploraciones Psicoanalíticas I*.Ed. Paidós.Buenos Aires

Winnicott D. (1979) *La Preocupación maternal primaria*. En Escri-

tos de pediatría y psicoanálisis. Barcelona, Laia
Winnicott D W. (1979) *Desarrollo Emocional Primitivo.* En: Escritos de Pediatría y Psicoanálisis, Barcelona, Laia

Dra. Jani Santamaría Linares

Psicoanalista Didacta de Niños y Adolescentes
Asociación Psicoanalítica Mexicana (APM),
Representante Latinoamericana de la Asociación Psicoanalítica Internacional (IPA) 2019-2021, Chair Bion International Conference, México 2022.
Board de la Asociación Psicoanalítica Internacional (IPA) por América Latina 2019-2021
Representante Latinoamericana del Comité de Nominaciones IPA
E-mail: jani10pp20@gmail.com

¿Tiene la comodidad algo que ver con el psicoanálisis?

Martina Burdet

Octubre de 2020. La situación pandémica sigue. Escribimos textos, creamos, apuntamos para recordar y no olvidar. No se trata a mi entender, en este momento, tanto de buscar la calidad de la explicación y de su anudamiento con la metapsicología y con los conceptos fundamentales de nuestra ciencia como de no perder el momento para que luego éste pueda ser pensado. Me siento como el reportero que hace fotos en un momento crucial porque si se demora, se le va el acontecimiento. El valor reside en el momento, en un dar fe que posteriormente podrá anudarse con cada experiencia subjetiva.

Estas líneas son un testimonio que deberá ser pensado más adelante, más profundamente y cuyo devenir tendrá que seguir observándose. Por ahora da nombre a un discurso y una actitud observada en algunos y por algunos analistas, que desaparecerá o no, pero que por el momento, al menos para mí, es señal o signo novedoso: tiene que ver con "la comodidad" a la que aluden tanto colegas como pacientes, en los momentos excepcionales que vivimos.

A continuación evocaré unos pocos y simples testimonios ligados a mi trabajo de escucha como analista en este Madrid que al decir de los científicos se ha convertido en el nuevo epicentro de una segunda ola del Sars Covid-19 en Europa. Varias restricciones con metas de protección sanitaria son vigentes, entre las cuales el mantenimiento de aforos reducidos respecto al ocio y a las reuniones posibles, respetando la ley que cambia permanentemente.

Entre psicoanalistas, por las razones que sean: autocuidado, convencimiento personal, o múltiples razones propias de cada cual; contratransferencia, pacto analítico de cada pareja considerada, se trabaja en análisis, supervisión y cursos, *online*, presencialmente o uniendo las dos maneras; modalidades todas aceptadas.

Han empezado en Europa el "curso" y los "seminarios" para los analistas en formación o candidatos según se prefiera, *online* o no.

Testimonio A

Un candidato tiene toda la ilusión con el empiece de su formación y viene a quejarse de que la mayoría ha decidido hacer un seminario obligatorio *online.* No está conforme. Después de trabajar la cuestión, la persona considerada se pone en contacto con el profesor y pregunta si los que desean asistir personalmente lo pueden hacer puesto que los locales de la sociedad de referencia tienen salas amplias y se puede respetar la distancia y las reglas imperantes. El aforo presencial está limitado a seis personas en nuestro país. Esto significa que seis personas pueden acudir presencialmente y otras pueden estar online si lo desean por múltiples razones. El curso que debía haberse desarrollado online, porque votado así por mayoría, finalmente se desarrolla mitad *online* mitad presencial, funcionando ya no por mayoría sino respetando tanto los deseos de las personas que prefieren estar físicamente en el mismo espacio como las que deciden lo contrario. En este caso el analista en formación va pudiendo conocer personalmente la Institución, parte de sus colegas, y su profesor. Se queda muy satisfecho de haber podido ser escuchado aunque la decisión final haya supuesto quizá mayor esfuerzo para el profesorado.

Testimonio B

El analista en formación considerado sufre mucho cuando tiene que tener su análisis *online* y se muestra descontento. Por ello me sorprende escuchar que ha aceptado recibir sus seminarios *online* sin rechistar porque, "a la gente (colegas sin especificar), le parece más cómodo". Siento que algo se retuerce dentro de mi cuando añade: "es más fácil, no te desplazas y te conectas desde casa". En esta misma línea, ha aceptado la propuesta de una supervisión online durante un año, "debido a la pandemia". Preguntado el analista en formación con un tono mío de asombro por el motivo de su aceptación de una propuesta que el mismo me dice detestar, responde: "no es que me guste mucho la verdad, detesto lo *online*, pero al final así uno no se desplaza y de este modo, con el ahorro de tiempo en desplazamientos, puedo eventualmente colocar pacientes en el espacio ahorrado. Es más cómodo". Y me oigo decirle: "¿la comodidad es un concepto psicoanalítico nuevo. Ud. cree que habrá que revisar los escritos técnicos de Freud y sus conceptos fundamentales e insertar la noción de comodidad?"

Testimonio C

Una comisión consta de seis miembros. El aforo está limitado a seis en el país considerado ¿Porqué la comisión impone una reunión exclusivamente *online* y no de forma presencial o mixta? En este caso preciso, la decisión se fundamenta sobre un "¿y tú qué prefieres?". Y las respuestas se dieron por preferencia, pero sin motivo otro que éste: "yo lo prefiero, resulta más cómodo". En este caso se atendió al deseo de la mayoría. Para ciertas personas pareciera que lo online devenga una opción en aras de la facilidad.

Con estos ejemplos, deseo expresar como analista que por supuesto entiende que hay variaciones entre países y zonas dentro de un mismo país, que los analistas tienen que cuidarse y cuidar de sus entornos y de sus pacientes, pero a la vez que surge la nueva realidad, choca la elección de lo *"online"* (también llamado remoto, o a distancia; términos cargados de sentido que marcan bien la distancia) como vía de elección, y no ya de imposición debida a una emergencia que responden a la comodidad, a una cierta facilidad, término que nunca se había en mi conocimiento, evocado anteriormente.

Por el momento, estas observaciones me parecen novedosas. Las apunto y pregunto: ¿Luego de un año, un año y medio o dos, supervisando exclusivamente online, analizando exclusivamente online, podremos volver a un encuadre que era el habitual, sin más? ¿Cómo se habrá transformado el psicoanálisis que habrá funcionado online un año o dos? ¿Cuál habrá sido la huella dejada por la experiencia pasada? Por supuesto que no tengo ni siquiera un atisbo de respuesta y el tiempo y las observaciones futuras nos darán las respuestas.

Una cuestión bien respetable es que hay personas que por supuesto tienen que cuidarse en tiempos de peligro para la vida. Otra cuestión bien diferente es que la noción del cuidado vaya deslizándose hacia la "comodidad", palabra que todavía resuena con extrañeza en mi cabeza y que vengo oyendo de manera repetida coincidiendo con el comienzo del curso, entre nuestra comunidad de profesionales y en los relatos de las sesiones. ¿Quizá sea más cómodo del lado del analista poder trabajar con la voz o con la pantalla, desde una vista al mar o el calor de la chimenea? Nunca antes, hasta esta casi obligación de pasar en remoto, se había planteado esta cuestión: Que una cierta facilidad pueda tener que ver con la elección del trabajo del analizando como del analista. ¿O me equivoco, y la decisión de Freud de tumbar a sus pacientes, si mal no recuerdo, en alguna medida tuvo que ver con el cansancio del inventor del psicoanálisis al trabajar muchas horas cara a cara?

¿Qué transmisión psicoanalítica, qué modelo identificatorio está brindando el analista que actúa movido principalmente por una experiencia marcada por su comodidad? Gracias a la situación pandémica, ciertas personas han descubierto que resulta más cómodo estar en casa, hacer la experiencia de la economía del ahorro de tiempo en transportes públicos por ejemplo, tema éste muy recurrente.

¿Se trata de resistencias? Quizá a veces sí. Sabemos que ciertas personas se sienten protegidas detrás de la tecnología: ahí, con ausencia del cuerpo en el mismo espacio, se puede expresar más el odio, el amor, pero puede que también se trate de un fenómeno nuevo o de un nuevo ideal. Reinó hasta hace poco el de la omnipotencia, de la eternidad en consonancia con las nuevas tecnologías. ¿La facilidad, la comodidad podrían convertirse en nuevos ideales valorados que emergen con la actual situación excepcional? Nunca el psicoanálisis ha sido una opción fácil, siempre ha sido marcado por la complejidad. La infiltración de un sentimiento de mayor comodidad en el trabajo online quizá sea un tema que viene a influir sobre el trabajo analítico y quizá tampoco tengamos por ahora la herramientas ni los conceptos para poder profundizar en esta cuestión?

¿Qué significa más cómodo? ¿Qué ahorramos tiempo, que andamos más calmados, que se escapa al contacto personal del cuerpo a cuerpo que ciertamente resulta más angustiante en ciertos casos y con determinadas patologías? Complejo asunto que podría mostrar caras muy diversas.

Todos los analistas que se han visto obligados a pasar online de un día para otro están analizando y atentos a los cambios en la escucha, en las sesiones con o sin imagen, que no es lo mismo. Todos llegan a resultados satisfactorios presencialmente o online dependiendo de una cantidad de factores complejos que deben de ser analizados en el caso por caso. Y lo contrario también podría ser válido.

Todos trabajaron o trabajan online, todos lo han hecho por obligación que no por elección durante la pandemia. Pero si fue impuesto durante unos meses, ya no lo es en muchos lugares y se puede o podría reanudar la actividad de análisis o de supervisión por ejemplo, presencialmente si se deseara, con las medidas de cuidado necesarias. Pero no son pocos los colegas de diferentes partes del mundo que han decidido no volver a la actividad presencial.

¿La noción de elección por facilidad o por mayor comodidad o por decisión podrían ser criterios válidos para el psicoanálisis? Harvey L. Rich, en 1917 decidió, porque así era su deseo, trabajar por teléfono porque le apetecía vivir a caballo entre dos ciudades y analiza su trabajo como siendo un perfecto trabajo de psicoanálisis. Deja muy claro que su elección arranca de una decisión personal. ¿Cómo se concibe una demanda de análisis online de alguien que viva en nuestra misma ciudad "por comodidad" o por decisión propia y acuerdo en el seno la pareja analítica.

A mi entender, a pesar de atravesar una situación presente compleja, creo que estamos invitados a pensar sobre nuestros actos como psicoanalistas, y también quizá sobre nuestras argumentaciones, desde nuestra identidad psicoanalítica y sobre el efectos de nuestras decisiones y elecciones sobre nuestra identidad y sobre los conceptos fundamentales de nuestra disciplina que deberán adaptarse o no. El tiempo, tan necesario para pensar, lo dirá.

El trabajo en tiempos extra-ordinarios y de emergencia a veces, el cambio de *setting* que implicó el estallido del encuadre clásico y el manejo de otros instrumentos convocados invitan al analista a ser plástico. Estalló el encuadre "clásico", presencial en un mismo espacio pero no el "encuadre interno". Quizá pensar esta problemática tenga mucho que ver con la identidad analítica, con el self analítico, con la contratransferencia y con lo que se entiende por psicoanálisis. Pero mucho queda por pensar para poder ser creativos a la par que conservar la cualidades específicas del pensamiento psicoanalítico y cierto rigor deseable, es decir quizá lejos de una motivación marcada por un cierto entendimiento de la comodidad que vendría poner a mal nuestro quehacer.

La comprensión de la situación excepcional, la interpretación de las normas debido a la gravedad de la situación pandémica, el respeto por las personas y los colegas llamados "población de riesgo" si bien resultan formar parte de una reacción inteligente y adecuada en una situación excepcional, de ningún modo pueden confundirse con un pasaporte para el "todo vale" del tipo. ¿Será más agradable y relajante par mí atender desde mi casa de campo?

Quizá entremos en un terreno que convoque la ética de cada profesional, su identidad, sus convicciones, su esquema referencial pues sabemos por experiencia que al final, debido a la fuerza bien conocida por los analistas de la transferencia, los analizandos van a tratar de cumplir con el deseo intuido o explícito de cada analista. Lo más probable es que sigan lo incluido en el contrato analítico entre analista/ psicoterapeuta y paciente. Es quizá de suma importancia poder ver cual va a ser el devenir de la pareja analítica después de esta experiencia excepcional cuando hasta hace poco, el encuadre presencial era el más apreciado.

A mi entender, en todos los niveles, el analista de hoy, en tiempo de crisis tiene una responsabilidad mayor que nunca: no valen las normas establecidas, el setting clásico ha estallado. ¿Hasta qué punto este hecho incontestable debido a una situación única y anómala no obstante no ha permitido a cada profesional sacudirse del peso de cierta ortodoxia, sintiéndose más confortable "lejos", pudiendo, como expresión metafórica, poner la cara que quiere, es decir pensar nociones como "encuadre" o superyó analítico?

Todavía no imperan nuevas medidas y las antiguas no son aplicables del todo por ahora. Estamos en pleno cambio y realmente creo que debemos más que nunca estar atentos y plásticos para cuidar de nuestro quehacer. Necesitamos por supuesto de un *"après-coup"* suficiente y probablemente del poder haber salido de un estado excepcional.

Sólo he pretendido aquí dar fe de la aparición de una noción nueva y sorprendente en mi labor que probablemente deberá ser pensada y analizada más adelante, caso de subsistir.

Bibliografía

L. Rich, H (1917) *A tale of two cities in Reconsidering the moveable frame in Psychoanalysis: Its Function and Structure in Contemporary Psychoanalytic Theory*. Edited by Isaac Tylim and Adrienne Harris, Routledge

Martina Burdet

Psicoanalista
E-mail: martinaburdetdombald@gmail.com

Autolesiones, suicidios y desvalimiento en la adolescencia: pandemia e incertidumbre

Diana Altavilla

*No te estás fijando bien.
Está lleno de aperturas, pero no las ves*
(del film "Laberinto")

*"Afirmar que mi destino no está ligado
al tuyo es como decir: tu lado del
bote se está hundiendo."*
Hugh Downs

Si algo puede decirse de la pandemia del 2020 es justamente que ha instalado en lo colectivo –en especial en adolescentes y jóvenes-, la situación de aislamiento y distanciamiento de sus pares como una constante. En la mayoría de los países se produjo un quiebre en especial por el cierre de los establecimientos educativos y recreativos, la indicación de distanciamiento de otros jóvenes.

La gravedad de la situación, el desconocimiento de las formas de contagio y la ausencia de novedades sobre una prevención completa han construido una *vivencia de incertidumbre* en una constante en todo el mundo y a pocos meses de las primeras aperturas al distanciamiento se evidencia la necesidad imperiosa de jóvenes y adolescentes de encontrarse con otros de su generación.

Si la adolescencia, es sabido generalizadamente, requiere del inicio del distanciamiento de la familia de origen y la búsqueda de otros lazos vinculares y nuevas formas de identificación exogámicas la crisis global frena o distorsiona –y solo se verá sus efectos en el tiempo- un proceso que en el mejor de los casos venía construyéndose en esa dirección.

¿Cómo podríamos favorecer la exogamia en un contexto que afirma *#quedateencasa*? ¿Qué pueden hacer padres, educadores y una sociedad toda .para reducir el impacto que estas formas de mandatos sociales presentan bajo la máscara del cuidado de la salud, contradiciendo las coordenadas del natural desarrollo vital?

> *"La cuestión del fracaso y el desvalimiento extremos no pueden desconocerse en tiempos donde la estructura social es interpelada por la necesaria referencia al cuidado colectivo. Si el monto de adversidad es mayor al que se puede hacerle frente el riesgo es el de una herida psíquica puesta a abrir en nuevas situaciones críticas. (...) La desmentida, las variadas formas de no registro de la adversidad y el impacto interno, son maneras en que ese proceso se demore o postergue y reactivarse en toda instancia o momento posterior en que tenga una nueva adversidad a sortear, y en especial cuando esa adversidad tenga coordenadas similares. Este proceso suele ser difícil de describir para la persona que lo padece, eleva el monto de ansiedad individual y colectiva, y desconcierta a las personas del entorno."* (Altavilla, 2020)

Si las consultas de adolescentes fueron en los primeros meses de aislamiento casi nulas, se recrudecieron pasados los 120 días de aislamiento dentro de su grupo familiar o con adultos cuidadores, sobre todo cuando cualquier contacto trasgresor ponía en peligro la vida de aquellos que los estaban amparando. Las evidencias de variadas formas de denegación de los pedidos de adultos comenzaban a evidenciarse en las formas solapadas de las consultas. Los motivos de consulta no eran ya por el uso excesivo de las redes sociales (las que ahora estaban permitidas al extremo casi al modo compensatorio) sino por el exceso del uso de horarios nocturnos aún incluso aquellos que mantenían escolaridad virtual. Al poco tiempo los motivos comenzaron a virar y los adultos, incluso los mismos adolescentes desplegaban alguna forma de discurso bajo la forma sintomática del malestar que los aquejaba. Pero también pudieron verse otras variantes de la demanda que no se construían como formaciones del inconsciente y que hacían aún más difícil de abordar por lo confuso de las formas de aparición.

Es en las crisis colectivas –y en esta global aún más– que ponemos en juego nuestra capacidad de discriminar algo de un pedido que, mudo, queda invisibilizado y que formaba ya parte de un código de salida juvenil contemporánea al dolor extremo, a lo incierto, a lo impensable, a la locura: la muerte.

¡Hola!! ¿Hay alguien allí??

Los suicidios, los intentos de suicidio, las autolesiones, las variadas formas de ideas de muerte que los adolescentes y jóvenes comparten hacen una jerga hoy nada extraña a ellos, pero si indescifrable a los adultos. Los adolescentes ya hablan del suicidio como *algo que pasa entre ellos,* que los asusta cuando se trata de un afecto pero que los horroriza por lo ajeno o idealizado de un acto de por si extremo.

Piden ser escuchados -o asistir a alguien- pero desconocen la fuerza que el tema tiene para socavar los propios cimientos para una salida exogámica válida. Solo lo reconocen como un llamado de atención a los adultos que muchas veces están ocupados en otros temas: hoy la emergencia sanitaria, por ejemplo.

¿Cómo traducir este llamado para que adultos acudan si el llamado es mudo, oculto, mutado en signos Intraducibles incluso hasta para el más advertido?

"El llamado, el grito, la voz, la apelación: su ubicación correcta es *unheimlich*, con toda la ambigüedad que Freud le ha dado a esta palabra: la exterioridad interna, la intimidad expropiada; el excelente nombre que Lacan le da a lo siniestro, lo inhóspito. Entonces el llamado es el llamado a exponerse, a la apertura al Ser, lo opuesto a un monólogo reflexivo sobre sí mismo dentro de uno mismo."

Será imperioso agudizar nuestras posibilidades de registros perceptivos para dialogar con los adolescentes. La práctica clínica será seguramente un recurso válido en tiempos donde la experiencia suele ser devaluada pero que evidencia constituir una clave para hacer un giro *a tiempo.*

"Minimizar las llamadas de atención bajo las diversas formas de conductas de riesgo (agobio, tristeza extrema, indiferencia generalizada) pueden postergar una adecuada intervención precautoria de aparición de trastornos con conductas extremas, de riesgo e incluso de avances de procesos de suicidio." (Altavilla, 2020)

Una joven de diecinueve refiere en su primera consulta luego del suicidio de su mejor amiga: "¿Quién soy ahora? No puedo reponerme de esto"

¿Qué relación guardan entre sí y cómo se articulan y procesan los fenómenos intrapsíquicos que genera la proximidad a un evento suicida? ¿Cuánto acumulativo está presente cuando el impacto se reitera en un tiempo, y en un tiempo crítico donde la muerte rodea a todos? "Ya ni puedo pensar en nada. Otro más y van…Todos los días me entero de alguno que se mata o que no quiere vivir más. ¡Y encima todo esto que pasa! Ni puedo hablar con mi familia porque ellos tampoco dan más con todo esto."

Los pedidos van desde los que están en riesgo, los que los rodean. Pero también llegan desde los que los asisten. "¿Cómo hago con todo esto si yo también estoy pasándola mal? No soporto que venga más a la guardia alguien que hizo un intento (de suicidio) o que está depresivo porque también estoy mal y tengo que seguir ahí, con la muerte encima" dice una médica luego de meses de iniciado el 2020 sin horizontes precisos de alivio a la demanda cotidiana.

Transitamos tiempos que nos comprometen a una construcción sostenida de estrategias clínicas, a modos renovados de construcción colectiva de dispositivos de urgencias subjetivas, pero también que nos interpelan a la innovación, a la creatividad y a la posibilidad de construcción de modos diversos donde las subjetividades puedan alojarse alojando algo del deseo y con ello construir algún proyecto transitorio en vías de no caer en el *sinsentido*.

Situar algunas de las coordenadas para tratar las "urgencias" y en especial a las "urgencias adolescentes" que golpean las puertas con golpes de puño o palmas abiertas en un estrepitoso pedido de auxilio serán esfuerzos no vanos en un mundo por venir donde construir coordenadas no sea fácilmente posible, pero por sobre todo porque sean sumamente difíciles para los adolescentes de serles factibles de construirse en la ficción.

¿Es posible acompañarlos construyendo ficciones donde sostenerse? ¿Serán las narraciones las que los distancien de las ficciones alucinatorias que la muerte les proporciona?

"Cuando la muerte se construye como un paradigma de resolución de los problemas o de discurso contestatario, es factible que el suicidio, como las autolesiones sean *marcas* que responden a la necesidad de un dialogo que aún no encuentra modos francos, directos, simbólicos y reflexivos de establecerse.

Los sujetos pueden recorrer entonces un camino de deriva y extravío que conduce usualmente a modos mortíferos más que a modos constructivos y creativos para afrontar los dilemas actuales. Es menester que los profesionales aportemos herramientas para el encuentro con modelos y posiciones subjetivas más dilemáticamente positivas en un colectivo social adecuado.

"Cuesta soportar la ausencia de voces y de sonidos. El silencio absoluto resulta enseguida siniestro, es como la muerte, mientras que la voz humana es el primer signo de vida. (…) En el aislamiento, en la soledad, a solas por completo, lejos del mundanal ruido, no nos libramos de la voz sin más. Puede que entonces aparezca otra clase de voz, más intrusiva y apremiante que la usual algarabía: la voz interna, una voz que no se puede acallar." (Dólar, 2007)

Si la *intemperie* actual es el marco donde los adolescentes deben moverse, tal vez sea, más que nunca, donde las narrativas puedan hacer algún diagrama a lo subjetivo de lo propio, al dolor por lo perdido, a la extrañeza por lo que no llega.

La espera puede volverse más tolerable si hacemos de ello alguna forma de retórica al vacío que produce la amenaza global.

"Son tiempos donde es difícil para un adolescente poder vivirse adolescente aun sin las coordenadas del exceso. Es allí donde comienzan las grietas de una historia: si las diferencias lo permiten se autorizan a mirar más allá de ellas y construirán alguna forma de identidad que los nombre".

La contemporaneidad empuja a la instantaneidad, la inmediatez, la negación de sentidos, la unificación de la mirada, la globalización de las experiencias. El mundo contemporáneo le dice No a la interrupción, al detenerse ante un hecho importante, imposibilita la realización de ritos necesarios al sujeto y a la cultura.

Si los rituales son prácticamente anulados en el mundo contemporáneo, más aún lo son aquellos que resultan "molestos" y que obligan a los individuos a preguntarse y responderse según su escala de valores, sus creencias y su sentir. El mundo contemporáneo "no puede detenerse" y es por tanto que imprime una sólida barrera a la posibilidad de rearmado de significaciones entre los sujetos, fragmentando aún más el entramado en el que estos se alojan.

El empuje a la ficción

"Podríamos intentar respondernos las variadas razones que hacen al incremento geométrico de los índices de suicidio, especialmente en adolescentes y jóvenes, sin distinción de países, condición social, etc.; pero creo que es necesario puntuar aquellas razones que corresponden linealmente a la ausencia de sentido, de lazo y de afecto, cuando de la multiplicidad de razones convergen insistentemente en ellas. Es por esto que, en el máximo de la fragmentación, el encuentro con *alguien* –que realmente escuche -dice el psicoanálisis- permite ir en un camino inverso al no-hay-nadie del mundo de hoy." (Altavilla, 2019)

Hoy nos planteamos las versiones de la muerte que lo contemporáneo nos pone en evidencia. Pero si hay una distinción relevante que hacerse es cuales son las diferencias que producirá dejar a los adolescentes y jóvenes a su suerte en esta devastación. Si algo se nos impone a los adultos es, más que nunca, acompañar –y acompañarnos- a aquellos que están en campo de su mirada.

"El análisis tiene que producir resultados,
Ciertas modificaciones a corto plazo. Indudablemente las produce,
Más aún en niños y si no, es porque el análisis no anda"
(Silvia Bleichmar)

Bibliografia

Alizade, A.M. (1996) *Clínica con la muerte*. Buenos Aires, Amorrortu Editores.

Altavilla, Diana. (2020) *Vulnerabilidad e incertidumbre por CO-VID19: Coordenadas a procesar para la estabilización psíquica*. Revista Conexiones. Publicación de la Asociación Argentina de Salud Mental. Octubre, 2020

(2019) *"Suicidio y autolesiones: impacto, consecuencias y estrategias clínicas."* 1ª ed .- Ciudad Autónoma de Buenos Aires : Ricardo Vergara Ediciones

(2020) "Babel. *Cuando el silencio marca el desborde". En "Educación integral en una sociedad hiperconectada"* / Elizabeth Ormart...[et al.] 1ª ed. - Ciudad Autónoma de Buenos Aires : SB. (2014) Lo que el cine nos enseña sobre el suicidio de un hijo. en Benyakar, M., Michel Fariña, J. J. (comp). Lo disruptivo en el cine: Ensayos ético-psicoanalíticos. 1ª.ed. Letra Viva. Buenos Aires. (2014) Suicidio: atravesamiento del silencio en la (re)construcción de la subjetividad en Identidades, vínculos y transmisión generacional. Klein, A., Chávez Hernández, A., Macías García, L. y Rea, C. (comp.) 1ª ed. Ed. Manantial. Buenos Aires. (2012) "(Re) construcciones luego del suicidio" en Chávez Hernández, A. M. Salud mental y malestar subjetivo: debates en Latinoamérica. Manantial, Buenos Aires.

(2002) *Clínica con los afectados: culpa y silencio*. I Jornadas Regionales de Prevención del Suicidio. Universidad Nacional de Luján. Buenos Aires.

Althusser, L. (1971) *Lenin y Philosophy and Other Essays* Monthly Review Press

Benyakar, Moty, Michel Fariña, Juan Jorge (comp.). *Lo disruptivo en el cine: Ensayos ético-psicoanalíticos* -1ra ed.-Buenos Aires -Letra Viva, 2014. "Lo que el cine nos enseña sobre el suicidio de un hijo" (Altavilla) Pág. 99

Bleichmar, S. *El desmantelamiento de la subjetividad: estallido del Yo*. (2010) Topia Revista: Buenos Aires.

Chávez Hernández AM, Macías Hernández, L.F, Klein, A. (2012) Salud Mental y malestar subjetivo. Debates en Latinoamérica. Altavilla, Diana. *"Reconstrucción(es) luego del suicidio "Afectación en la familia y el entorno social* .1ra ed.-Bs As: Manantial ,2012 Pág.:35.

Klein, A, Chávez Hernández A, Macías García, L y Rea, C. (Comp.) (2014). *Identidades, vínculos y transmisión generacional. "Suicidio: Atravesamiento del silencio en la (re)construcción de la subjetividad* "1ra ed.-CABA: Manantial

Freud, S. (1912-1913): *Tótem y tabú. Algunos aspectos comunes en-*

tre la vida mental del hombre primitivo y los neuróticos. Obras completas. Tomo XIII. Amorrortu. Buenos Aires

(1915) *Duelo y melancolía.* Obras completas. Tomo XIV. Amorrortu. Buenos Aires.

(1915) *Pulsiones y destinos de pulsión.* Obras completas. Tomo XIV. Amorrortu. Buenos Aires.

(1920) *Más allá del principio de placer.* Obras completas. Tomo XVIII. Amorrortu. Buenos Aires.

(1923) *El yo y el ello.* Obras completas. Tomo XIX. Amorrortu. Buenos Aires.

(1925) *Inhibición síntoma y angustia.* Obras completas. Tomo XX. Amorrortu. Buenos Aires.

(1937) *Análisis terminable e interminable.* Obras completas. Tomo XXIII. Amorrortu. Buenos Aires.

Guyomard, P. (1997) *El Goce de lo trágico: Antígona, Lacan y el deseo del analista.* Ed. De la Flor. Buenos Aires

Green, A. (1986) *Narcisismo de vida, narcisismo de muerte.* Amorrortu. Buenos Aires

Janin, B. (1994) *"Los adolescentes y el vacío"* Revista Actualidad Psicológica. Año XIX, N° 212. Buenos Aires.

Jasiner G. (2007) *Coordinando grupos. Una lógica para los pequeños grupos.* Lugar Editorial. Buenos Aires.

Horstein, Luis. *"Intersubjetividad y clínica "*Paidós, Buenos Aires, 2010

Little, M. (1957). 'R'—*the Analyst's Total Response to his Patient's Needs.* Int. J. Psycho-Anal., 38:240-254. Traducción castellana: A. Gasparino y J. Castelo; Mayo - Junio 1997 para el Colectivo GRITA https://www.sauval.com/angustia/MLittleRT.pdf

Ricoeur, Paul. *"Vivo hasta la muerte. Seguido de fragmentos".* Buenos Aires. Julio 200

Raimbault, Ginette. (1975) *El niño y la muerte.* Madrid, Saltés
---------(2008) *Hablemos de duelo.* 1ra. Ed. Buenos Aires: Nueva Visión

Soler, Colette. *Los estados depresivos.* Publicación AUN. Año 2. N°3 y 4 .Foro Psicoanalítico del Rio de La Plata 2010

Žižek, Slavoj: (2002) *Mirando al sesgo. Una introducción a Jacques Lacan a través de la cultura popular* Paidós. Buenos Aires.

Zukerfeld, R. y otro. (2016) 2da ed. Ampliada. *"Procesos Terciarios: de la vulnerabilidad a la resiliencia"* Buenos Aires: Lugar editorial.

Transiciones

Juan Baena Cagnani

El psicoanálisis hace su aparición a fines del siglo XIX, de la mano de Breuer y de Freud. En una época atravesada por turbulentos cambios se ubicó en un *establishment* en el cual esta idea nueva, no con pocas dificultades pudo situarse para desarrollarse.

Su surgimiento tuvo lugar en el apogeo de la Ilustración, movimiento cultural e intelectual tan bien definido por Emmanuel Kant como:

"... el abandono del hombre de una infancia mental de la que él mismo es culpable. Infancia es la incapacidad de usar la propia razón sin la guía de otra persona. Esta puericia es culpable cuando su causa no es la falta de inteligencia, sino la falta de decisión o de valor para pensar sin ayuda ajena. Sapere aude «¡Atrévete a saber!» He aquí la divisa de la Ilustración."

Con el advenimiento de nuevas doctrinas como el marxismo y el darwinismo como así también de las corrientes filosóficas materialista, la psiquiatría de la época no ofrecía modelos alternativos que pudieran mejorar la comprensión del enfermo mental. La hipnosis, desarrollada mayormente por Charcot y Janet ocupaba la escena psicoterapéutica principal.

Resistido y combatido desde su nacimiento, el psicoanálisis fue imponiéndose de la mano de Freud quien, en su convicción de su descubrimiento, lo investigó, desarrolló en todas sus facetas: clínicas, teóricas y técnicas, con avances y retrocesos.

Freud en un texto de 1916, llamado: *"Una dificultad en Psicoanálisis"*, menciona las tres afrentas que impactaron al narcisito universal y el amor propio de la humanidad. La primera de ellas, la cosmológica, demuestra que la tierra no es el centro del universo. La segunda, referida a lo biológico, señala que el ser humano es una especie animal poco diversa de las demás, de ninguna manera es el amo del universo, un ser distinto, especial, sino un animal más en contraposición a la llamada tesis de la excepción humana. La tercera, la psicológica, descripta por Freud adecuadamente en la *Conferencia XVIII (1916 -1917)*, como: *"... la más sensible afrenta, empero, está destinada a experimentar hoy la manía humana de grandeza por obra de la investigación psicológica; esta pretende demostrarle al yo que ni siquiera es el amo en su propia casa, sino que depende de unas mezquinas noticias sobre lo que ocurre inconscientemente en su alma"*.

En cuanto a la búsqueda de un encuadre en el cual pudiera sentirse cómodo, Freud experimentó distintos abordajes de sus pacientes partiendo de un modelo médico-neurológico internalizado de su praxis previa. Esta etapa es llamada etapa pre-psicoanalítica e incluye los *"Estudios sobre la Histeria"* (1899). En los mismos relata las visitas a sus pacientes en sus domicilios, revisándolas físicamente, examinando su orina y estando atento a lo que les ocurría a lo largo de la jornada. Su lugar de analista fue construyéndose paulatinamente a través de distintas transformaciones que experimentó en el uso de diversas herramientas como la práctica de la hipnosis y la técnica de la presión sobre la frente. Freud siempre estuvo atento a sus observaciones clínicas que terminaron circunscribiendo su práctica al consultorio y al uso del diván como recurso técnico, siendo consecuente con las circunstancias que demandaban a veces su traslado a diversos luga-res, tales como los baños termales para atender a sus pacientes o mantener un encuentro en las montañas como el acontecido con la joven Catalina o viajando a la ciudad de Leiden para encontrarse con el compositor Gustav Mahler donde realizó su "psicoanálisis de urgencia" paseando toda la tarde por la vieja ciudad universitaria. En los escritos técnicos de 1910 aproximadamente, simplemente da "consejos" que a él le sirvieron en su práctica tales como el número de sesiones, el análisis de prueba, etc.

La historia siguió transcurriendo y en el curso de la misma ocurrieron grandes hecatombes como la primera y la segunda Guerra Mundial donde murieron millones de personas. Acaeció también, entre ambas conflagraciones la pandemia de la época: la gripe española, en la que murieron cincuenta millones de personas, entre ellas Sophie Freud, su hija, una pérdida vivida por él como deprimente e inolvidable. Es en aquellos años cuando postula el concepto de "pulsión de muerte". El antisemitismo creciente en Europa, la fuerte emigración de los analistas judíos a otros países del continente y a los Estados Unidos de América, pusieron en jaque el crecimiento acelerado y frágil que el psicoanálisis experimentaba en aquella época.

En *De Viena a Londres y Nueva York*, Ricardo Steiner cita una carta de 1937 que Freud le envía a Jones diciéndole:

"Nuestra situación política parece cada día más lóbrega. Es improbable que pueda ponerse freno a las invasiones de los nazis; las consecuencias también son desastrosas para el análisis. La única esperanza que me queda es no sobrevivir para verlo..."

Veinte años más tarde, J.B. Pontalis (1957), en *Vigencia de Freud* nos plantea:

"Nadie puede escribir hoy en día que el freudismo es sólo un delirio de interpretación bastante mal sistematizado, ni tampoco qué si bien el método debe ser apro-

vechado, toda la teoría debe ser dejada de lado; no queda ningún adversario lo suficientemente soberbio como para afirmar, que el psicoanálisis solo es una psicología del mono, ni lo suficientemente bobo como para temer que al liberar nuestros demonios provoque la anarquía... Si bien influyó a lo largo de cincuenta años sobre el medio cultural, si bien acrecentó los conocimientos de la psicología y de la sociología, éstas en cambio lo han deformado tanto que cabe preguntarse si este reconocimiento del cual generalmente nos congratulamos, no será más bien el signo de un desconocimiento."

El psicoanálisis se encuentra en transición permanente, con sus tiempos, propios del inconsciente, aunque no sean los tiempos deseados por algunos.

Las transiciones se sucedieron unas a otras y abrieron nuevos campos, antes inimaginables para Freud, mostrando que a pesar de las numerosas sentencias de muerte que pesaban sobre el psicoanálisis, éste mostraba en cada una de sus aperturas, su vitalidad, fortalecimiento y vigencia. Surgieron entonces nuevas exploraciones en terrenos no abordados previamente: análisis de niños, de pacientes psicóticos y severamente perturbados, psicoanálisis grupal, psicoanálisis psicodélico practicado en nuestro país, con el uso de drogas al comienzo de la sesión como el LSD; psicoanálisis institucional, de familia y pareja, etc.

Las crisis sociales, culturales y de todo tipo se sucedieron unas a otras y el método analítico se fue acomodando con el devenir del tiempo, obviamente con resistencias que perduran y se expresan de distintas maneras, y con diversas validaciones del método.

En el año 2000 se generó una polémica en IPA vinculada a la validez o no del análisis telefónico. A partir de entonces parecería que, de los apacibles tiempos de la época post victoriana, los cambios comenzaron a transcurrir vertiginosamente, de manera globalizada, sucediéndose transiciones infinitas una tras otra.

El filósofo español Paul Preciado en una nota publicada en el Diario El País en marzo de 2020, *"Aprendiendo del virus"*, hace un extenso análisis filosófico de la pandemia que comenzó a principios de este año, extendiéndose a lo largo y a lo ancho del mundo. En el mismo hace descripciones, que las consideraré desde una perspectiva fenomenológica para caracterizar al ser humano y al entorno en el cual le toca vivir en este presente. El autor habla de un nuevo pasaje o mutación en el orden mundial, que desde su opinión ya venía sucediendo previamente a la aparición del COVID 19. La modalidad de este cambio sugiere que es tan profundo como el que afectó a las sociedades que desarrollaron la Sífilis o el HIV, en otras épocas de la historia.

"Hoy estamos pasando de una sociedad escrita a una sociedad ciber-oral, de una sociedad orgánica a una sociedad digital, de una economía industrial a una economía inmaterial, de una forma de control disciplinario y arquitectónico, a formas de control micro-prostéticas y mediático-cibernéticas." ... *"La gestión política de la Covid-19 como forma de administración de la vida y de la muerte dibuja los contornos de una nueva subjetividad. Lo que se habrá inventado después de la crisis es una nueva utopía de la comunidad inmune y una nueva forma de control del cuerpo. El sujeto del technopatriarcado neoliberal que la Covid-19 fabrica no tiene piel, es intocable, no tiene manos. No intercambia bienes físicos, ni toca monedas, paga con tarjeta de crédito. No tiene labios, no tiene lengua. No habla en directo, deja un mensaje de voz. No se reúne ni se colectiviza. Es radicalmente individuo. No tiene rostro, tiene máscara. Su cuerpo orgánico se oculta para poder existir tras una serie indefinida de mediaciones semio-técnicas, una serie de prótesis cibernéticas que le sirven de máscara: la*

máscara de la dirección de correo electrónico, la máscara de la cuenta Facebook, la máscara de Instagram. No es un agente físico, sino un consumidor digital, un tele-productor, es un código, un pixel, una cuenta bancaria, una puerta con un nombre, un domicilio al que Amazon puede enviar sus pedidos."

En Argentina, nuestro país, se impuso la cuarentena a mediados de marzo. La misma implicaba una situación de confinamiento que impedía toda salida de los sujetos al exterior de sus viviendas salvo por situaciones de autoabastecimiento de alimentos y medicamentos u otras esenciales como la salud. Las distintas modalidades de psicoterapia fueron prohibidas de manera presencial. Los analistas apelamos entonces a proponer a nuestros pacientes un encuadre virtual mediatizado por distintas plataformas. Si bien esta variante de atención era utilizada desde hacía años por los profesionales, lo era en relación a analizantes que residían en otras ciudades o países, donde no había otra posibilidad de atención más que ésta si el paciente elegía a un profesional a distancia. En la actualidad se sumó a la situación de pandemia, la obligatoriedad de usar dispositivos para poder continuar con los procesos en curso, aunque analista y paciente vivieran a escasas cuadras. La única elección posible pasó a ser, aceptar o no esta modalidad. Muchas personas decidieron no continuar de este modo, prefiriendo esperar a que la llamada "cuarentena" concluyera. Pero ésta no concluyó, se fue extendiendo a nuevas prórrogas de manera quincenal. Para aquellos que desistieron y que luego necesitaron contar nuevamente con un espacio de escucha, no les quedó otra opción más que la virtualidad. La realidad fáctica invadió el espacio terapéutico vivida por muchos de manera traumática, desencadenando una turbulencia emotiva, a la que Bion en los *"Seminarios Romanos"* (1982 pp130), describe como aquella que tiene elementos a los que normalmente no le prestamos atención y de los que no somos muy conscientes, pero que aparecen en la superficie de distintas formas de acuerdo a los efectos que produzcan. Analista – analizante debieron embarcarse en una búsqueda de espacios reales de sus respectivas viviendas que garantizaran la privacidad, acordar el nuevo encuadre que se imponía en términos de horarios, uso o no de la cámara de video, etc. La situación cruzó a ambos participantes de la dupla que compartían lo nuevo, desconcertante y hasta traumático de la realidad. Como en los inicios de Freud y sus colegas, la dupla contemporánea buscaba acomodarse en un "setting" que garantizara el dispositivo analítico, analista y paciente compartiendo sucesos difícilmente digeribles en los comienzos de este nuevo formato. El cual, por momentos parecía una escena de una película de ciencia ficción. ¿Cómo manejar la abstinencia en situaciones tan críticas? ¿Cómo ubicarse en la realidad imperante y desubicarse para dar lugar a la continuidad del análisis con nuevos criterios de temporalidad y espacialidad? La pandemia siguió su curso instalándose en la vida de la humanidad pasando por distintas etapas. En los inicios parecía algo lejano, algo que ocurría a los otros, que no nos tocaría, no se entendía el porqué de tanto encierro. Actualmente la historia es otra, los afectados son cada día más numerosos, las muertes se incrementan y se acercan a nosotros a través de los pacientes, de nuestros amigos y familiares. El clima anímico va tornándose turbulento, tormentoso y agobiante. Por momentos se dificulta la disponibilidad analítica ante tanto Tánatos. Tenemos que estar muy atentos a nuestro mundo interno haciendo posible que nuestra función analítica siga operando a través del encuadre cibernético.

Viñetas Clínicas

A continuación, presentaré tres fragmentos clínicos

donde quiero puntualizar aspectos técnicos de las situaciones descriptas

a)

Se trata de una mujer de treinta años de edad, una parturienta, a quien realizo una entrevista telefónica, sin imagen. A la paciente se la diagnostica de Covid (+), precipitándosele el parto un par de semanas antes de la fecha. En un momento de nuestro diálogo, le pregunto como fue tratada por el personal de la institución sanitaria, ya que le practicaron una cesárea por la prolongación del trabajo de parto.

La paciente responde diciendo que se sintió como una "leprosa". "Iba en una camilla, rodeada de astronautas". Estaba aislada de los mismos (camilleros, enfermeros, médicos) por un grueso plástico transparente, sintiéndose incómoda en su bata de fiselina, usando además cofia, guantes, barbijo y máscara.

En otro momento de la conversación la interrogo acerca de su encuentro con el bebé, relatándome una situación similar a la anterior: "Me hicieron un campo quirúrgico en la mama; me limpiaron con alcohol, quedando aislado el pezón, pero... el bebé se prendió bien a la teta y se prendió bien, bien.

b) **Otra viñeta:**

Alejandra es una paciente en análisis desde hace dos años, paciente que utilizaba el diván en sus dos sesiones semanales. Cuando se impone la cuarentena, desaparece. A los quince días me llama preguntándome como continuaría el tratamiento. Plantea según sus palabras: "que necesitaba tener un contacto físico, un contacto conmigo de manera real y que por lo tanto en la primera sesión de la semana prendería la cámara mientras que la segunda nos comunicaríamos por teléfono solamente".

Cuando nuevamente fue posible tener las sesiones de manera presencial, Alejandra en su segunda sesión, en lugar de concurrir al consultorio me llama por teléfono y me dice: "Juan, hoy no voy a poder ir me demoré en una reunión que tuve por Zoom y me dí cuenta que estamos en hora. Antes hubiera dado por perdida la sesión, pero ahora quisiera contar con su aprobación para tenerla por teléfono." Pensé, ¿por qué no si en las últimas semanas habíamos trabajado de esa forma? También yo, en otra época hubiera dado por perdida la sesión pero la misma tuvo lugar.

c) Ultima viñeta.

Marcos, un adolescente que concurre a análisis por temporada, como las series de Netflix, según sus propias palabras. Transcurre la cuarta por esta época. Cuando se instala el confinamiento continuamos con sesiones por videollamadas. Cuando fue posible retornar al consultorio, en su primera sesión llegó inusualmente temprano; al retirarse el paciente que lo precedía lo saludó, le dió la mano aunque no lo hubiera visto antes ni lo conociera. Ingresó al consultorio, se acomodó en el sillón pero inmediatamente se incorporaba, iba y volvía a la puerta. De repente empezó a hacer gestos con las manos como si apoyaran en una superficie aunque en realidad solamente había aire. Repetía una y otra vez estas acciones.

Le pregunto: "Qué te pasa Marcos"

Me responde: "Es muy loco lo que me pasa. No sé donde estoy, si acá o si estoy allá. Allá es en mi casa. Me resulta muy loco volver a verte. Hoy es el primer día que salgo de mi casa y todo esto me parece irreal.

Parecería entonces que estamos frente a una nueva necesidad de reacomodamiento conceptual del marco teórico psicoanalítico que nos permita ubicar aquellas situaciones clínicas observadas que aún no han sido instaladas, desarrolladas y explícitamente presentadas como está ocurriendo con el tema de la diversidad sexual. Los múltiples géneros y situaciones complejas que suscitan, interpelan y hasta superan las categorías planteadas por el binarismo sexual.

También es hora de revisar la teoría de la técnica dado que los cambios que he registrado en nuestras prácticas nos conminan a efectuar un análisis profundo, complejo y dinámico del significado del psicoanálisis. Necesitamos ajustar los marcos teóricos de nuestra praxis que lo convaliden a pesar del abandono de ciertas premisas que lo definieron previamente.

Transitamos épocas de angustias e incertidumbres que nos inducen a superar nuestro estado solo de "estudiosos" para explorar más a fondo lo insondable del psicoanálisis y pasar de la teorización del estudio a la práctica contemporánea que nos permita crear lazos para lograr el develamiento de los misterios de la transferencia.

Bibliografia

BAENA CAGNANI, J.P., (2008) *De la Osadía al Devenir*. Docta, Revista de Psicoanálisis. Córdoba. Argentina.

BION, W.R., (2002). *Seminarios Romanos*, Promolibro Editorial, Valencia, España.

Freud, S. (1991). *Conferencias de Introducción al Psicoanálisis*, Parte III, Vol. XVI, Amorrortu Editorial, Buenos Aires, Argentina.

_______________. Una dificultad en Psicoanálisis, Vol. XVII, Amorrortu Editorial, Buenos Aires, Argentina.

KANT, I., (2010). *¿Qué es la Ilustración?*, Prometeo Editorial. Buenos Aires. Argentina.

PONTALIS, J.B (1971), *Vigencia de Freud*, La Pléyade Editorial. Buenos Aires. Argentina

PRECIADO. P. (2020). *Observando el Virus*, https://elpais.com/elpais/2020/03/27/opinion/1585316952_026489.html España

STEINER R. (2003), *De Viena a Londres y Nueva York. Emigración de psicoanalistas durante el nazismo*, Ediciones Nueva Visión. Buenos Aires, Argentina

Dr. Juan Baena

Es médico, especialista en Psiquiatría (UNC. Córdoba). Psicoanalista, Miembro Titular con función didáctica de Asociación Psicoanalítica de Córdoba (APC). Miembro de IPA y Fepal.

Ex – Director del Instituto de Formación Psicoanalítica de APC. Ex – director de los Postgrados de Psiquiatría y Psicología del Hospital Italiano de Córdoba. Ex – jefe del Servicio de Salud Mental del Hospital Italiano de Córdoba.

Dicta seminarios en el Programa de Formación Psicoanalítica de APC, en la cátedra de Escuela Inglesa. Docente de Psicoanálisis en el Postgrado de Certificación y Re- certificación de la especialidad en Psiquiatría (CMPC).

Co- autor de Baena Cagnani, J.P, Kuschnir C., "El Sacrificio de Irene". Una lectura psicoanalítica de la obra de Irene Nemirovsky. Lugar Editorial (2019). Co- autor capítulo: "Psicosis y parte psicótica: una aproximación clínica" y Prólogo a la Edición en Español del libro de Rosenfeld, D., "Lo Psicótico", Ediciones Karnac, Londres 2015. Ha participados en diversos capítulos de libros y artículos en revistas nacionales e internacionales.

Arrogancia y Estupidez en los tiempos de la Pandemia

Hilda Catz

"Nos gusta pensar que nuestras ideas son una propiedad personal, pero a menos que hagamos nuestro aporte en beneficio del resto del grupo, no es posible movilizar la sabiduría colectiva que podría impulsar el progreso y el desarrollo"
Bion(1975)(p.112).

Introducción

Me propongo en este trabajo intentar hallar en algunos de los aportes de Bion, quien posee la experiencia de haber participado tanto en la Primera como en la Segunda Guerra Mundial, elementos que nos ofrezcan la oportunidad de transformar en pensamientos la crisis civilizatoria darwiniana del siglo XXI que estamos atravesando.

Nos hallamos ante la peste de la abundancia de informaciones y la literalidad de los acontecimientos que alimentan una **curiosidad** voraz al servicio de la **arrogancia y la estupidez,** que consideraré desde la perspectiva de la conceptualización de Bion (1957-59), en el sentido de que no promueven el conocimiento sino, al contrario, su negación y desmentida.

Pudimos observar este fenómeno en todos los ámbitos, del político al científico, en los comienzos de esta Pandemia, donde algunos se atribuyeron la **arrogancia** de las certezas sobre algo desconocido, la omnipotencia y su inevitable consecuencia en la **estupidez** de las declaraciones y discursos que escuchamos. En efecto, aparecen en el discurso, en referencias dispersas y alejadas unas de otras, y dan cuenta de la prevalencia de aspectos psicóticos de la personalidad velados que evidencian un desastre psicológico.

Como dice Gluksmann (1981) "Si la estupidez no se diera aires de inteligencia, no engañaría a nadie, y la vanidad de sus comedias quedaría sin consecuencias". Pero ha tenido trágicas consecuencias.

Desarrollo

Estamos ante una catástrofe, palabra que deriva del griego katastrophe, de dimensiones insospechadas y, podría decirse, sin precedentes, que permitan contener la fuerza devastadora de sus consecuencias.

Bion (1970) trabajó mucho estos conceptos, y decía que cuando un hecho nuevo se acerca a la mente de un individuo, un grupo, un pueblo o de un estado se aproxima una Catástrofe o un Cambio Catastrófico, que podría llegar a ser un cambio en el sentido de la evolución si ese hecho puede ser albergado para que evolucione como crecimiento mental.

En épocas de la Peste como la que estamos viviendo, la posibilidad de transformar la Catástrofe en un Cambio catastrófico habilita la perspectiva de la esperanza, como decía Pichon Riviere (1971) *"en tiempos de incertidumbre y desesperanza es imprescindible gestar proyectos colectivos desde donde planificar la esperanza junto a otros"*. Es necesario resistir y soportar la turbulencia, la violencia física y psíquica que implica la subversión de los valores de lo ya conocido que arrastra esta especie de Tsunami viral, y no desmentir ni desconocer sus trágicas consecuencias. Bion (1994) nos decía que hay dos cosas de las que un analista no puede olvidarse: *"la sociedad en que vive y lo obvio o sea el sentido común"* (p. 42).

Esta apocalíptica pandemia de coronavirus nos ubica frente a nuestra vulnerabilidad, el miedo, las pulsiones más primitivas que impone el aislamiento, y el darwinismo de elegir a los que van a vivir en esta crisis sanitaria del siglo XXI. Nos vemos obligados a atravesar el duelo por lo que ya no podrá ser igual, y por el hecho de que mucho de lo que antes valía ahora puede no servir y volverse en contra.

Por ejemplo, el otro empieza a ser alguien de quien hay que resguardarse, un desconocido temido del que hay que aislarse, donde incluso los que se consideran amigos pueden transformarse en enemigos, y lo familiar en siniestro por el peligro del contagio. Se movilizan de esta manera angustias profundas que irrumpen en el mundo interno potenciadas por el mundo externo que se ha vuelto atemorizante.

Tratar de atravesar el corte que provoca esta Pandemia con todo lo conocido, lo valorado, lo amado y vivenciado como propio de lo humano, nos demanda el coraje de poder ir aceptando nuestra fragilidad y vulnerabilidad humana, armando continentes como modelos conjeturales, absolutamente descartables.

De esa forma, se trata de sostener la invariancia que hay en toda posibilidad de Cambio en el sentido de la evolución, del crecimiento mental que desde esta perspectiva se apoyaría en la invariancia de la *mirada psicoanalítica,* como un continente para pensar lo impensable pese a la incertidumbre de lo que estamos viviendo.

Bion (1970) advierte que cuando no se puede atravesar ese puente a lo desconocido en pos de un cambio catastrófico, o sea en el sentido de la evolución, que implica una elaboración de duelos por lo que fue y lo que pudo haber sido y no fue, es cuando el futuro en vez de estar lleno de deseos, está lleno de recuerdos y es el pasado el que esta poblado de deseos. Se produce entonces lo que llama la *fusión nostálgica*, que no permite que el futuro esté lleno de deseos, sino que está congelado en los deseos de un pasado que por supuesto nunca podrán realizarse por lo que el futuro quedaría lleno de recuerdos y el pasado lleno de deseos que paralizarían la evolución mental.

La propuesta podría ser dejar de lado las preconcepciones y prejuicios del pasado que empañan la mirada hacia lo "por-venir" del porvenir sin desconocer su profunda gravedad e imprevisibles consecuencias. Tolerar la incertidumbre, la falta de certezas, y la duda como formas de preservar la salud mental, aun y con más urgencia en el medio de la tormenta, que nos enfrenta con lo impredecible de nuestra fragilidad psíquica, social y política.

Algunas conclusiones

Este trabajo trata de hacer una reflexión vinculada al riesgo que implica la exacerbación de las posicionamientos fanáticos, omnipotentes, arrogantes y la necesidad de promover la posibilidad de generar afectos e intimidad mediante los vínculos y los lazos humanos que los acompañan. Sabemos que la presencia del otro, del semejante es fundamental en el proceso de constitución subjetiva, así como también en las situaciones de crisis y catástrofes que tanto intimidan y donde aparecen con toda su fuerza las necesidades de apego y protección, buscando tramas que alberguen lo público y lo íntimo.

Nos hallamos ante la necesidad de crear teorizaciones y prácticas ligadas a lo que la subjetividad y la sociedad presenten, de delinear modelos conjeturales y descartables, para teorizar y transformar estas nuevas formas de vincularse. Aspiramos a ensayar un pasaje del exilio obligado de dejar de encontrar-nos hacia el éxodo elegido de nuestras propias búsquedas internas para descubrir nuevas formas de seguir habitando nuestros territorios vinculantes donde la incertidumbre es una de las formas de lo posible.

Se subraya con mayor evidencia que la existencia del psicoanálisis dependerá de su capacidad de transformación en un mundo que cambia y también cómo y en qué dirección nos cambia, donde las resistencias desde el interior mismo del psicoanálisis pueden impedir el surgimiento de lo nuevo, aislándolo de otras disciplinas o de la sociedad.

Puede decirse que estamos ante una crisis en los modos de ser de los psicoanalistas, donde todo o casi todo cambia o puede llegar a cambiar; pero no ante una crisis del psicoanálisis en sí mismo, porque estamos sosteniendo la mirada psicoanalítica en una urdimbre entretejida de esfuerzos que vinculan. Redes hechas de sonidos, palabras y melodías que nos impidan abismarnos en el aislamiento, en el silencio, porque como dice Segal, H.(1997) "el silencio es el auténtico crimen", señalando así la importancia de aprender de la experiencia, por más siniestra que ésta sea.

Intentamos que no se aplane la curva de la subjetividad ya que todos podemos pasar a ser fácilmente huéspedes de un virus incontrolable, un número que anula la singularidad, el caso por caso motor de la dinámica psicoanalítica, donde hasta la muerte se deshumaniza y pasa a ser una muerte anónima. Además, tampoco debemos dejar de tener en cuenta que se trata de una crisis que podría generar un empobrecimiento del mundo simbólico y de su soporte en afectos y representaciones, colocando así en el grupo de riesgo a la subjetividad, que se encuentra ante un horizonte de extrañeza en un mar de incertidumbres.

Nos encontramos, como dice Recalcatti (2020), con un imaginario que fue colonizado por lo real, y la angustia por la pérdida no es como en la depresión clásica, sino que invierte el futuro donde el objeto perdido es el mundo tal como lo conocíamos hasta ahora. Considero que se subraya de esta manera el peligro de la **arrogancia** que niega la existencia del virus, donde la supuesta celebración de la vida, paradójicamente, se presenta como una de las formas de la afirmación de la pulsión de muerte, desmintiendo la castración y la inevitable presencia y convivencia con el virus por tiempo indeterminado y su probable recidiva.

A todo ello se agrega el riesgo de que permanezcan indelebles los duelos, pérdidas y ansiedades padecidos pero no sentidos en toda su dimensión, que podrían tener desenlaces imprevisibles para la salud física y mental actual y futura tanto de los pacientes como de los analistas.

La propuesta sería poder superar nostalgias y añoranzas del pasado y del presente que impiden que lo obvio de la pandemia nos implique en una ineludible relación de dolor. Tratar de ir modificando la angustia en lugar de evitarla mediante la estupidez y la desmentida de este pasaje acelerado desde una condición de omnipotencia en la ciencia, la política, la economía, a la impotencia y a un estado de perplejidad difícil de sobrellevar que podría deslizarse fácilmente hacia la creación de dogmas o ideas fanáticas que conducen por una senda irreversible.

No hay que olvidar tampoco que ante una amenaza frente a la cual no hay fuga posible, puede exacerbarse el predominio de los aspectos psicóticos de la personalidad – sea de un grupo, de una sociedad, etc. – que se detectan bajo la forma de elementos dispersos en un discurso referido a la **arrogancia** y la **estupidez**, donde la arrogancia se erige omnipotente en el lugar de la carencia.

Cuando a Hanna Segal (1987) se le pidió su opinión acerca de lo que el futuro depararía para el psicoanálisis, mantenía la idea de que era fundamental continuar prestándole atención ***al poder de la parte psicótica de la personalidad, tanto en el paciente, como en la mente***

del analista y en el mundo socio-político. Decía que *"Los psicoanalistas hemos de ser neutrales en nuestro trabajo en el consultorio, pero no neutralizados por las situaciones sociales"*. Apelaba, así, a la responsabilidad y al compromiso público que tenemos como profesionales y ciudadanos, en su valioso artículo de 1987 "El silencio es el auténtico crimen".

Y en este sentido de la interrelación entre el psicoanálisis y el mundo socio-político, quisiera relatarles un hecho paradójico que considero que posee una fuerte potencialidad simbólica. Se trata de una frase de Segal, H. (1991) que fue utilizada en un ámbito totalmente inesperado y sin que la propia autora tuviera conocimiento de ello, cuando se lanzó una convocatoria para presentar proyectos para construir un mural después del ataque terrorista en Nueva York el 11 de septiembre de 2001, pensado para simbolizar la continuidad de la vida después de la destrucción.

"Es cuando nuestro mundo interior está destruido, muerto y carente de amor y cuando nuestros seres queridos se vuelven fragmentos y estamos inmersos en una indefensa desesperación, que debemos crear nuestro mundo otra vez, juntando nuevamente las piezas infundiendo vitalidad a los fragmentos muertos para recrear la vida"

Bibliografía

Bion, W. F. (1957-59) *"Volviendo a pensar"*. 4ª ed. Buenos Aires, Hormé, 1977.

--------(1966) *Aprendiendo de la experiencia*. Buenos Aires, Paidós, 1974

--------(1970) *Cambio catastrófico*. Revista de Psicoanalisis,Vol.38,Nº4, 1981

---------(1977) *La Tabla y la Cesura*, Gedisa, Bs Aires.

---------(1994) Cogitaciones, PROMOLIBRO. Valencia, 1994.

Catz, H. (2020). *Environmental crisis and pandemic. a challenge for psychoanalysis*. Frenis Zero Press.

Catz, H y colaboradores (2020)*Las redes de los humano, lo humano de las redes" Trabajando en cuarentena y en la Post-Cuarentena"* Ricardo Vergara Ediciones Bs.Aires

Catz, H y colaboradores (2020). Trabajando en cuarentena y en la post-cuarentena en épocas de la Pandemia. Transformaciones e invariancias, Ricardo Vergara Ediciones Bs. Aires

Catz, H y colaboradores (2020). *Psicoanálisis de Niños y Adolescentes, trabajando en cuarentena en tiempos de la Pandemia.* Ricardo Vergara Ediciones Bs. Aires.

Catz, H.(2019). *Tatuajes como marcas simbolizantes, la relevancia clínica de los tatuaje para el procesos Psicoanalitico"*, Ricardo Vergara Ediciones , Buenos Aires.

Gluksmann, A. (1981) *Cinismo y Pasión*, Gallimard, Paris.

Pichon- Riviere E. (1971) - *Del psicoanálisis a la psicologia social* . Buenos Aires , Galerna ; 1971,342

Recalcatti, M. (2020) *Simposio de la Asociación Psicoanalítica Argentina*, Buenos Aires.

Santamaria, J.(2020) *"Momentos y Cesuras en la experiencia del Covid 19"* en Catz, H. y colaboradores (2020): *Las Redes de lo humano y lo humano de las Redes*, p.253

Segal, H. (1991) 'A psychoanalytical approach to aesthetic' ['Enfoque psicoanalítico de la estética'].

Segal, H. (1987), *"Silence is the real crime"*, International Journal of Psychoanalysis, núm. 14, pp. 3-12.

Dream, *Phantasy and Art [Sueño, Fantasma y Arte]* (1991), Psychoanalysis, Literature and War [El Psicoanálisis, la literatura y la guerra] (1997), y Yesterday, Today and Tomorrow [Ayer, hoy y mañana] (2007).

Dra. Hilda Catz Ph.D

Doctora en Psicología Ph.D, Usal-APA
Lic. Psicología de la Universidad de Buenos Aires.
Miembro titular en función didáctica de la Asociación Psicoanalítica Argentina, de la Federación Psicoanalítica de América Latina (Fepal) y de la Asociación Psicoanalítica Internacional (I.P.A.)
Coordinadora del Departamento de Niños y Adolescentes de la Asociación Psicoanalítica Argentina "Arminda Aberastury"
Guionista y Co- Directora del cortometraje premiado :"Mi película Candela" mutismo selectivo en una niña de 4 años-Premio Fepal 2015
Coordinadora de Espacios de investigación, Profesora titular invitada de varias Universidades y de Seminarios de la Asociación psicoanalítica Argentina
Libros:
  Catz, H. (2020) Environmental crisis and pandemic. a challenge for psychoanalysis. Frenis Zero Press.
  Catz, H. (2020) "Adulticidio" en "Crisis de la Parentalidad". Comp.: Tewel,C., Ricardo Vergara Edic. Bs.Aires.
  Catz, H. (2020) "Estupidez y desmentida en los tiempos de la Peste" en "Efectos del COVID-19 en la Salud Mental, Ricardo Vergara Ediciones, Bs. Aires.
  Catz, H. (2020) en PSICOANALISIS ONLINE, Comp .Monica Cruppi, Ricardo Vergara Edic., Bs.Aires
  Catz, H. y colaboradores,(2020) TOMO 3 "Las redes de los humano, lo humano de las redes" Trabajando en cuarentena y en la Post-Cuarentena" Ricardo Vergara Edic., Bs.Aires
  Catz, H. y colaboradores,(2020)TOMO 2 "Trabajando en cuarentena y en la post-cuarentena en épocas de la Pandemia. Transformaciones e invariancias". Ricardo Vergara Edic Bs.Aires
Catz, H.y colaboradores,(2020)TOMO 1 "Psicoanálisis de Niños y Adolescentes, trabajando en cuarentena en tiempos de la Pandemia" Ricardo Vergara editorial, Bs. Aires
  Catz, H.(2019) "Tatuajes como marcas simbolizantes,la relevancia clínica de los tatuaje para el procesos Psicoanalitico", Ricardo Vergara Edic., Bs.Aires

Algunas Publicaciones en capítulos de libros y Revistas de Psicoanálisis:
(2019) Psicoanálisis en el caos, fronteras complejas y horizontes inciertos,p.12 Docta Revista de Psicoanálisis, año 16 Publicación de la Sociedad Psicoanalítica de Córdoba
  (2017) Tattoos as "Symbolizing Marks" Fashion, body rite, fetish, or also pure unqualified quantity referring to the terrain of trau-

ma? Book: Psychoanalysis in Fashion, editors: Weinreb Katz and Kramer Richards, IPBOOKS.net Chapter III

(2016) "Fanatismo", Bion, Lacan e Lê Instituzione La psicoanalisi, 59, Roma, Astrolabio, Italia

(2015) "Somos de la misma materia que los sueños" Revista de Psicoanálisis. Asociación Psicoanalítica Argentina, LXXII, nro.2/3, Bs.As. (Primer Premio Fepal 2015, Bariguete-Yuye Castellon)

(2002) Simon en quête de son histoire" La Parentalité. Défi pour le troisième   millénaire. Quatrième partie, Les formes particulières de la parentalité à l'aube du III° millénaire Presse Universitaires de France. Hommage international à Lebovici. Paris.

E-mail: hildacatz@icloud.com

Reflexiones de una travesía que nunca imaginé

León Cohen Bello

Hay muy pocas situaciones en la vida en las que podemos tener la certeza de estar atravesando un momento histórico. Tal vez este sea uno de ellos: lo que estamos protagonizando quedará en los libros y será estudiado por las generaciones siguientes donde quizás el rasgo más destacado sea que este es el primer acontecimiento verdaderamente global y simultáneo, una pandemia darwiniana del siglo XXI.

Nunca antes había estado el planeta entero enfrentado a la misma situación, al mismo tiempo, con las herramientas de comunicación como para conocer qué está pasando en cada rincón del mundo. Tecnología y movilidad mediante, jamás fue tan cierto que vivimos todos en un único lugar y que, aggiornando el proverbio de la Complejidad, podríamos decir que *"el aleteo de un murciélago en Wuhan puede causar un tornado en Milán"*.

De chico me encantaba que me cuenten historias y creo que somos en parte las historias que contamos. Es una dimensión que nos permite ampliar nuestra visión del mundo. Y entonces me pregunto, cómo se narrará nuestra historia actual?¿Qué dirán los libros de nuestro manejo de esta crisis, de esta Pandemia por Coronavirus? Qué dirán de esta serie de libros que estamos escribiendo?

La historia quizás cuente que en esta realidad global interconectada enfrentamos la pandemia en muchos casos exacerbando las diferencias y los personalismos porque no pudimos aprender a compartir en solidaridad y cooperación cómo enfrentar las catástrofes sanitarias, sociales, económicas y culturales. En vez de dar una respuesta concertada y unívoca, los líderes de muchos países destinaron la energía en asignar culpas por el origen del virus, otros minimizaron las consecuencias y se exhibieron públicamente desafiando las precauciones sanitarias y otros adoptaron cuarentenas con diferente grado de rigurosidad y cumplimiento.

En definitiva, enfrentados al acontecimiento más global de la historia, respondimos dividiéndonos, y no consideramos que la que estamos atravesando no será la última pandemia, ya que existen otros riesgos existenciales. Hoy, unos pocos países controlan el desarrollo de tecnologías de enorme potencial pero alto riesgo, como la inteligencia artificial, la biotecnología y las herramientas de vigilancia masiva. Sin olvidar que tenemos por delante desafíos poblacionales, medioambientales, y por lo tanto tenemos también el desafío impostergable de empezar a pensar y actuar globalmente.

Y esta pandemia nos enfrenta, de manera clara a confrontarnos con los límites de nuestro pensamiento, poblado de personalismos y fronteras imaginarias que obturan la creatividad que se necesita en situaciones de riesgo, desconociendo la necesidad de apego y protección exacerbadas aún más por la urgencia.

Cuando era niño en todas las historias que me contaban, siempre había Héroes, amigos de los Héroes y villanos. Todo consistía en encontrar a cada uno dentro del relato. Hoy trato de seguir aquel modelo de relato para entender lo que ocurre en esta Pandemia, pero me resulta difícil todavía identificar a cada personaje de la historia que estamos viviendo.

El villano será el Coronavirus? O habrá otros que se esconden detrás de esa figura? Podrían ser la pobreza, el hacinamiento en villas de emergencia, la miseria, la desidia ante la precariedad de las condiciones sanitarias y sociales en que se encuentra la población vulnerable.

Y los Héroes, quiénes son? Seguramente hay muchos, anónimos, y también muchos amigos de los héroes, en un trabajo silencioso, permanente, trabajando en la Acción Social, siempre necesaria en un mundo tan desigual, que se hallan en lo que se ha dado en llamar "la primera línea de fuego" en hospitales por ejemplo.

Uno de mis nietos, Simón, de 11 años lo describe cuando escribió e ilustró un relato que circuló mucho por las redes y que tituló "Los médicos vs. el Coronavirus", donde relata una lucha muy desigual contra un villano que se llamaba el "Super-coronavirus". Los médicos luchan denodadamente hasta que descubren al "Super-alcoholengel", con el que lo enfrentan hasta que logran hacer una vacuna, con la que lo derrotan definitivamente. Este final feliz, esperanzador y agradecido ofrece una nueva expectativa sobre la forma en que los chicos pueden vivir e imaginar un mundo mejor, porque apela a la esperanza.

¿Como comenzó todo?

En 2002 apareció un brote de Síndrome de Neumonía Atípica Aguda Adquirida en la Provincia de Guangdong (China), que fue causada por un virus al que se llamó SARS-CoV. Terminada esta epidemia, un segundo salto entre especies ocurrió a fines de 2003, pero no resultó muy grave por la escasa afinidad del virus por el receptor. Se interpretó que el virus muta en su hospedero habitual y luego pasa al humano en forma casual.

Al buscar el reservorio inicial, se encontró que habitan en las Civetas salvajes, un mamífero similar al perro, que se venden habitualmente en los mercados para consumo humano. Pero también encontraron que tienen un 90% de identidad genómica con otros cuyo reservorio son los murciélagos "herradura", los que resultaron ser el reservorio natural del SARS-CoV. Estos datos sugirieron a los investigadores, ya en 2003 que el virus podría volver a aparecer si se dieran las condiciones adecuadas para la mutación, amplificación y transmisión de este virus, tal como ha ocurrido. Pero aunque lo advirtieron, con muchas pruebas científicas que apoyaban su afirmación, nadie lo escuchó.

Por eso ahora estamos como dijo el escritor francés André Gide *"Todas las cosas ya fueron dichas, pero como nadie escucha, es preciso repetirlo cada mañana"*

Furman, M. y Chamorro, E. dicen: *"Hay que practicar lo que ya sabemos, practicar lo que nos sale bien"*. Generar confianza y así relatan que Lemov,D. un educador americano, recorrió todo Estados Unidos estudiando las escuelas más difíciles, con los chicos más vulnerables para ver cómo hacían los profesores que lograban mejores resultados.

¿De dónde viene la confianza básica de una persona? Según Erik Erickson, surge de la constante atención y satisfacción que brinda la madre durante el primer año de vida del niño.

Para Bion(1962), es la "Reverie", la capacidad de ensoñación de la madre para transformar las impresiones de los sentidos proyectados del bebe, en experiencias emocionales pasibles de ser nominadas y asi aprender de la experiencia lo que le permite introyectar un objeto voluntariamente comprensivo. Según Pichon Riviere, es la confianza en el grupo inmediato que media entre el hombre y su entorno, y esto permite ese vínculo complejo que hace que el hombre transforme el mundo. Y como se puede observar, en todos los casos, las relaciones intersubjetivas están involucradas.

Como dice Humberto Maturana, ¿De dónde surge la innovación?

No hay una realidad independiente del observador. Innovar es una dinámica relacional con el entorno, y hay dos palabras parecidas: Cambio y Transformación. Transformación es cuando no hay vuelta atrás. Sin olvidar que siempre vivimos en gerundio... un presente continuo pero cambiante. Está lo que queremos innovar y lo que no queremos perder. Es algo así como una reflexión nostálgica.

¿Y qué es lo que no queremos perder? El modo de convivir, el cuidado. Es no dañarse a sí mismo, no dañar al otro, no dañar al medio ambiente. Y esto se llama Ética, lo que le pone bordes a la innovación, la plasticidad conductual en un mundo cambiante. No es solo adaptación, es como me relaciono con el mundo y con el entorno. Sabemos que en la pandemia de coronavirus, nadie en el mundo estaba preparado para enfrentar esta catástrofe, ni sabía de qué forma actuar.

Y así surgen los interrogantes: ¿Cómo afecta el aislamiento a nuestra subjetividad?¿Estamos preparados para vivir con incertidumbre, sin que nadie nos garantice el futuro? Estábamos preparados para la intensidad de este aislamiento, que dura mucho más de lo esperado?

Nuestra *mirada psicoanalítica* nos permite saber que dentro de cada persona hay un mundo construido con experiencias no siempre tramitadas satisfactoriamente, y es allí precisamente donde tenemos que indagar lo singular, lo propio de cada uno. Quienes han vivido situaciones traumáticas previas, ante la inminencia de una catástrofe puede que lo vivencien como que sus fantasmas le anuncian con certeza de que siempre sucederá lo peor o tal vez estén más preparados para resistirla.

Un cuento de Jean Cocteau relata la angustia con que un jardinero le manifiesta a su príncipe que se ha encontrado con la muerte y ésta le hizo un gesto de amenaza. El jardinero le pide su ayuda, ante lo cual el príncipe le presta caballos para que huya a una ciudad alejada llamada Ispahan. Por la tarde, la muerte habla con el príncipe y éste la interpela por la amenaza a su jardinero, ante lo cual la muerte le dice que no fue una amenaza sino un gesto de sorpresa, ya que tenía previsto encontrarlo esta noche en Ispahan, y le sorprendió encontrarlo tan lejos.

Así como el jardinero, en esta situación podemos leer equivocadamente los mensajes, de modo tal de cumplir las propias profecías que vienen del introducto, desde la intimidad de nuestro aparato psíquico, y las interpretamos como provenientes del mundo externo. Porque todos nos preguntamos cuándo termina esta situación de incertidumbre y temor. Cuándo podremos enfrentar a nuestros fantasmas. Pero nadie tiene la respuesta, alguien nos dijo que enseñar no es llenar baldes con ideas, sino encender fuegos, y los expertos nos brindan información todos los días nos llenan baldes de información, pero no logran encender fuegos en nosotros.

Esto nos lleva a la llamada Ciencia de los Sistemas Dinámicos Complejos, que consiste en: Interpretar información del pasado, analizarla en un presente dinámico, y buscar alternativas de proyecto para posibles escenarios futuros. Imaginamos que, al comprender los elementos que componen un sistema, podemos entender el funcionamiento general del sistema en su conjunto. Pero esto implica la construcción de un modelo lineal, un sistema cerrado de causa y efecto, no relacionado con el medio ambiente.

Es lo que quizás esta sucediendo con los análisis que observamos en la pandemia de coronavirus, por un lado muchos de nosotros hemos hecho una importante regresión. Abandonamos los sistemas complejos para refugiarnos en el pensamiento lineal, ante una realidad imprevisible e implacable, que nos obliga a nuevos modelos interpretativos para volver a obtener tranquilidad.

Pero por otro lado sabemos que todo lo que involucra seres vivos es complejo, ya que son sistemas abiertos que se enriquecen con el tiempo y dan lugar a fenómenos emergentes imprevistos, a derroteros inesperados. Se constituye así otro ejemplo de las Ciencias de la Complejidad, la forma de interactuar con fenómenos de la naturaleza, que son sistemas abiertos, con resultados inimaginables y sometidos a intervenciones que no dependen de nuestros deseos ni de los cálculos lineales, propios de los sistemas cerrados de tipo causa-efecto.

Prigogine (1977) postuló la Teoría del Caos, tomando como modelo las Leyes de la Termodinámica, conocidas desde el siglo XIX y que se refiere al manejo de la Entropía en los sistemas abiertos, los fenómenos irreversibles y las estructuras disipativas.

Después vino Morin, E. (1993) y nos amplió los horizontes con la Teoría de la Complejidad, que nos dice: "El hombre todavía es incapaz de controlar su propia naturaleza, cuya locura lo lleva a dominar la naturaleza, perdiendo el dominio de sí mismo. Puede aniquilar los virus, pero se encuentra desarmado ante los nuevos virus que lo desprecian, se transforman, se renuevan. Aun en lo concerniente a las bacterias y los virus, debe y deberá negociar con la vida y la naturaleza". Tierra patria. Citado por Catz, H. y col. Tomo 1, p.17

Por todo lo expuesto creo que actualmente, nos sentimos como Noé cuando Dios le habló para construir el Arca. La inundación duró 40 días y 40 noches, pero hasta que pudieron salir del Arca, pasaron más de 300 días. Y se encontraron un mundo diferente al que conocían. No estaban preparados, y desde ese relato bíblico hasta nuestros días han pasado muchos años, muchas epidemias, muchas guerras y catástrofes hasta llegar a nuestros días.

La misma angustia tal vez nos acompaña, la que Noé debió haber tenido cuando bajó del Arca, no tenía respuestas lineales y mucho menos certezas, tal vez como nos está pasando a nosotros que continuaremos el trayecto, tratando de mantener firme el timón del Arca, ante un horizonte de incertidumbre y extrañeza

Bibliografia

- Bion, W.R. (1962), Learning from experience, London, Tavistock.
- Bodner. G. https://www.temasdepsicoanalisis.org/2019/07/18/el-concepto-de-reverie-en-algunos-modelos-contemporaneos. (29-10-2020)
- Catz Hilda y colaboradores (2020) Psicoanálisis de niños y adolescentes. Trabajando en cuarentena en tiempos de pandemia- Ricardo Vergara Ediciones.
- Catz Hilda y colaboradores (2020) Trabajando en cuarentena en épocas de Pandemia y Post-Pandemia- Ricardo Vergara Ediciones.
- Ciencia de la Complejidad el premio Nobel de Ilya Prigogine
- https://antroposmoderno.com/antro-articulo.php?id_articulo=486 (29-10-2020)
- Cocteau, J. https://www.zendalibros.com/gesto-la-muerte-cuento-jean-cocteau (29-10-2020)
- Lemov, D. http://blog.tiching.com/doug-lemov-compartir-casos-exito-la-mejor-forma-aprender/ (29-10-2020)
- Maturana, H. https://convivir-comprender-transformar.com/wp-content/uploads/2012/08/Maturana-Romesin-H-El-Sentido-De-Lo-Humano.pdf (29-10-2020)
- Morin, E. http://cursoonlineasincostoedgarmorin.org/images/descargables/Morin_Introduccion_al_pensamiento_complejo.pdf (29-10-2020)
- • Pichon Riviere, E. https://psicologia.ucm.es/data/cont/docs/29-2013-11-08-02%20MACCHIOLI%20(2)_.pdf (29-10-2020)

Dr. León Cohen Bello

Dr. Leon Cohen Bello es Médico especialista en Psiquiatría, en Medicina Legal y en Medicina Ocupacional.
Es Doctor en Psicología por la USAL, cohorte 2010 sobre *"Lo Disruptivo y el Psicoanálisis"*.
Ha sido Secretario de la Sección "Intervención en Desastres" de la World Psychiatric Association y miembro de la Sección "Psiquiatría en Países de bajos ingresos" de la misma Asociación.
Ha sido Presidente del Capítulo "Discapacidad e Integración" de la Asociación Argentina de Salud Mental.
Es miembro del Foro de Profesores de la Cátedra UNESCO de Bioética.
Es Fellow del International Institute for Organizational Psychological Medicine, con sede en Melbourne, Australia.
Es Presidente del Capítulo Argentino de la Israeli Medical Association-World Fellowship.
E.mail: leoncohenbello@yahoo.com.ar

Los videojuegos en las sesiones en línea.
Lo virtual de lo virtual

Mariela Cerioni

Desde marzo del presente año, la pandemia del Covid 19 nos ha demandado a los psicoanalistas, más que en otros tiempos, investigar, cuestionar, intercambiar experiencias, acompañarnos. Un grupo de profesionales en el que participo aparece entusiasta, en el medio del desasosiego de la época en que vivimos. Los escucho y me escuchan, mientras nos seguimos interrogando cómo trabajar con pacientes niños, púberes y adolescentes, que presentan dificultades en su desarrollo o síntomas que hablan de sus emociones y afectos, a la par de las vicisitudes que conlleva el confinamiento, la cuarentena, la privación de los encuentros con amigos en los espacios de la escuela, en las plazas o en los ámbitos de los clubes o el deporte. Además, sobrellevan el sufrimiento particular que genera estar lejos de los afectos, de los familiares con los que no se pueden encontrar, ya sea porque viven en otras ciudades y se dificulta viajar ante las restricciones de circulación o porque no pueden visitar a los abuelos, con los que deben mantener distancia, cuidarlos y preservarlos de la enfermedad.

Estamos comprendiendo lo que se suma a los síntomas y a las dificultades por las que consultan los pacientes o lo han hecho con anterioridad a la pandemia. Necesitamos buscar caminos para encontrarnos con los niños y sus padres a pesar de las incertidumbres. Sabemos que es importante replantear y revisar el encuadre, las entrevistas, las horas de juego y aprender de las múltiples posibilidades que nos brinda lo virtual para el trabajo psicoanalítico.

Hilda Catz (2020a) introduce, en el primero de los tomos, en el que se relatan experiencias del trabajo psicoanalítico en la pandemia, concepciones a tener en cuenta, especialmente para adoptar un enfoque teórico-clínico innovador respecto a la técnica que hasta la actualidad se utilizaba. Y en este punto resalta el alcance insospechado del psicoanálisis valiéndose de las herramientas de la tecnología, las sesiones on-line y la apertura de una zona intermedia en la que se pueda pensar la intersección entre la realidad y la fantasía que facilitan los espacios virtuales.

Se está pudiendo observar el enriquecimiento del trabajo psicoanalítico, a través de los medios que la tecnología brinda para realizar sesiones no presenciales. Las horas de juego por video llamadas, utilizando un celular, es un recurso que posibilita girar la cámara y mover el dispositivo, de modo que el niño que se encuentra en su casa pueda encontrarse con los juguetes y objetos del consultorio. En palabras de Hilda Catz, al comentar mi experiencia de análisis de un niño de 4 años a través de video llamadas, en tiempos de pandemia (Cerioni, M. 2020 a y b), se produce un juego tal que da la impresión de que el analista puede traspasar la pantalla, como Alicia en el país de las maravillas a través del espejo, lo que hace una vivencia de estar con el niño en la casa o que el mismo esté en el consultorio.

Estas posibilidades que se están ampliando, brindan opciones de atravesar pantallas, ingresar a la realidad imaginaria y al mundo simbólico de los niños.

La hora de juego en redes

Dos pacientes analizados en esta pandemia me invitan a tele transportarme. En las sesiones por video llamadas los veo al frente de sus notebooks. Charlamos de lo que están haciendo. Mientras juegan en sus ordenadores cuentan, ante mi pedido, el videojuego en el que están inmersos. También solicito que me muestren, lo que hacen con mucho cuidado, llevando el celular cerca de la pantalla de la computadora, para que pueda observar en imágenes lo que intentan explicarme. El paciente que denominaré **N. (niño de 10 años)** me relata las secuencias. En pocas ocasiones cuando le pregunto algo, dirige la mirada al celular desde el que nos estamos comunicando por video llamada. Mientras N. juega observo que la pantalla de la computadora ilumina su rostro y gestos con distintas tonalidades. N. solía solicitar mi notebook en las sesiones presenciales y ambos nos insertábamos en el mundo de los videojuegos; él ejecutando, yo participando activamente con la observación y con el objetivo no sólo de interpretar sino también de meterme en el juego. Podía comprender que N. con esos juegos que elegía de internet, me mostraba su mundo interno desde donde podía entenderlo.

El paciente que denominaré **B. (niño de 8 años)** se conecta a la video llamada preocupado. Quiere mostrarme el juego que lo divierte en el celular, pero no puede porque estamos ocupando el dispositivo con la llamada.

Reflexiono sobre cómo hallar un camino que me ayude a encontrarme con estos pacientes. Las pantallas son el escenario de lo que viven y me quieren mostrar, contar y desplegar sus afectos o emociones, y los videojuegos es el medio facilitador. Me arriesgo y me invito a introducirme en su mundo virtual. Me pregunto: ¿A qué están jugando los pacientes? ¿De qué se tratan los juegos? ¿Qué me quieren contar? Les consulto sobre el nombre de los juegos y reviso la posibilidad de poder ingresar junto con ellos a una partida. El paciente N. me explica cómo descargar uno de los juegos en mi notebook, cómo registrarme e iniciar sesión. Para poder instalar el otro juego me envía por WhatsApp un link de descarga. Uno de estos videojuegos es el que también le gusta al paciente B. Algunas explicaciones más, con el fin de entrenarme, las solicito a mi hija menor, con la que me uno a "una partida de ejercitación". Me lanzo así a empezar a explorar y recorrer un nuevo camino para encontrarme con mis pacientes en estos tiempos de pandemia. Sólo falta que me inviten a jugar.

El mundo virtual

Los videojuegos han sido y son un punto de discusión de profesionales de la salud, la educación y la psicología. Hay quienes se procuran en favor y otros en contra de los mismos. Las opiniones negativas parecen tener mayor peso cuando se trata de pensar en las repercusiones beneficiosas o dañinas para los niños y adolescentes. No es objetivo de este trabajo adentrarme en estas controversias; sólo pretendo mostrar las posibilidades que brinda el mundo virtual para generar una hora de juego entre paciente y analista, en este momento en el que se nos dificulta el encuentro presencial.

Utilizo la expresión mundo virtual, y no realidad virtual, concepto en el que se detienen Pragier y Faure-Pragier (1995). Los autores consideran que estos dos conceptos se oponen. El término virtual proviene del latín virtus, que quiere decir virtud, fuerza, y designa aquí lo que está en potencia en lo real. Consideran que la denominación mundo virtual es más acorde, ya que en el mismo se reproduce el mundo exterior y se ensancha. Afirman que este mundo virtual posibilita que el sujeto se desplace en el espacio, gire en torno a los objetos, los agrande o empequeñezca, los rodee, penetre en su interior y efectúe movimientos. Las imágenes evolucionan como si el sujeto hubiese entrado en el interior de un paisaje. Los gráficos son interactivos, el espacio es explorable y estimulan todos los sentidos. La interactividad es lo atractivo. El jugador está lejos de mirar una película como espectador pasivo. Se siente dentro de la misma como actor, puede seguir o modificar el libreto, ser el verdadero héroe de la historia y hasta crearla a su medida. Adhiero a lo que consideran estos autores y agrego que lo interesante de estos juegos, es que el niño puede fracasar o perder una y otra vez, lo que en muchas propuestas de juegos esto significa literalmente "morir", pero sin que esto lleve al final del juego. Existen tantas oportunidades de intentar y adquirir habilidades, morir, resucitar y ejercitarse, como lo desea el protagonista. Si bien hay juegos que exponen tablas de clasificaciones y publican los nombres de los que han demostrado mejores destrezas (que se muestran de manera gráfica como podios), en el mundo virtual se privilegia el anonimato. En el juego, el niño hace activo lo sufrido pasivamente, pone a prueba a su astucia, se arriesga para ganar porque siente que una y otra vez tiene oportunidades y las toma para ensayar y superarse. Pasar de niveles es la comprobación de esa superación.

El personaje que se elige al ingresar a ese mundo de imágenes capaces de sustraerse al espacio y al tiempo (que en muchos juegos es un avatar), tiene un nombre ficticio, de fantasía, que no devela la verdadera identidad, ni edad, ni género, por lo que, si el jugador no cuenta con grandes habilidades, esto no queda develado para el público participante. Si el niño no es experto en el juego o está intentando adquirir estrategias o destrezas para resolverlo no se expone y hasta, si se siente incómodo en una "sala virtual", puede trasladarse a una diferente, donde se encontrará con otros participantes que están en línea. Podrá además invitar a sus amigos reales (y a veces se hacen amigos en la virtualidad), sincronizar lugar y horario y así encontrarse en el mismo espacio virtual, además de acordar si forman parte de un equipo o son enemigos, cuando el juego tiene el objetivo de competir.

Pragier y Faure-Pragier (1995) opinan que "el mundo de los videojuegos ofrece a cada cual la posibilidad de un vivo placer incesantemente renovado" (p.54). "Lo virtual es, por excelencia, un modo de aprendizaje de situaciones nuevas o angustiantes" (p.60). El mundo virtual ayuda a simular las situaciones y perderles el miedo en lo imaginario. Esta herramienta que ofrece internet es solitaria pero también un modo de encuentro, una gran red de redes, agregan los autores. Afirman también que consideran lo virtual como un espacio intermedio, transicional (en los términos que lo describe Winnicott) "Aceptar la realidad es una tarea penosa y frustrante. La tensión del deseo permite poner en juego ciertas zonas intermedias que tienen la ventaja de expresar cierta independencia respecto del objeto" (p.66). Beatriz Janin (2014) también retoma a Winnicott para referirse al lugar del analista en el tratamiento de niños, quien podría presentarse como una madre suficientemente buena, que permita el despliegue del espacio transicional. La autora también retoma la expresión "objeto maleable" de Milner (1990), para hacer referencia al analista que tolere que el niño deje marcas y se recupere (como una bola anti estrés); que soporte el despliegue del niño devolviéndole algo distinto de lo que trae, de manera empática; y que a la vez que contenga y sostenga, permita la fusión y la diferenciación, con capacidad creativa. También expresa que para psicoanalizar a un niño hay que estar dispuesto a "descender a los infiernos" y a enfrentarse a los terrores. (Janin, B. 2014)

Viñeta 1: ¿De qué lado estás?

El **paciente N**. se comunica por video llamada. Está encendiendo su notebook. Se encuentra solo en la casa en el transcurso de la sesión. La mamá llega del trabajo, se asoma a la cámara para verme y saludarme, al momento que también le da un beso a su hijo. Esto lo repite en todas las sesiones. N. queda solo por la mañana y parte de la tarde. Antes de la pandemia, iba al colegio por la mañana; el padre lo retiraba de la escuela, almorzaba y se quedaba con él, hasta que la mamá lo buscaba al salir del trabajo. Estar con el padre o con la madre y la división del tiempo, según lo acordado, con cada uno, siempre fue tedioso para N. Sus padres nunca convivieron. N. fue el resultado de sus encuentros adolescentes y armaron el proyecto de padres a medida que fueron creciendo. N. vivió siempre con la mamá y los abuelos maternos, hasta hace dos años que se fueron a vivir solos con su mamá. Con el papá y sus abuelos paternos pasa fin de semana de por medio. N. con frecuencia manifiesta molestias al momento de tener que ir esos días con su papá. Con la pandemia y el encierro, este tema se agravó. Ya no existe el momento en el que el padre lo busca en la escuela y planificar la salida de la casa para estar con él no le agrada, lo que causa descontento en su papá.

A pesar de que las sesiones se pueden realizar presenciales en este momento, N. prefiere el encuentro por video llamada, a lo que se suma otro encuentro virtual a través del videojuego. La mamá me comenta que disfruta mucho de las sesiones de esta manera, por eso prefiere hacerlas desde la casa. Ambos abrimos en nuestras notebooks el videojuego y N. me envía una invitación para unirme al juego. De manera literal me tele transporto y aparezco en una antesala en donde puedo votar el escenario en el que transcurrirá la partida y el color del equipo al que me voy a unir. Su juego preferido tiene como trama central el enfrentamiento, uno de los tantos que propone la plataforma interactiva ROBLOX. Los mismos consisten en eliminar a los jugadores de los equipos enemigos (matarlos). Gana el equipo que haya eliminado la mayor cantidad de contrarios. N. me orienta para darle la apariencia a mi avatar: sexo, color de cabello, ropa y accesorios. De este modo puede identificarme, además del nombre que le puse, el que se mueve con el avatar, como un rótulo por encima de su cabeza. N. me indica a qué equipo se une para que ambos seamos compañeros, pero no siempre lo logramos, ya que la velocidad del juego es tal, que si no lo hacemos al mismo tiempo alguno de los dos puede quedar en otro equipo. En un instante estamos dentro de una escena. Sólo veo los brazos de mi personaje y el arma que tengo en la mano. Empiezo a correr según las instrucciones que me da N. a la par de él en ese mundo virtual. Lo pierdo, me encuentra; lo sigo o él me persigue. Las imágenes se desplazan rápidamente como todos los personajes que estamos en el mismo escenario. El diálogo entre los dos se agiliza en la video llamada, donde nos estamos viendo frente a nuestras computadoras. N. me pregunta constantemente dónde estoy, cómo es la escena que tengo alrededor cuando no me ve. Me busca, me conduce y muestra el camino; lo sigo y entre los dos nos enfrentamos a los enemigos. Me enseña cuáles son las teclas para el mando del juego, se ríe ante mi ignorancia y mi poca habilidad. Me siento agitada al correr, se me confunden los equipos, no sé bien por momentos de qué lado estoy; le disparo a los de mi propio bando, aunque compruebo que por eso no los elimino. Me pierdo entre los pasillos, los túneles, las calles. De a poco me voy ubicando. Me matan tantas veces como revivo. N. me advierte, con reiteración, que alguien por detrás me está por matar. No logro escaparme y él me repite ¡Te lo dije, te avisé! N. intenta cuidar mis espaldas. Comento que está bueno que haga eso y que sería lo que también desearía que hagan con él. En la siguiente partida el tiempo de elección de equipo nos hace confundir y quedamos en bandos contrarios. Alguien me mata y sale corriendo, alcanzo a ver que tiene forma de un mono peludo y que es su avatar. N. se ríe, no porque ha sido él quien me ha eliminado, sino de los comentarios que realizo, los que lo llevan a entender que en este juego podemos ser enemigos, pero que entre nosotros está todo bien; que juntos nos estamos divirtiendo y que puedo soportar su ambivalencia hacia mí, mientras comprendo a quién represento y así permito el despliegue de su hostilidad. El juego no es un objetivo en sí mismo, es el modo que posibilita al niño expresar lo que siente y contar que, con sus padres está enojado, porque siempre tiene que decidir ponerse de un lado o del otro.

En otra sesión me propone entrar al juego AMONG US, muy de moda en estos días de pandemia. Nos toca a ambos ser tripulantes. Mientras jugamos, intercambiamos opiniones acerca de quién puede ser el impostor. Un participante me mata y me pregunta de inmediato quién fue, para que nos hagamos "socios" y lo ayude a eliminarlo. Veo que en el chat del juego escribe "estoy hablando en privado con el rosa" (que es el color de mi personaje). Y otra vez, estoy de su lado.

Viñeta 2: sigue tu camino

Otro juego de la plataforma ROBLOX vuelve a ser el espacio virtual del encuentro, esta vez con el **paciente B.** el que en el medio de la pandemia está transitando una gran crisis familiar. Sus padres se están separando en muy malos términos. La mamá ha encontrado al padre infraganti en una infidelidad. La situación entre ellos se tornó muy agresiva, especialmente por parte del papá, lo que hizo que la mamá le hiciera una denuncia que terminó con una restricción perimetral para el padre. El niño quedó en la casa con la madre y su hermana mayor. Propongo trabajar con entrevistas con la mamá que está muy conmovida por todo lo vivido (el papá no acepta mi invitación de asistir a una entrevista) y con B. Según como se encuentre de ánimos la mamá, lo lleva al consultorio para realizar las sesiones presenciales (esto también depende de las medidas que se van tomando por la pandemia) o nos comunicamos por video llamadas. En una sesión mediante esta modalidad, B. propone encontrarnos en las redes. Me envía una invitación y me uno en el videojuego a un escenario lleno de figuras geométricas, paredones y espacios entre ellos que debo sortear, sino me caigo y muero. Es un juego de parkour. Mi avatar se encuentra al inicio del recorrido junto al de B. que realiza sus primeros saltos entre los obstáculos, los que son espacios vacíos, precipicios sin fin, agujeros de vértigo y muerte. B. me explica cómo moverme con las teclas y botones del mouse. Nos vemos y oímos por la video llamada. Me muestra y ejemplifica cómo debo hacerlo con su avatar. Avanzo una primera etapa con cierta dificultad, pero a la siguiente no logro pasarla. B. se adelanta considerablemente, mientras yo no puedo sortear un punto en el que, de manera constante, caigo y debo volver a empezar. Me entreno, trato de buscar las estrategias; veo que no me puedo arriesgar mucho porque vuelvo a caer. El camino de bloques para saltar es largo. Luego hace una U y retorna. B. me pregunta: -*¿Me ves? Estoy al frente tuyo, del otro lado. Girá con el mouse y me vas a ver. Sigo su indicación y observo su avatar como en la vereda del frente. -Sí, te veo. ¡Qué bien cuánto avanzaste!. Yo sigo acá, que no lo puedo pasar* -respondo. Y escucho de él algo que me conmueve -*¿Querés que me vuelva y te ayude?* Sin titubear le digo: -*Vos seguí y no te hagas problema. Yo me voy a caer un poco más pero en algún momento voy a aprender y ya no me voy a caer más. Tengo que hacerlo sola.* B. sigue su camino del juego y yo continúo intentando en el mío. Pronto me indica que salga de esa sala para invitarme a entrar en otra partida.

Roblox y Amongs us [1]

Entender los juegos que atrapan a los niños ayuda a encontrarnos con ellos y su mundo.

Roblox es una plataforma de juegos en línea en la que se puede jugar con múltiples participantes. También se pueden crear juegos propios. Una vez que el participante se registra puede jugar una gran cantidad de juegos y chatear con otros usuarios. Los desafíos son creativos y divertidos y se presentan en diversas categorías que van desde juegos de tiradores, misterios de asesinatos, deportes, luchas, pruebas de parkour, hasta aventuras con calabozos en los que tienes que ir matando monstruos, pasando incluso por juegos de supervivencia. Los juegos cuentan con eventos. La mayoría de estos proporcionan objetos virtuales a los jugadores a cambio de cumplir misiones en distintas partidas. Los puntajes que se obtienen se califican en puestos.

El videojuego *Among us* (traducido al español es "entre nosotros") es un juego de multijugadores (de 4 a 10 participantes) muy parecido al juego de cartas "El asesino", pero llevado al mundo de los videojuegos. El juego se contextualiza en una nave espacial a la que entran los participantes. A dos de ellos se les asigna el rol de impostores, y sólo ellos saben que han sido seleccionados para ello. El resto desconocen quiénes son los impostores, los que tienen que planificar estrategias para matar a los otros ocho tripulantes antes de que estos los descubran. Mientras, el resto de los integrantes de la nave tienen que intentar ganar completando todas las tareas que se les asignan o descubriendo y eyectando a los impostores fuera de la nave, al espacio exterior, antes de que acabe con todos. Cuando alguno de los tripulantes es asesinado y otro lo descubre, lo reporta, y entonces se abre una fase de vota-

1 Datos extraídos de Internet y Wikipedia.

ción para decidir quién es el o los impostores. Intercambian información y votan. El impostor debe defenderse, mentir y desorientar. Si no es descubierto y expulsado, tiene la posibilidad de ganar. Por lo tanto, la astucia para que el impostor no sea desenmascarado o para que un tripulante no sea señalado injustamente, es esencial.

Lo que la pandemia nos puede dejar

La tecnología nos facilita un encuentro con el mundo interno del niño. Dice Liliana González (2016), "los niños de todos los lugares y los tiempos necesitan jugar. Hoy, nacen y la electrónica los espera, los fascina, los atrapa cada vez más. Lejos de demonizarla, tratemos de alertar sobre los excesos" (p. 25). Pienso ¿Por qué el niño incurre en esos excesos? ¿Qué lo atrapa? ¿Qué siente un niño metido en ese, su mundo virtual? ¿Con quién dialoga? ¿Qué necesita de esos amigos de las redes con los que intercambia opiniones, conversaciones abreviadas escritas u orales, llenas de expresiones del lunfardo y "malas palabras"? ¿A quiénes le habla? ¿Qué representan en los juegos cada personaje? ¿Cómo elige su avatar?

Los niños nos invitan como analistas a que presenciemos y nos unamos a su mundo virtual. Se torna necesario que esa presencia requerida sea de alguien que sostenga, organice su mundo caótico, que le ayude a poner a palabras a lo que no entiende y que le permita contar simbolizando de este modo; alguien que resignifique su juego, que le preste la mirada para entenderlo, y que en ello lo "abrace" y lo contenga.

Me inclino a pensar en que debemos cuestionarnos el problema que se le asigna a la tecnología con respecto a las consecuencias nocivas que puede tener en los chicos. Reflexiono sobre lo que hacemos los adultos, cuando a muchos se les dificulta sentarse a jugar con ellos, mirar sus pantallas, interesarse en ese mundo de imágenes veloces que lo marean. Mientras se pierden estos "detalles", se alejan de la comprensión de lo que sienten los chicos; y de este modo son los grandes los que se "desconectan". En este mundo virtual hay juegos que asustan a los padres porque son de destrucción. Por qué no ayudar a los niños a pensar en ese mundo destructivo, a cómo derivar la agresión y que la misma no se convierta en violencia. Cuando era niña se jugaba al ladrón y el policía o a los indios y vaqueros. No todos tenían armas de juguete en la mano. Se las ingeniaban fabricándolas con palitos y ramas de los árboles. En todas las épocas los niños necesitaron jugar a este "como sí" para hablar sobre el ser villano versus héroe o la bondad versus la maldad. Afirman Pragier, G; Faure-Pragier, S; (1995) "lo virtual es torneado por las mociones pulsionales: ampliar el dominio por el conocimiento, jugar con los propios fantasmas sin temor a la prohibición, amar sin ser rechazado, matar virtualmente sin destruir de veras. El progreso técnico cambia la puesta en escena, la realidad psíquica permanece y se refleja en los mundos virtuales" (p.68).

Los analistas estamos en un momento, parafraseando a Hilda Catz (2020b), de ir construyendo historias junto al niño, convertir nuestra mente no sólo en una pantalla sino en un escenario donde puedan desplegar miedos, terrores, sueños que de otra forma no pueden ser nombrados. Los tiempos que transcurren nos exigen y a su vez nos invitan a arriesgarnos. Son momentos de aprendizaje, de vislumbrar nuevas técnicas terapéuticas e ir entendiendo sus alcances.

Bibliografía

Cerioni, M. (2020a) "El dúo dinámico. Experiencia de un tratamiento en cuarentena con un niño de 4 años" En Catz, H. y colaboradores (2020a) *Psicoanálisis de niños y adolescentes. Trabajando en cuarentena en tiempos de la pandemia.* Ricardo Vergara Ediciones: Argentina.

Cerioni, M. (2020b) "Una luz en la oscuridad. En búsqueda de un camino hacia la salida de la cuarentena, en el tratamiento de un niño de 4 años" En Catz, H. y colaboradores (2020b). *Trabajando en Cuarentena en épocas de Pandemia y de Post-Pandemia. Transformaciones e invariancias.* Ricardo Vergara Ediciones: Argentina.

Catz, H. y colaboradores (2020a) *Psicoanálisis de niños y adolescentes. Trabajando en cuarentena en tiempos de la pandemia.* Ricardo Vergara Ediciones: Argentina.

Catz, H. y colaboradores (2020b). *Trabajando en Cuarentena en épocas de Pandemia y de Post-Pandemia. Transformaciones e invariancias.* Ricardo Vergara Ediciones: Argentina.

González , L.(2016) Crecer apurados. Ediciones del Boulevard. Argentina.

Janin, B. (2014) *Intervenciones en la clínica psicoanalítica con niños.* Noveduc: Buenos Aires.

Pragier, G; Faure-Pragier, S; (1995). *Más allá del principio de realidad: lo virtual.* Revista de Psicoanálisis. 52(01), pp. 045-069.

Lic. Mariela Cerioni

Lic. en Psicopedagogía de la U.N.R.C. Psicoanalista.
Miembro concurrente en la Asociación Psicoanalítica Argentina.
Integrante del grupo de estudio "ESPACIO DE AUTOR: Luis Chiozza" de la Asociación Psicoanalítica Argentina.
Doctoranda cohorte 2018, del Doctorado en Psicología USAL-APA. Tesis en elaboración. "Los cuentos infantiles como mediadores de los procesos de metabolización. Estudio de un dispositivo de intervención grupal en niños de 3 y 4 años". Directora de tesis Hilda Catz. Ph.D.
Atención en clínica psicoanalítica de niños, adolescentes y adultos. Consultorio particular.
Asesora del Espacio de Infancia N. Soles, jardín maternal de la ciudad de Río Cuarto, desde el año 2001 a la actualidad.
E-mail: mariela_cerioni@hotmail.com

Otra pandemia.
La declinación de la función paterna

Mónica Cruppi

Otra pandemia que nos azota de manera virulenta desde hace tiempo y que vemos reflejada en la clínica con niños, es la caída de la función parental. En este escrito me propongo ilustrarla con un film que utilizaré a modo de viñeta clínica.

El cine es un elemento que brinda un valor vivencial al proceso de transmisión del Psicoanálisis. El "psicoanálisis" y el "cine" se unieron cuando se descubrió que el material fílmico resulta ser una excelente herramienta para comprender conceptos psicoanalíticos.

La imagen y el tratamiento de diversos temas por el cine, permiten "identificaciones parciales" con los personajes aportando un plus vivencial, que la lectura por sí misma no brinda.

Este film que seleccioné resulta un buen recurso para mostrar una dinámica familiar muy particular, cuando durante sus vacaciones, acontece un suceso disruptivo. Elegí una obra sueca para mostrar, el carácter global de la crisis parental y la caída de la función paterna.

"Force Majeure", conocida en español como *"La traición del instinto"* y *Avalancha*, es un film sueco de 2014 dirigido por Rubén Östlund, cuya trama dramática describe la subjetividad actual y devela profundos conflictos en el seno familiar, a partir de un hecho sorpresivo. Algo similar a lo que actualmente observamos en la clínica con niños y sus familias, en estos tiempos de pandemia

Al igual de como ocurre en el film con "un alud", en nuestro trabajo con pacientes, las circunstancias sorpresivas del Covid-19 revelaron cuestiones subyacentes en las dinámica familiares.

El argumento e Fource Majeure es el siguiente:

"Una familia compuesta por un matrimonio y dos hijos pequeños pasa las vacaciones de invierno en los Alpes. Mientras almuerzan en un restaurante, se produce una avalancha que pone en peligro a los presentes. En ese instante, la madre toma a sus hijos para ponerlos a salvo, llama a su marido y es ahí donde advierte que él ha huido tomando sus guantes y su celular. La avalancha se detiene delante del restaurante, sin ocasionar daños, pero el universo familiar ya se ha agrietado, las dudas y la incertidumbre han surgido: "este padre de familia ha huido de la escena, llevándose su celular sin tener en cuenta a su mujer e hijos".

Según G. Deleuze (1994), el cine es la imagen del pensamiento cuya función principal es la de mostrar en qué consiste pensar, y que también, nos demanda pensar en determinadas cuestiones. En primer lugar, una de esas cuestiones de valor simbólico, en las que podemos reflexionar están representadas por las diferentes versiones del título del film: *"Fuerza Mayor"*, *"Avalancha"* y también traducida al castellano como "Traición al instinto". Estos títulos dan lugar a plantearnos lo siguiente: ¿Cuál es la fuerza mayor? ¿El pánico vivido por la familia a partir de un peligro real inminente de muerte o sus reacciones a partir de la pulsión de conservación? ¿La fuerza mayor estaría relacionada con los desbordes que viven los protagonistas del film? ¿Qué es lo que revela la situación disruptiva acerca de la función parental? ¿Cómo se observa a través de una situación de inminente catástrofe la declinación de la función tercera?

A lo largo de este escrito se revelaran estas cuestiones.

Para responder alguno de estos interrogantes relacionados con la función parental y sus relaciones dinámicas con la función paterna, seguiremos la línea del personaje masculino: "el padre de familia", pero antes realizare algunas consideraciones sobre el tema.

En nuestra época y en el campo de la parentalidad esta tiene diferentes facetas.

La paternidad, su construcción, no puede escapar de la subjetividad épocal

La figura paterna desde comienzos de la modernidad es una figura en crisis y que da lugar a otras organizaciones de ejercicio de la parentalidad.

Como psicoanalistas sabemos que por ser una función, también puede ser ejercida por otros que no sean el padre, pues se trata de una operatoria simbólica.

El padre en psicoanálisis es pensado como función paterna. Su objetivo es el de separar al hijo de la madre, el corte de esta relación. De esta manera permitiría al hijo su inserción en un universo simbólico.

En este sentido la función paterna se constituye dentro de estas influencias y como tal es una construcción historizable (Glocer Fiorini 2013).

Al respecto, el film muestra a este padre como un sujeto contemporáneo, apegado a su trabajo y con fuertes mecanismos psíquicos de negación. Observamos a un hombre con escasa conexión emocional con su familia, con un comportamiento mecánico en la vida y que, en presencia de un inminente peligro como es "la avalancha", utiliza los mecanismos psíquicos de desmentida frente a la situación, manifestando que no hay peligro alguno, y luego frente al mismo, huye de la escena, dejando a su familia a merced del riesgo que corren.

Un punto interesante es que el protagonista, hombre de este tiempo -sumergido en la dimensión virtual- se va de la escena con su Smartphone, una prótesis infaltable y un objeto cargado de significación simbólica. Como para muchos, un gadget indispensable para su "supervivencia" que convierte al sujeto en *"un dios con prótesis"* (Freud 1929).

Tal vez le suceda como a muchos, que se encuentra capturado y sometido por la vida virtual, resultándole tediosa la realidad material o tal vez le resulte una vía de escape eficaz, frente a una realidad que le angustia y que no puede enfrentar: la paternidad. En este caso sus rasgos narcisistas favorecen este repliegue.

Es así, que sustituye la conexión real con su familia por: la conexión virtual con sus contactos; su intimidad pasa a ser una pseudointimidad. El vínculo directo ha sido reemplazado por la dependencia a estos objetos, cargados de valor simbólico.

El "smarthphone" define a este sujeto posmoderno. Un sujeto con rasgos narcisistas, con ciertas dificultades para desconectarse de la pantalla y conectarse con sus afectos y también con una realidad menos perfecta, sensorial y material.

La virtualidad le produce un verdadero efecto hipnótico, lo captura. Es el contenido del aparato quien le hace compañía. Se aísla de las personas con las que convive para conectarse con sus amigos virtuales a los que siente más íntimos que a los reales.

Según Paul Virilo (1999), muchos internautas sienten que las personas con la que cohabitan se vuelven poco deseables por ser reales. Estos móviles suelen sumergir a personas en un universo sensorial, un mundo de imágenes, sonidos y fantasías que facilitan su captura, y que no llegan a constituirse en un buen repliegue por la sobre estimulación del polo perceptual. Estas tecnologías resultan ser bastante adictivas pudiendo convertirse en una celda dorada para aquellos individuos con poca empatía, carentes de necesidades emocionales de contención y sin registro de las mismas en los otros.

Estas observaciones coinciden con la que hizo M. Heidegger en el siglo anterior, sobre el sometimiento del hombre (y todas sus expresiones) al dominio de la técnica, con la instrumentalización de sí mismo y la consideración de la idea 'técnica' del mundo como algo 'natural'.

Es interesante observar en varias escenas cómo este sujeto se sumerge y repliega en la dimensión virtual con sus gadgets, desconectándose emocionalmente de sus hijos y negando el riesgo que la avalancha supone.

A través del film vemos como este personaje se enfrenta con algo nuevo en su subjetividad, un comportamiento "inconsciente" frente al peligro: "la huida de la escena y con su celular".

Se trata de un acto indigno como valor social, pues ha dejado en un total desamparo a su familia. Sin lugar a dudas, este aspecto emergido y revelado por la situación, tiene la cualidad de *fource majeure*, de *avalancha* en su psiquismo. Comienza para el sujeto siendo inefable, imposible de ponerlo en palabras y aún menos de relatar, como ocurre con lo disruptivo.

En la medida que la película avanza y, paradójicamente, por un video que él protagonista filma del acontecimiento del alud, puede -con dificultad- reconocer su huida y la vulnerabilidad con que deja a sus hijos, a pesar de estar plasmado en la imagen.

Observamos con claridad, la declinación de la función paterna, su entrelazamiento con la función parental y su consecuencia inmediata "el desamparo infantil", con sus expresiones observadas en los personajes infantiles de Harry y Vera.

Harry, es un niño pequeño, su personaje tendrá alrededor de 7 años. Él como cualquier niño necesita de sus padres ser mirado, registrado, necesita afecto, contención, comprensión, hablar con ellos – sus adultos significativos- sobre lo que ve y no entiende. Como esto no sucede, el niño expresa su angustia a través de un síntoma: "sus berrinches". Al mismo tiempo su hermana Vera, un poco más grande, con alrededor de 10 años enuncia su malestar a través de su sobreadaptación.

Varias son las escenas que ilustran esta situación de desamparo infantil.

Al comienzo de la película, y con el fondo de los Alpes nevados, un fotógrafo saca una foto familiar; diciéndole al grupo "acérquense". Podemos ver que los miembros de esta familia, se encuentran uno al lado del otro sin tocarse. Sabemos que son suecos y que, como representación social, aparecen vistos en el imaginario popular, como poco demostrativos afectivamente. Pero, en verdad, esta familia tiene dificultades para acercarse, para abrazarse y para las demostraciones de cariño.

Para el Psicoanálisis hay situaciones que son universales y atraviesan influencias culturales. Es así que, podemos ver la dinámica de los afectos dentro del grupo familiar: están juntos pero "emocionalmente separados".

Continuando, la línea de personaje del niño y la caída de la función parental, vemos al pequeño Harry "sólo" en un baño público y vistiendo un traje para la nieve pesado y difícil de maniobrar para su corta edad. Sus padres están ajenos a esta situación incómoda y riesgosa para un menor. Inmediatamente después, la protesta de niño se hace oír a través de sus "berrinches". Su madre -con poco registro de lo que le sucede a su hijo-, le dice al padre: "debe tener hambre". En realidad, lo que se observa es el desborde afectivo de un niño por la impotencia que siente a raíz de la recurrente falta de registro y contención por parte de sus padres.

Harry, es un niño asustado, al igual que Vera su hermana, pero en ella se observan otros mecanismos defensivos frente a la angustia ocasionada por la desprotección parental. Observamos en ella comportamientos de sobreadaptación que ocultan su sufrimiento y se manifiestan en una "aparente fortaleza yoica".

Estos padres tienen dificultades con la crianza de sus hijos: no los ayudan en la comprensión de su mundo interior, ni les dan el amparo suficiente frente a los embates de lo exterior; los vuelven vulnerables. Además carecen de los espacios de intimidad necesarios, para desarrollarse sanos y fuertes. Varias, son las escenas en las que vemos que los niños no tienen privacidad ni intimidad, siendo esta la base de la construcción de su mismidad. Ellos duermen en colecho y comparten el baño con sus padres.

Thomas y Eva -sus padres- no ayudan a sus hijos en el conocimiento de su mundo emocional y distorsionan sus percepciones a través del ocultamiento, siendo el berrinche y la sobreadaptaciòn algunas de sus consecuencias.

Los berrinches de Harry son expresiones emocionales, que comunican una situación psíquica y constituyen un pedido de ayuda. Desde el psicoanálisis sabemos que estos aparecen cuando el ambiente no tiene en cuenta las necesidades de los pequeños. Cuando el niño se angustia sus berrinches pueden aparecer frente a una situación de frustración, miedos, enojos, entre otros afectos. Su opuesto bien podría ser la sobreadaptaciòn. Una adaptación pasiva y obediente al entorno.

Todos estos afectos están en juego en Harry y Vera, pero el más relevante es el miedo y sus diferentes grados: terror, pánico, ocasionado por el desamparo parental. En la Avalancha es donde la caída de la función paterna y el miedo tienen su punto álgido. El niño entra en pánico, el padre huye, el niño sigue gritando "¡Papá!" y la madre los resguarda.

Inmediatamente como si nada hubiese ocurrido, como si no hubiesen estado frente a la muerte vuelven todos a la mesa para continuar con su almuerzo sin hablar de lo que sucedió. Los mecanismos de desmentida de los padres funcionan muy bien: y "de eso no se puede hablar".

La tremenda angustia que sienten los niños se traduce en un gran enojo hacia sus padres –en parte por la ausencia de palabras frente a lo sucedido-, palabras que contienen, que sostienen, que construyen. Por otro lado la pareja de Thomas y Eva se encuentra en crisis

Thomas y Eva acuerdan tener un mismo relato frente a sus hijos *"hubo una avalancha y todos estamos bien"*. De este modo, ocultan la reacción del padre frente al alud y se produce la caída de la función parental. Se establece en la pareja un pacto en parte inconsciente, que establece una modalidad de funcionamiento intersubjetivo, en la que circula como mecanismo defensivo "la desmentida", formando la misma parte de la trama interna de la pareja.

La ausencia de palabras sobre lo sucedido y su distorsión desencadenan que Harry rechace a su padre. Un padre infantil y replegado en su mundo de "juegos electrónicos" y gadgets como el dron y el celular,

Entendemos que los sufrimientos de los niños muchas veces se encuentran articulados por algo no dicho o por una mentira implícita de sus progenitores, aunque estos piensen que es "por el bien del niño". El pequeño experimenta una sensación de amenazas: sobre su propia estabilidad y sobre la de su hogar.

El rol del niño Harry es clave en la trama del film. Él no se calla, pone en palabras el miedo, la incertidumbre y el enojo que circula en la familia. Denuncia lo que sucede en la pareja de sus padres; dice: *¡"no quiero que se divorcien!"* y, con esta denuncia, muestra un rasgo de salud. Él no quiere terminar adaptándose a esta situación como su hermana Vera. El hecho disruptivo, la amenaza del alud remite a la posibilidad de otra avalancha *"un inminente divorcio"*.

Siguiendo la línea del personaje materno. Eva, la madre y el personaje femenino principal, tiene un registro del peligro mayor al de Thomas, su marido. Eva, con sus mecanismos de desmentida, hace lo posible para sostener el vínculo con su pareja, y sostener una "imagen ideal de padre" para sus hijos.

Eva es una persona insegura, neurótica, una mujer que convenientemente se somete al conocimiento de su marido. En un par de ocasiones le pregunta *"¿estamos en peligro?"*, frente a diferentes amenazas que ofrece la montaña. Con esta actitud, coloca a Thomas en una posición de autoridad, de padre ideal y ella se desdibuja. En realidad las preguntas se relacionan con la pareja. Ella le está preguntando a Thomas si su pareja peligra, si el piensa dejarla.

Ella oculta lo sucedido, el pacto intersubjetivo indica que lo importante es preservar el vínculo, preservando la imagen paterna y así alejar sufrimientos. Pero, en una reunión de amigos, estando su marido presente, fruto del alcohol, Eva se desinhibe y relata lo vivido: la huida de Thomas y el peligro de una muerte inminente. Tomás, vuelve a negar lo que pasó, hasta que todo sale a la luz porque quedó grabado en el celular.

En ese momento, Thomas comienza a reconocer con dificultad lo sucedido. La angustia poco a poco va inundando su psiquismo y lo desborda. Esta escena del film marca un punto de inflexión en el que Thomas comienza a reconocer lo que ha negado y el peligro enfrentado. Este es el principio de un gran cambio. La experiencia disruptiva y terrorífica en la montaña comienza a relatarse, a tener presencia con palabras que conducen a generar grandes cambios en la dinámica familiar. Después de estos 5 días en los Alpes, la familia se integra en tanto se producen cambios en la modalidad intersubjetiva de la pareja que afectan positivamente a los niños. Thomas y Eva pueden hablar sobre los conflictos de su pareja antes ocultos como: la infidelidad con la posibilidad de divorcio y las dificultades en la crianza de los niños.

También comienzan a asumir su paternidad de un modo más adulto, más responsable.

Este film se corresponde con la coordenadas épocales. Podemos pensar, que cualquiera de los personajes principales que aparecen en la película, podría llegar a consultarnos en nuestra clínica analítica de adultos y de niños.

En la película, se plantean situaciones actuales y posmodernas, tales como la transformación de la intimidad, los cambios subjetivos a partir de las nuevas tecnologías, las variaciones del amor, las nuevas configuraciones de pareja y familia, la crisis en la parentalidad y la caída de las funciones parentales.

También se relatan otras situaciones que se mantienen constantes a lo largo del tiempo como: los conflictos en la pareja, la posibilidad de ruptura y las incertidumbres en las relaciones amorosas.

Volviendo a la actualidad, este tiempo de enfermedad de Covid- 19, resulta ser un punto de reunión de estas dos pandemias y surge un interrogante entre muchos: ¿Qué pasará con la caída de las funciones parentales, después de la experiencia del aislamiento y confinamiento producida?

Sin lugar a dudas el Covi-19, produjo una revuelta en las relaciones familiares.

Se trata de la primera generación de niños que vive una situación de confinamiento, un prolongado encierro y la interrupción de clases, provocado por la alarma frente al virus,

El hecho de convivir 24 por 7 en el caso de las familias que viven juntas, o pasar mucho tiempo con los hijos en el caso de los que viven separados, ayudo en algunos casos a mejorar los vínculos y en otros trajo mucho malestar, en parte, producto de la endogamia y también por la transformación de la privacidad y la intimidad.

Sin dudas esta circunstancia excepcional del "coronavirus" dio mayor visibilidad a las "otras pandemias" que enfrentamos como humanidad, una de ellas es la declinación de la función paterna y la crisis en las parentalidad.

Bibliografía

Catz, Hilda: Tomo 2 "Trabajando en Cuarentena en épocas de Pandemia y de Post Pandemia Transformaciones e invariancias" R. Vergara Ediciones

Cruppi Monica: *Vivir en la posmodernidad- Desplazamiento de las significaciones en el siglo XXI*. Letra Viva. Buenos Aires 2017

Cruppi Monica, compiladora, Psicoanálisis Online, Ricardo Vergara Buenos Aires, Ediciones 2020.

Deleuze, G. *La imagen-movimiento. Estudios sobre cine I* .Paidós Barcelona 1994

Fernández Durán, R *"Tercera Piel, Sociedad de la Imagen y conquista del alma"* (2010) Editorial: Libros en Acción, Baladre y Virus Editorial. Colección: Folletos

Glocer Fiorini, L en http://www.elpsicoanalitico.com.ar/num21/clinica-glocer-deconstruyendo-funcion-paterna.php]

Heidegger, M.: Filosofía, *ciencia y técnica*. Editorial universitaria. Santiago de Chile, 2007.

Freud, S *El malestar en la cultura* 1929 Amorrortu Editores

Virilo, P *El cibermundo, la política de lo peor*. Catedra Madrid 1997

Dra. Mónica Cruppi, Psicoanalista

Doctora en Psicología Social, Autora. Miembro titular en función didáctica de la Asociación Psicoanalítica Argentina.
Full member de la International Psychoanalytical Association.
Miembro de la American Psychological Association sección 1 Psichoanalysis. Se ha especializado en Psicoanálisis de niños y adolescentes, en Educación y Tecnología y en Ciencias sociales y Educación. Es Investigadora en temas de pareja y familia y en la influencia de la cultura digital en la subjetividad. Desde 1998 colabora con sus artículos y notas de divulgación psicoanalítica en diferentes medios de comunicación nacionales y de países latinoamericanos. Es columnista de la Revista especializada en Psicoanálisis Imago-Agenda. Ha escrito varios libros como autora y en coautoría, entre los que se encuentra el "Diccionario Argentino de Psicoanálisis" y "Vivir en la Posmodernidad- Sobre el desplazamiento de las significaciones en el Siglo XXI" y también de numerosos artículos de la especialidad. Ha trabajado como docente de grado y posgrado en el ámbito universitario y trabaja como docente en la Asociación Psicoanalítica Argentina. Coordinadora de espacios de investigación. Dictante de cursos y Presentadora de trabajos en jornadas, simposios y congresos nacionales e internacionales. Autora de artículos científicos publicados en revistas de la especialidad, en el ámbito nacional e internacional.
Email:dra.monicacruppi@gmail.com

Sueños del futuro

M. Josefina Saiz Finzi

En el presente surge la pregunta acerca del después... de la pandemia.

Interrogante donde el futuro puede tener la penumbra de una esperanza anunciada. Tiempo futuro y presente son uno.

Aquello que podrá llegar a ser, es imaginado, ensoñado: ¿cómo será el mundo? ¿igual? ¿peor? ¿más peligroso? ¿diferente? ¿cuánto se pierde? ¿cómo será nuestra vida? como personas: ¿menos individualistas? más reflexivos?

No sabemos. Será ... un juego donde lo cierto-incierto y como tal novedoso-nuevo nos enseñe oportunidades no pensadas.

El valor de éstas preguntas reside en ser formuladas, ya que permiten dejar volar las ideas sin forzar respuestas, como bien dice el pensador Blanchot (1907-2003)"La reponse est le malheur de la question" traducido sería: la respuesta es la desgracia o la enfermedad de la curiosidad", mata a la pregunta.

Citando al poeta: *Las repuestas se han acabado.*

Quizá nunca existieron y solo eran espejos enfrentados al vacío. (Juarroz,R. Decimocuarta poesía vertical(1944) Buenos Aires. Emecé Ed., 2001)

Ensueño - sueño

La ensoñación, imaginando traspasar fronteras y límites, es parte de nuestro estado mental *reverie* (Bion,1977) nunca perdido. Hoy, no estamos en la misma condición de cuando éramos bebé, y una mamá continente, disponible, estaba atenta para sostener - contener estados mentales-corporales compuestos de sensaciones, emociones y protopensamientos.

En ese pasado –presente la mamá recibía estados emocionales, algunos tóxicos, con amor-empatía trataba de descifrarlos y pensarlos desde el ejercicio de su función mental alfa, presente en el vínculo. Así volver a lanzarlos, desintoxicados y transformados en experiencias emocionales pasibles de ser nominadas luego con palabras. En ese continuo, constante viaje ida-vuelta de emociones, los momentos desolados de nuestro estado bebé real desamparado, dejaban paso a la confianza y crecimiento. Y así las comunicaciones, mediadas por identificaciones proyectivas normales, armaron esa cadena de elementos alfa dando lugar al inicio de los pensamientos y creación de nuestro aparato para pensar.

Sin embargo, hoy en plena pandemia, descubrimos que siendo adultos, con escudos protectores como nuestra profesión de psicoanalistas, doctores, con agudas capacidades analíticas...nos habita en algún lugar de la mente ese estado *reverie*, despertando sentimientos de indefensión, ansiedades catastróficas, depresivas, fruto de la integración de vivencias calmantes. Entonces buscamos quién represente la contención suficiente para sujetarnos y poder llegar a un puerto con sentimientos de esperanza.

Dónde, cómo? en la escritura, el arte, la palabra poética, la escucha de quienes nos consultan ahora a distancia, en nuestros trabajos por red armando proyectos, con nuestros colegas, amigos, afectos.

La experiencia vivida de la función reverie, se hace presente y es lo más parecido al soñar. A diferencia del sueño, el ensueño es más un estado de nube o velo, con pocas imágenes y más sensaciones envolventes.

Un *reverie* logrado permite la formación de una conciencia ampliada con capacidad de contacto a los sentimientos, pensamientos de sí mismo y de otro humano. El proceso de pensamiento iniciado allá, a lo lejos, se continúa a lo largo de la vida mental, en el mejor de los casos si las condiciones de salud mental permiten, el pensamiento joven puede mitigar el paso de los años y condiciones adversas. La curiosidad, creatividad, marca una juventud en el plano de la renovación de vínculos, articulaciones, trama.Nos reconocemos angustiados, no sabemos qué llegará en ese entretejido de vida y muerte. Nuestros sueños diurnos, nocturnos, poblados de ensoñaciones de deseo, amor o terror, representan el tesoro a descubrir...

Hablemos de los sueños...

No tienen pasado ni futuro, se sueñan en presente. Hermosa representación de nuestro inconsciente, donde al mismo tiempo que arriban emociones desencontradas y en conflicto, el inconsciente se va ampliando en su capacidad de producir historias, sin razón aparente, siendo capaz de enriquecernos conscientemente al poner palabras con ayuda de quién nos escuche y sea continente de descubrimientos.

Sueños que contienen nuestros propios mitos personales donde se revelan lo más profundo de sensaciones, sentimientos, partes de nuestro mundo interno. Se dice que el soñador dormido es un profundo creador de narraciones, cuentos no publicados, textos inéditos.

Entre el dormir y despertar hay una brecha que puede ser atravesada, permite desprenderse del mundo de estar dormido. El sueño soñado abre la mente del soñante que ya despierto entrará en contacto con sus interrogantes.

Sostiene (Bion,1977) que en la mente la función alfa se ocupa de transformar los acontecimientos vinculados a la experiencia de realidad y lo logra mediante lo que llama "trabajo alfa del sueño". Es complementaria de la elaboración onírica de (Freud, 1900), contribuye al almacenamiento de alfa e interviene en los procesos de introyección de la experiencia de aprendizaje emocional.

La importancia del dormir genera la condición apropiada para los sueños nocturnos, el soñar es imprescindible para el mantenimiento de un adecuado equilibrio mental tanto para volver consciente algo no sabido como para volver inconsciente algo sentido.

El deseo, motor y parte del sueño ¿se cumplirá? Nos da una dimensión necesaria para reconocer, como dice el poeta en su obra *"La vida es sueño"*, (Calderón de la Barca1635) *"Los sueños, sueños son"* .

Los hechos por venir ¿cumplirán con el principio de realidad y la búsqueda interminable de llegar a conocer la verdad? ¿Será otra nuestra vida después de la pandemia? ¿Saldremos del peligro?

Las certezas caen, el mito del paraíso perdido adonde algún día pensábamos llegar seguros se pierde, reconocemos hoy que representan, al decir de Bion pensamientos envejecidos, obsoletos.

La realidad de los hechos y su observación psicoanalítica puede dar paso a los llamados pensamientos nuevos, jóvenes, también a aquellos fanatizados, plenos de prejuicios. (Sor, 2010).

Diferentes destinos: unos pueden desarrollarse, fortalecerse, los otros perpetuarse sin renovación, dentro de una mente que es parte de un mundo extraño, multi-determinado por factores políticos, económicos, tecnológicos, espirituales, cósmicos, biológicos, ecológicos, físicos, de poder.

La pandemia Covid-19 y sus derivaciones como son los contagios, vacunas, sueros, creación de anticuerpos, son un ejemplo, desde cuantos vértices de observación surgen versiones acerca del origen y consecuencias de ésta tragedia, realidad de nuestro tiempo.

Una voz llamando en emergencia Covid-19

Variadas consultas-situaciones reales advenidas en el presente de esta pandemia, se alojan en mi mente.

Nuestra sensibilidad resuena con la necesidad de ese otro sufriente que nos interpela, desconocido y de pronto tan íntimo. Huésped de nuestras envolturas psíquicas, aparece tal vez como parte de nosotros nunca terminados de ser.

En el proceso clínico el estado *reverie* se activa. Como una madre en estado receptivo, la función de desintoxicar emociones intenta producir transformaciones: la escucha puede llegar a despertar una idea nueva, fresca ...una hebra dorada que espera ser, un nacimiento de brotes verdes.

Desde (Bion, 1970) se anuncian como ideas sin pensador danzando en busca de un espacio-mente ampliado (analista) para ser pensadas, en estado nascente alumbrando futuro en el presente.

En el interjuego del deseo y la incertidumbre, sabemos que lo que escuchamos desde una actitud presente, atenta, no es producto de una linealidad causa –efecto, no es solo la pandemia y la angustia, sino un fenómeno multidimensionado, en una complejidad que toma cuerpo en ese contacto único, a distancia, protegido y desnudo al mismo tiempo.

Bajo la consigna *"conversemos"* se produce el encuentro pleno de turbulencia emocional, la comunicación se da entre nuestra mente receptiva y la palabra de quién habla. Representado por dos polos del aparato que brinda la tecnología: plataforma ,celular, cámara.... recuerda la presencia de la función mental continente-contenido, modelo del inicio de la vida: el pasaje del bebé prenatal al mundo que lo recibe.

Cesura, espacio entre dos estados, la vida antes de nacer poblada de imágenes ,sonidos, ritmos propios del movimiento de los órganos y afuera, la otra orilla donde la voz humana, mirada, piel sostén, acaricia y marca límite.

Dina 5 meses

Una mamá adolescente en estado de crisis, llorando pide ser escuchada a distancia por línea telefónica. Cuenta que Dina ha nacido en cuarentena, prematura, con aislamiento preventivo durante las primeras semanas. Sin contacto con ella por estar contagiados los dos padres del virus Covid-19, fue atendida por profesionales especializados. La crianza se complicó por dificultad en la lactancia, para darle de mamar debía protegerse con máscaras, batas especiales, guantes, desinfectantes, para cuidarla del contagio. La beba succionaba mal siendo difícil mantenerla en el pecho.

En el hospital los encuentros breves entre mamá-papá-beba sostuvieron el vínculo, la conectividad de las miradas estaba interferida emocionalmente, el miedo arrasaba la imaginación, no obstante lograron pasar de contagiados a recuperados volviendo a su casa. Ahora Dina no puede dormir, llora, se agota hasta caer rendida. No entienden, el pediatra la encuentra sana, ellos dicen que "es una pequeña tirana que los puede!"

En medio de esta crisis la familia grande quiere visitarlos, para conocerla, abrirse a encuentros cuidados, los papás tienen miedo al contagio y se oponen, comienzan a discutir hasta llegar a extremos de violencia verbal. El relato angustia pensando en el encierro psíquico en que transcurren siendo Dina con su estado doliente quien reclama ayuda, sentirse en familia. El aislamiento de los primeros momentos en el hospital se continúa ahora en la casa en relación a las salidas y visitas de los abuelos, tíos.

En varios encuentros programados por video- llamada en la casa, se observa aquello no dicho, la escasez de recursos económicos y la dificultad de separarse en espacios físicos más confortables. La indiscriminación de los cuerpos, una única cama, los tres confundidos como tres cachorros esperando y cerrando las puertas, asustados, hasta que se hizo presente lo que podría denominarse la luz de la posibilidad de ser escuchados.

La confianza en el encuentro vincular pudo animar las palabras: dificultades en el embarazo, soledad de la madre, violencia en la pareja. Contagio del virus. Muerte. Desde la observación de pequeños detalles, pude apreciar el efecto de tranquilidad de Dina cuando los papás hablaban sin gritar, la búsqueda constante de Dina aferrándose a ellos. Comenzaron de a poco a sentir algo de seguridad, a mirarse encontrándose, el miedo a nuevos contagios persistía y como fantasma se presentaba de noche en el llanto de la beba, solo juntándose en la cama le hacían frente al llamado de la muerte imaginada. También el reflejo del sufrimiento estaba en la piel de la beba, un sarpullido sensibilizaba zonas de su cuerpo. Hablaba del estado deficitario en la constitución psíquica de las envolturas psíquicas primarias, los primeros momentos del vínculo mamá-beba fueron de aislamiento entre ellas: ausencia de contacto.

La constitución de una piel defensiva, segunda piel, (Bick 1968) expresada en una musculatura rígida como forma de generar una pseudocontención psíquica, me llevó a pensar que en esta pandemia la bebé Dina pudo encontrar en el llanto, grito de auxilio, un llamado de atención sobre el vínculo carenciado de los tres. La función padre desvirtuada dejaba aún más solas a madre-hija.

¿ Y después.....?

El organizar un continente mental desde la observación y acompañamiento por pantalla una vez por semana, facilitó continuar con el proceso de transformación en los vínculos.

Podemos seguir el caso pensando sobre el efecto que tuvo en mí, como analista, la intimidad de la observación de la bebé en familia. Un lazo afectivo, una nube de contención, una malla sostén donde el continente de mi mente acogió el contenido de las emociones confundidas, indiscriminadas de los padres y de la bebé en riesgo, angustiada.

Representó el útero mental donde anidar las identificaciones de los padres con mi ser- observador analista en estado de disponibilidad, atención, cuidado.

El desarrollo psíquico de la bebé, en interrelación con el crecimiento de la conciencia de los papás se da en presente, después mañana .... el daño no da tiempo para transformar la catástrofe real que representa para la vida mental de Dina la falta de un cambio afectivo verdadero.

La posibilidad de llevar adelante un cambio, necesita de las condiciones para atravesar la cesura, ese espacio entre pasado-presente-futuro.

(Bion, 1981) llama cambio catastrófico al estado de cambio que se produce bajo ciertas condiciones: el acto de violencia porque se deja de ser quién era, la invariancia, ya que se mantiene algo seguro que no va a cambiar, la amenaza de catástrofe cercana.

En Dina y sus papás la desarticulación de ese "todo" que eran, marca un antes y un después en el momento en que se acercan a resolver su manera de vivir. La verdadera catástrofe es no pasar por estos estados. Separarse, reconocer el vínculo de dependencia y sometimiento, crear las condiciones para cambiar un estado de reverie mamá-bebé empobrecido, es pasar por una experiencia emocional profunda de aprendizaje.

La formación en el método Bick de observación de bebés.

Como psicoanalista mi dedicación a la clínica del vínculo temprano mamá-papá-bebé y formada en el método de observación de bebés creado por (Bick, 1964) me permite un encuentro, una forma de llegar a la intimidad del bebé en familia, con una disponibilidad emocional, atención consciente e inconsciente muy en consonancia con las angustias terroríficas de quien consulta, sea bebé niño, adolescente o adulto.

Quiero decir que en mi experiencia al aprender a observar, se descubre un mundo emocional propio del psicoanalista-observador no pensado. El intento de comprenderlo lleva a una comprensión de lo observado.

Se recrean estados íntimos donde la intuición permite el papel de ponerse en la mente de quién sufre para comprender más allá del relato. En ese encuentro se juegan emociones del propio bebé que llevamos dentro.

La observación es condición para desarrollar la intuición, conservando en lo posible la brecha entre lo observado y la teorización que se aparece para obturar la experiencia emocional que provoca el encuentro.

Esta formación es importante para quien trabaje en psicología, en educación, en psicoanálisis, en ciencias de la salud o se interesen en conocer el mundo mental del bebé. Su nacimiento psíquico se da en intersubjetividad, como efecto de la interrelación con el psiquismo del padre-madre-cuidador.

Volviendo a Dina, a sus padres, y a mi intervención terapéutica.

En este relato clínico el ofrecer a la familia un espacio donde acompañarlos sin dirigirlos, sino dejándolos ser, les generó confianza, como también saber que a mí me importaba su sufrimiento y que no pretendía cambiarlos sino estar cerca para responderles a sus ansiedades y terrores. La violencia que sentían forma parte de la desesperanza y del miedo. En esta pareja, la beba reclamaba activamente que la pandemia abriera una brecha, un espacio como forma de transitar la inseguridad del mundo que vivían a la seguridad de un mundo a su medida.

Será posible después? ¿cómo crecerá Dina? ¿aprenderá su madre adolescente a ser madre ¿su padre logrará la función paterna?

La frustración y el dolor que trae la espera hasta que se den los cambios es grande, la tolerancia a ese tiempo por llegar se vuelve posible estando acompañados emocionalmente y así lograr el "aprender por la experiencia".

(Bion1966) se dedica a estudiar los problemas vinculados con la experiencia del aprendizaje. Insiste en que el intentar conocer algo nuevo, implica un sentimiento doloroso que es inherente a la experiencia emocional misma del conocimiento, duele aceptar que no se sabe. Explica que de acuerdo con la capacidad de la personalidad para tolerar la frustración, se presentan dos posibilidades: evadir o modificar dicho dolor fortaleciendo su estado psíquico.

Este mundo de hoy 2020, alcanzó de pronto un nivel de dolor inesperado, insoportable y nos frustra más allá de lo pensado, solo a partir de conjeturas imaginativas que puedan transformarse en conjeturas realizables pensamos se pueda tolerar y modificar la incertidumbre para transformarla en fuente de esperanza dentro de un tiempo presente.

*"Como el manantial mana de secretos abismos
así el canto del trovador brota y resuena desde
el fondo de él mismo y despierta el velado poder
de los sentimientos que en el corazón dormían plá-
cida, maravillosamente".*
Steiner,G. Después de Babel 1980 México

Sueños del futuro
En este recorrido nuevamente
me acompaña la palabra del poeta
Perderlo todo.
Abandonar un sueño
y hallar otro:
el sueño donde habita el vértigo
más suelto del azar.
Juarroz,R.: Poesía Vertical
Antología Esencial.Ed. Emecé 2001

Bibliografia

Bick, E.(1964) *Notas sobre la observación de lactantes en la enseñanza del psicoanálisis*. International Journal of Psychoanalysis, XLY, 4

Bick, E.(1968) *La experiencia de la piel en las relaciones de objeto tempranas*. International Journal of Psychoanalysis XLIX,2-3

Bion, W.R.(1966) *Aprendiendo de la experiencia*. Buenos Aires, Argentina:Paidós. *Learning from Experience*. Londres Heinemann 1962.

Bion ,W.R.(1974) *Atención e Interpretación*. Buenos Aires,Argentina: Paidós. Attention and Interpretation London: Tavistock Publications 1970

Bion, W.R.(1977). *Volviendo a pensar*.Buenos Aires: Paidos

Bion, W.R.(1981) *Cambio catastrófico*. Revista de Psicoanalisis, Vol.38,Nº41981

Barca, Calderón de la. *La vida es sueño*, Biblioteca Mundial Sopena, Madrid.1920

Freud,S.(1900) *La interpretación de los sueños*. Vol.IV Buenos Aires, Argentina: Amorrortu editores.

Juarroz,R.: *Poesía Vertical Antología Esencial*.Ed. Emecé 2001

Sor, D. y Senet,M.R.(2010) *Fanatismo*.Buenos Aires,Argentina: Biebel

Steiner, G.: (1980) *Después de Babel*. Ed. F C. E.,

Lic. M. Josefina Saiz Finzi

Lic. en Psicología UBA
Miembro titular en función didáctica APA
Miembro Ipa - Fepal
Docente Curso de Observación de bebés. Centro psicoanalítico José Bleger APA.
Docente de Seminarios del Instituto de Psicoanálisis APA
Miembro ALOBB -Asociación Latinoamericana de Observación de bebés.
Miembro AIDOBB Asociación Internacional de Observación de bebés.
Doctoranda Doctorado en Psicología USAL- APA
Clínica vínculo temprano mamá-bebé, niños, adolescentes, adultos, familia.
Miembro del Grupo Latinoamericano "Actualidad Bioniana" conformado por colegas latinoamericanos de la IPA
E-mail: josefinafinzi@gmail.com

El Psicoanálisis en tiempos de incertidumbre y desamparo

*Un Poco de Memoria para pensar
juntos la Post Pandemia.
No preguntes por quién doblan las
campanas....Doblan por ti.*
John Donne

María Pía Isely
Hope Centro Psicoanalítico.

Introducción

Entre 1920 y 1929, a partir de cuatro muertes acaecidas en los momentos en que se desencadenaba y era operado de su cáncer;[1] Freud afirmará que:

Toda muerte de un ser querido nos deja inconsolables. Nunca encontraremos con que rellenar el hueco que deja la partida de un ser querido...En caso de rellenarse el hueco se convierte en algo distinto. Ese algo distinto es la única manera de perpetuar los amores a los que no deseamos renunciar. Ese algo distinto hace que nuestros muertos se inscriban en nuestra matriz identificatoria, en los rasgos de carácter, en los silencios del ello, en los imperativos del SYo, en nuestros síntomas, en las marcas del fantasma y en el desfasaje de nuestro goce.

Hay ciertos hechos que por la fuerza del impacto cam-

---

[1] *, (Las muertes fueron El 3 de Julio de 1919 se suicida Victor Tausk, y en Enero de 1920 sufre dos serios golpes más: la muerte de su paciente y discípulo Antón Von Freund y de su hija Sophie. Luego en 1923, muere su nieto de 4 años y medio).*

bian la realidad del momento. Se denominan dispositivos analíticos. Tal sería el caso de Hiroshima, del Holocausto, o de la Primera Guerra Mundial; y acá en la Argentina la época del Proceso. Hoy el Coronavirus que nos impacta en un mismo Desamparo mundial.

¿Cómo elaboraremos la pérdida de nuestros seres queridos?

¿Podremos aprender de la experiencia, y recordar para elaborar y así proyectar un futuro distinto, saliendo a través del análisis de la compulsión a la repetición y la desmentida del trauma? De tantos duelos no resueltos de la Humanidad.

¿Cómo lograr que este gran impacto disruptivo no se nos torne traumatogénico?

Desarrollo

Quisiera comenzar con una viñeta clínica.
Susy comienza su primera entrevista así:

"Uno nunca va a olvidar el fallecimiento de una persona cercana. Pero quiero sacar de adentro mi dolor. A los 12 años falleció mi madre. Soy muy sensible, me pongo a llorar de nada. Mi marido llega un momento que se cansa... Ya no soy una nena de 12 años. Mi cuñado tuvo mellizas y una murió, tenía un tumor en la cabeza.
Me sentía muy bajoneada últimamente.
Mi marido es adicto.
Le dije que necesitaba que el viniera a la tumba de mi mama."

"Nacimos en Israel. Estábamos acá como desertores. Le escribíamos una carta al Gobierno contando todo y nos perdonaron."

"¿De que murió tu madre?"

"Mi mamá Quería tener otro hijo. No quería que-

darse sola. No salía, tenía semanas. Se le hizo una hemorragia por dentro. Le hicieron raspaje y no lo soportó y tuvo tres paros cardíacos. Le hicimos un juicio al médico y perdimos.

Tenía 34 años. Ella quería quedar embarazada. Se le desprendían los bebitos, 2 o 3. Hasta que encontró a este médico que la mató. La única feliz era ella. Para no quedarse sola. Porque pensaba que se le iban a ir los hijos. Mi Papá no estaba de acuerdo y nosotros estábamos resignados... Cuando estaba moribunda solo pensaba en el hijo... Al principio le daban un medicamento para cerrar el útero, el feto no resistió y al querer salir se le hizo una hemorragia por dentro... Duró un mes o días, fue todo muy rápido. No la vi más... Nosotros en la religión judía no vemos los cuerpos..."

"La Buba tuvo mellizos pero perdió uno, fue al baño y se desprendió una bolsa. Mi mamá era melliza".

"El Papá de mi Papá falleció cuando él tenía 6 meses".

Transmisión transgeneracional de duelos no elaborados; de pérdidas. La renegación en las generaciones anteriores mantiene al paciente inmovilizado en el circuito de repetición. La madre trasmite no solo lo reprimido sino también lo renegado. El campo del análisis se extiende. Nos enfrentamos con patologías que requieren de un trabajo previo para que un paciente pueda instalarse en análisis. Pacientes que necesitan de nuestro sostén para la construcción de una historia: para que no se repita y pueda pasar a ser olvido y No presente eternizado. Es importante volver al pasado; para que no siga produciendo efectos en el presente, a modo de una compulsión a la repetición; sino recordar para elaborar y así poder comenzar a proyectar un futuro.

Luego de un tiempo de Tratamiento S. me dice:

"Soñé con mi mamá. El sueño en sí no me lo acuerdo, pero sí sé que de repente apareció mi mamá con una sonrisa y sabía que era por un rato, como si hubiera bajado del cielo para decirme algo que no supe y a la vez yo quería preguntarle sobre mí y cuando dije "mami" me puse a llorar... La recordé como la última vez... la cara intacta... No puedo creer que recién ahora la esté soñando... Nunca había soñado con mi mamá antes... Le dije a la Buba que le tenía que contar algo triste pero a la vez algo lindo para mí". Fue Hermoso.

Podríamos decir que cuando obturamos el Dolor también obturamos el placer. Ambos afectos quedan escindidos. Emilio Rodrigué nos dice en una entrevista concedida a George Viereck, (1996), que Freud declara:

"La muerte es la compañera del Amor, juntos rigen el mundo. Eso es lo que dice mi libro Más allá del Principio de Placer".

1919 la fecha nos sugiere que la obra es hija de la guerra.

En Enero de 1919 Freud le escribe a Ferenczi "Nos estamos comiendo los unos a los otros..." 2 meses después comienza a escribir su Más allá del Principio de Placer.

Quisiera destacar 4 puntos de *Más Allá del principio de placer* (Freud 1920) para poder pensar juntos la Post-Pandemia.

El 1ª hijo de la guerra:

Las Neurosis Traumáticas, también llamadas Neurosis de Trincheras. Epidemia Bélica que fue el tema central en el congreso de Budapest en 1918. Llama la atención el carácter repetitivo de los sueños traumáticos. Un aflujo excesivo de excitación anula inmediatamente el principio de placer.

¿No es esto los ataques de pánico, que también fueron centro de atención de varios Congresos nuestros, en Sapsi, la APA etc. de los últimos años?

Los Ataques de pánico: en una época se lo llamó corazón de soldado porque era un síndrome muy común entre los que habían padecido una guerra: Diana B lo describe muy claramente: "Es como estar en el medio de un bombardeo sin saber qué hacer y hacia donde escapar. Y cuando termina así como en las películas dejan de sonar las sirenas y la gente agarra sus cosas y sale de los refugios; del mismo modo pasa el momento del pánico y uno sigue con su vida. Pero siempre con la incertidumbre de donde nos agarrará el próximo bombardeo". Podríamos hablar aquí de una compulsión a la repetición del trauma a fin de intentar ligarlo, como en los sueños traumáticos, sin embargo los estímulos externos fueron tan grandes, que se repite dominando el estímulo, pero no ligándolo (Marín H 1985).

Ya hoy a esta altura de la Pandemia del COVID 19 podemos observar las consultas por ataques de pánico y aún dificultades en el sueño, sueños traumáticos, sueños repetitivos. ¿Sería una manera de responder al impacto del COVID?

2ª El juego del fort-da

El juego del carretel muestra que la compulsión de repetición tiene por finalidad el dominio de las pulsiones. El niño al asumir un papel activo, puede elaborar lúdicamente la separación de la madre. (Este tema lo desarrolla Freud al observar a su nieto)

Ahora bien para entrar en los enredos del fort-da, el

niño tiene que haber pasado por ese ejercicio iniciático de la subjetividad que es el estadio del espejo.

Sin embargo hoy también nos encontramos con patologías del fort-da, tanto en niños como en adultos, las famosas estructuras narcisistas. Que no logran el simbolismo del fort-da. Porque para poder jugar al fort-da es preciso atravesar la ausencia del objeto, y para que haya ausencia previamente tiene que haber habido presencia.

·3ª La neurosis de destino: destino demoníaco de la existencia. Se trata de una fatalidad. La culpa por ser feliz. Esto también lo vemos hoy en día en el consultorio.

¿La culpa del sobreviviente? ¿La culpa por continuar con sus vidas?

Viñeta de Susy:

> *"Sentí ganas de matarme. Lloré mucho".*
> *"No sé cómo hago para salir adelante porque me quedaría durmiendo y me ahogaría en la cama. Pero si no entraría en un estado depresivo. No sirvo para (estar; lapsus)... seguir sola."*
> *"¿Por qué siempre tendré que sufrir, por qué siento que me odia y me hace esto? ¿Por qué estoy tan sola? ¿Será que me merezco todo lo que me pasó y me pasa últimamente?".*

Y 4ª La neurosis de Transferencia: el paciente repite su psicopatología con el analista.

Desde aquí la clínica freudiana adquiere otra dimensión: deja de ser un acto solamente interpretativo o una construcción del analista, para destacar en la transferencia la función de la repetición en acto, que atañe tanto al analizado como al analista. (Rodrigué, 1996).

Susy 25 años con ideas de suicidio, pero con un duelo estancado en los 12 años.

Esta joven que venía de Israel que acarreaba el duelo por la muerte de su madre a los 12 años ese escrito lo titulé "Un comienzo de análisis tardío a partir de un duelo tardío".

En ese momento escribí: "Al principio se me hizo muy difícil interpretar, no solo por la catarata de material que volcaba en la sesión sino por la fragilidad del yo que yo sentía en esta paciente. Consideré que tenía que ir despacio y con mucha cautela en mis intervenciones". Al principio contra-transferencialmente sentí cierto rechazo, era muy demandante; pero luego sentí una necesidad muy grande de contenerla, la sentí como una niña de 12 años totalmente abandonada con mucha necesidad de afecto y protección. ¿Holding? ¿Amparo?

Las primeras sesiones no dejaba de llorar como una hemorragia interna evacuando su dolor pero sin posibilidad de procesarlo.

"El hombre no tiene paz porque sabe de su muerte. Siempre existirá una falta, la afrenta insoportable de no-ser; de allí que la castración sea una feliz metáfora infeliz"
Emilio Rodrigué (1996)

Conclusiones

¿Por qué traigo este tema?

¿Qué sucederá ante la pérdida de los seres queridos en aislamiento? ¿En qué estado de apronte del aparato psíquico impactará la pérdida?

¿Podríamos pensar en madres que por haber sido arrasadas por lo traumático como un rayo como menciona Freud en el proyecto, se relacionen con sus hijos de una manera de fusión por miedo a una nueva pérdida o con desafectivización y un pecho en blanco?.

Desde aquí podremos pensar cómo afectará las pérdidas en aislamiento para ir pensando la posibilidad de un después de la pandemia.

Y si volvemos a Freud:

En 1920 golpe cruel del destino la bella Sophie muere a causa de la gripe; tenía 26 años. Freud le escribe a Ferenczi

"Mi mujer esta terriblemente sacudida pero de una manera más humana".

Groddeck dirá nos cuenta Emilio Rodrigué (1996): que esa "inhumana" herida abierta iba a engendrar esa cosa llamada cáncer.

Ahora bien ¿cómo nos enfrentamos con este impacto actual, el COVID 19, cuáles son las sensaciones, emociones y sentimientos a los que tendremos que afinar nuestra escucha?

Empecemos por los niños, ellos no solo sienten la pandemia, el aislamiento, el miedo, sino que también perciben las sensaciones y emociones del entorno y de sus padres. Y los adultos en muchas ocasiones responden con pánico o desmentida, defensas de ataque o fuga frente al impacto de lo disruptivo actual.

Lo no resuelto de la historia pugna por salir haciendo síntomas por lo general lo desmentido a modo de compulsión a la repetición. Pero el paciente no lo puede poner en palabras y aún más no lo registra ya que está escindido.

En muchas ocasiones regresan a un lugar infantil de desamparo, reviviendo las defensas que utilizaron en aquel momento.

Desde allí el analista tendrá una posición más activa promoviendo derivas asociativas mediante señalamientos e interpretaciones para crear un espacio de transición para albergar lo no elaborado de la historia

Ahora bien ¿Cuál será entonces la función del analista?

En un primer momento facilitar un ambiente seguro y confiable que posibilite el despliegue de las emociones, sostener con el Holding y aun el Handling como dice Winnicott. Brindando la posibilidad de una capacidad de escucha atenta y una mirada contenedora mediante los medios virtuales incluso, como lo estamos experimentando en la actualidad.

Mc Dougall nos dice: "El analista en el papel de Eco no serviría de mucho. Para salir de esa situación deberá nosolo callarse cuando siente deseos de decir una palabra, sino que también deberá hablar cuando tenga deseos de callarse. (McDougall, 1978)

En el ámbito de la función analítica, significa sostener y contener los elementos psíquicos que el paciente despliega hasta que es capaz de vivenciarlos en la transferencia. Y continua diciendo McDougall (1978): "Si alguna vez el paciente nos permite entrar en su fortaleza, si nos tiene suficiente confianza como para que revelemos en él las fuerzas de la vida y la muerte selladas conjuntamente de manera precaria, si finalmente podemos reconocer la violencia de esas mismas fuerzas en nosotros, entonces hay grandes posibilidades para que ambos salgamos enriquecidos de esa aventura analítica realizada en común

¿Podremos lograrlo con la terapia On line? Es la pregunta y al mismo tiempo el desafío en estos tiempos de Pandemia.

Les acerco una experiencia personal en estos tiempos de Pandemia y aislamiento que considero que nos invita a seguir sosteniendo la mirada psicoanalítica aun "en el peor de los desiertos "como decía Leyris refiriéndose a Winnicott.

Se trata de una paciente médica sale de la guardia del hospital y tiene la sesión por video llamada desde su auto. para tener su sesión On line. El encuentro sin desconocer el dolor de lo que estamos viviendo abrió también el espacio de la esperanza como dije antes en el peor de los desiertos de una persona que esta en lo que podríamos decir la primera línea de resistencia al virus y sus temibles consecuencias.

Conclusiones

¿Qué habrá sentido Freud en tiempos de Incertidumbre y Desamparo?

"Es difícil describir nuestro estado de ánimo durante ese período. Es mucho lo que se ha escrito sobre las crueldades de los campos de concentración y exterminio. Pero se sabe menos sobre lo que representa sentirse repentinamente fuera de la protección de las leyes ordinarias. Hubiera sido anormal no sentir miedo ante una llamada a la puerta. Desaparecían amigos y parientes. La Gestapo había llegado y establecido los cuarteles generales y comenzaban a circular las primeras noticias sobre las torturas.

La casa de Freud fue invadida varias veces por pandillas de la S. A. El futuro era incierto y Freud, su familia y yo (Schur) estábamos en grave peligro. En medio de ello Freud permaneció sereno lleno de dignidad y autocontrol". El Éxodo (M.Schur p. 724-725) (1972) La invasión Nazi. M Shur fue el médico personal de Freud que lo atendió entre 1929 y 1939.

Sentir miedo y al mismo tiempo mantener la calma, nos reconectará con nuestra pulsión de auto conservación y nuestro instinto de Supervivencia.

¿Podrá ser esta también una de las funciones del analista? Restablecer el principio de placer, regulador y brújula de nuestra vida psíquica. La pulsión de auto conservación y el Instinto de Supervivencia nos permite alojar el dolor y el despliegue de las Emociones para poder arropar el Desamparo. La historia de Freud un ejemplo de vida a seguir, a pesar de sus estados depresivos o pesimistas que sin más tuvo que atravesar desde la Primera Guerra Mundial y los albores de la Segunda Guerra Mundial.

Sus hijos en el campo de Batalla. La muerte de su hija Sophie la muerte de su nieto de 4 años. La muerte de su amigo Von. Freund. La crisis económica de Post Guerra donde amigos suyos lo ayudaron a sobrellevarla El exilio y su propio cáncer ¿Cómo no comprender a la Humanidad? Sin embargo el amor de sus discípulos, de su entorno y de su familia. Y su capacidad de amar y dar permanente va a decir Schur le permitió tener una vida plena fructífera y como todos sabemos más que creativa. En 1939 fallece Freud a sus 83 años siendo un hombre noble creativo y austero. Un ejemplo a seguir en estos tiempos de Incertidumbre donde la Esperanza estará depositada en la capacidad ilimitada del Ser Humano de ir en camino de su Evolución, alojando el dolor, arropando el Desamparo , sigamos las enseñanzas del Maestro de recordar para no repetir y poder elaborar la historia de ayer, de hoy y de siempre.

Porque: *"Nadie es una isla completa en sí misma; todo hombre es un trozo del continente, una parte del todo; si el mar arrebata un peñón, es España la que sufre la pérdida.*
Lo mismo que si se trata de un promontorio, de una hacienda de tus amigos o de la tuya propia; la muerte de un hombre me disminuye porque estoy inserto en la humanidad; y por eso no preguntes nunca por quién doblan las campanas, doblan por ti".

John Donne, poeta inglés nacido en 1572.
Entonces...No preguntes por quién doblan las campanas....Doblan por ti.
Y por el Dolor de la Humanidad que nos atañe a todos.

Bibliografía

Catz Hilda y colaboradores (2020) *Psicoanálisis de niños y adolescentes. Trabajando en cuarentena en tiempos de pandemia*- Ricardo Vergara Ediciones.

Catz Hilda y colaboradores (2020) *Trabajando en cuarentena en épocas de Pandemia y Post-Pandemia-* Ricardo Vergara Ediciones.

Ferenczi Sandor (1926) *Problemas y Métodos del psicoanálisis-* Ediciones Horme- Bs As- Argentina-2009

Freud, S. (1914): I*ntroducción del Narcisismo* – Obras Completas – Tomo XIV – Buenos Aires – Amorrortu editores-1979

______ (1920): *Más allá del Principio de Placer* – Obras Completas – Tomo XIV – Buenos Aires – Amorrortu Editores – 1979

______ (1926a): *Inhibición, síntoma y angustia* – Obras Completas - Tomo XX – Buenos Aires – Amorrortu Editores -1979

______ (1950 [1895]): *Proyecto de Psicología* – Obras Completas –Tomo I Buenos Aires – Amorrortu Editores - 1986

Green, A (1986): *De Locuras Privadas* – Bs. As. – Amorrortu editores – 2001

Lacan J. (1949) *"El Estadío del Espejo como formador de la formación del yo tal como se nos revela en la experiencia psicoanalítica"* en Escritos I - Editorial Paidós-Buenos Aires-1993.

Lewis Carroll (1863) *"Alicia en el país de las Maravillas"* Ediciones Colihué SRL, 1996 -

McDougall, J. (1978) *Alegato por una cierta anormalidad-* Edit. Paidos-1996- Buenos Aires

Pavlovsky E. y colaboradores (1985) *Lo Grupal 6,* 1988, Búsqueda, Bs. As. Argentina

M. Schur (1969) *"Sigmund Freud"-* Paidos Studio- Barcelona España- 1980.

Rodrigué Emilio, (1996) *Sigmund Freud, El siglo del psicoanálisis,* Editorial Sudamericana, Buenos Aires 1996. Tomo I y II.

Winnicott, D. (1954c): *Aspectos metapsicológicos y clínicos de la regresión dentro del marco psicoanalítico* en Escritos de Pediatría y Psicoanálisis – Barcelona – Editorial Laia – 1979

Lic. María Pía Isely

Licenciatura en Psicología, Universidad del Salvador. 1993 Psicodramatista, de Psicodrama Psicoanalítico Grupal de Eduardo Pavlovsky.1998 Fundación CIAP, Especialista en Clínica Psicoanalítica de Niños y Adultos y Coordinación y Terapia de Grupos.
Concurrente invitada de APA
Maestranda en Psicoanálisis USAL APA
Doctoranda en Psicología. USAL- APA. Lo Disruptivo
Consultorio Privado del 93 a la fecha. Atención de Niños Adolescentes y Adultos 2012- a la fecha
Coordinadora de Centro Hope: Centro Psicoanalítico en la atención de niños y adultos. Admisora y Supervisora. En Adrogué, Bs. As. 1993
Premio Emilio Rodrigué otorgado por la Fundación Ciap al Trabajo: "Más allá del principio de placer... ¿la muerte o...el temor a la vida?"
Disertaciones en diferentes Congresos Internacionales:
2014- a la fecha:
Disertación en Simposio de APA En Jornada de niños y Adolescentes de APA En jornada APA_APSA En CAP Argentina y CAP Córdoba. Con diferentes Trabajos:
Sobre la clínica de niños Hoy
La Función Maternante frente al Desamparo ¿Actual?
Entre Freud y Ferenczi. Un analista Good Enough.
ADD TGD Autismo Apraxia Psicosis. ¿Cómo saberlo?
Una mirada contenedora sobre el Narcisismo.
¿Cómo Poner Límites en un mundo sin Límites?
2017-
Disertación en el Encuentro de Winnicott México D.F.
2018
Disertación en el Encuentro de Winnicott Argentina Buenos Aires2019
Disertación en el Encuentro de Winnicott Brasil- Porto Alegre 2018
Disertación en Fepal Lima Perú con el Trabajo: "Entre Freud y Ferenczi. Un Analista Good Enough. Winnicott arropando el Desamparo"
E-mail: iselymariapia@yahoo.com.ar

Tratamiento de un niño durante la pandemia COVID-19

Viviana Isern
David Rosenfeld

En este duro tiempo que impone tantas distancias y pérdidas el tratamiento de niños severamente perturbados pasa por una difícil prueba de continuidad. Cómo llevar adelante la sesión en la virtualidad con un niño cuya patología hace que esté muy lejos de sentirse otro. Los padres son los garantes del tratamiento y el sostén de la subjetividad del niño, en la virtualidad ese sostén se hace palpable. La realidad vincular y la vida cotidiana del niño empiezan a tallar en la sesión de una manera inesperada.

Entendemos que esta pandemia, entre cuestionamientos y serios replanteos técnicos, es una importante oportunidad para que los psicoanalistas de niños pongamos el foco en cómo tomamos en cuenta dentro del tratamiento la calidad de esa relación primaria entre padres e hijos, el valor que le damos y nuestros esfuerzos por incluirla.

Nos interesa traer entre analista y supervisor un recorte del material de Lorenzo, para poner en relieve cómo el niño pudo valerse de sus padres que hasta poco antes del aislamiento social habían estado presentes en las sesiones, para armar una continuidad productiva en el tratamiento psicoanalítico por tele asistencia en un momento particularmente difícil para él.

El niño hoy tiene cinco años y tenía tres cuando comenzó el análisis, presentaba híper movilidad, la mayor parte del tiempo no miraba a los ojos, parecía no escuchar, no señalaba, su atención iba de una cosa a otra en segundos y era una furia desatada ante cualquier contrariedad con un gruñido sostenido como de animal. No hablaba aunque sí presentaba una jerga inentendible e ininterrumpida cuando no gruñía. Se hacían imposibles las rutinas, la madre le daba el celular la mayor parte del tiempo para atajar berrinches constantes frente a las rutinas diarias.

Lorenzo había tomado pecho hasta los 2 años y 8 meses siendo imposible destetarlo antes por el llanto y los golpes a la madre. El niño se tomaba del pezón a todo momento, ante cualquier situación de sufrimiento se prendía del pecho pero sin pasar por la persona de la madre. En una ocasión ella se enferma, deciden destetarlo, el niño acepta pero a partir de ahí no desvía la vista del televisor, deja de interactuar con los padres, tampoco responde al nombre hasta que hacen la consulta.

En las sesiones, aquellas sí presenciales y con toda la familia, dentro de un devenir imparable por el consultorio de tocar juguetes, apareció una primera y pequeña escena con gritos de terror que llegaron para quedarse. Luego esto mismo de alguna manera entendimos pedía jugarlo con la mamá para que ella también grite espantada, este juego de los gritos de terror nos acompañó gran parte del tratamiento, entendemos que recuperando y elaborando miedos de la madre y del bebé pequeño cuando ambos eran uno.

Luego pudo empezar a tallar en la sesión un títere que en manos de la analista quiso ser su amigo, al que el niño empezó a atacar con todo su cuerpo y a morder. Ese títere soportaba sus embates y entre protestas juguetonas esperaba con paciencia llegar a ser su amigo. Hubo un momento muy crítico producto de una separación de dos semanas donde pudimos atravesar los arrasadores sentimientos que este niño experimentaba frente a la separación del analista, atravesamiento sólo posible a partir de la sostenida interpretación de la transferencia. Sus papás pudieron palpar como testigos azorados el nivel de sufrimiento y desconsuelo que se desplegaba en la sesión.

Lolo mejora notablemente, comienza a confiar en su terapeuta, en sus padres, se destraba el intercambio amoroso. Empieza a tomar del ambiente, a escuchar con atención, desaparece la jerga y se inicia la comunicación hablada que avanza rauda. Lorenzo progresó mucho y los padres ya habían quedado en la sala de espera para cuando aparece el peligro del COVID 19. Cuando comienza la cuarentena su mamá estaba embarazada de pocos meses y Lorenzo venía trayendo fantasías de deseos canibalísticos muy acentuados en sus juegos a través de la personificación de un dinosaurio. Estábamos en estos acuciantes contenidos fantasmáticos cuando se interrumpen nuestros contactos presenciales a raíz de la pandemia.

La primera vez que se produce la conexión con ambos padres por videollamada el niño no está frente a la pantalla y cuentan sus papás que Lorenzo está en el baño, no va de cuerpo hace varios días. Hablamos de las pérdidas que el niño está sufriendo, de su retención como una manera de guardar a tantos otros que no ve, que hay que explicarle tantas pérdidas. Los padres se turnan entre la sesión y acompañar a Lolo en el baño. Uno de ellos finalmente al volver dice contento que Lolo por fin hizo. Se les pide que la próxima esté cerquita del celular para saludarlo. A la siguiente sesión, tiene dos semanales, Lorenzo viene hacia el teléfono, saluda y dice que quiere ir a la casa del analista. Los padres le explican que no puede, llora con desconsuelo. El padre lo toma en sus brazos y lo contiene. Su analista a su vez le dice que también lo extraña mucho pero que el bichito que enferma está en las calles y no se puede salir por ahora, llora pero luego logra despedirse con calma.

A la siguiente sesión desde la pantalla del celular se ve que están en el patio de su casa ambos padres y el niño rodeado de juguetes. Lolo juega con sus papás a representar a un dinosaurio que huele, amenaza y devora si percibe algún movimiento en los padres. La intervención del analista apunta a que el dino-Lolo quiere comerse a la mamá para que no se vaya con ningún otro bebé, para que se queden con él. En otra sesión el dino-Lolo quiere robarle los huevos a una gallinita que sostiene en su mano la madre. La gallina-mamá grita espantada, defiende sus huevitos, el dino-Lolo amenazante quiere robarlos, hay mucha tensión y angustia en la sesión con los gritos de la gallina-mamá y el dino-Lolo que no cede en sus intenciones de hacerse con ellos. El analista arma una pregunta ¿será que todos los huevos son de la gallinita? ¿será que el dinosaurio también quiere tener sus propios huevitos para poder cuidarlos...? Ante esta intervención Lorenzo se calma y ya no amenaza, la madre también se alivia y cede, Lolo se lleva algunos huevitos para cuidarlos. En la próxima sesión juega a que el dino-Lolo toma con sus dientes a cada animal y lo tira lejos con la boca. Pero de pronto trae a la escena un dino-bebé que está rompiendo su huevito. Lorenzo toma un Dino gigante que lleva en su lomo al dino- huevito y le da de comer, lo tapa y lo cuida. Se apunta a que parece que el dino-papá cuida al bebé y lo lleva en su lomo... La intervención es comentando estas acciones de cuidado y hace dormir a toda la familia de dinos. Luego toma el celular desde donde le hablo y busca cierta intimidad conmigo, él se sienta en la que fue su sillita mecedora que la madre está reacondicionando para el nuevo bebé, la intervención apunta a que está recordando cuando era un bebé chiquito y era alimentado. Para sorpresa nuestra y de sus padres acercándose a la pantalla da de comer y beber con ternura a su analista con tacitas y comiditas de juguete, entendemos que lo hace muy lejos de la lógica de arbitrariedad y persecución que lo inspiraba.

Sabemos que el trabajo es de largo aliento pero desafiando la cuarentena, con la estrecha alianza de sus padres, devenida ahora disposición al juego, las acuciantes urgencias de Lolo como la perentoria necesidad de elaborar sus fantasías canibalísticas y su deseo de ser él también gestante pudieron ponerse en escena, ser jugados y nombrados para procesar su aguijoneo interno.

Viviana Isern

lIC. en Psicología UBA
Egresada de Seminarios de Especialización de Psicoanálisis en IUSAM de APdeBA -IPA
Egresada de la Asociación Escuela Argentina de Psicoterapia para Graduados
Secretaria del Área de Autismo y Patologías Graves de la Infancia de APdeBA
Docente de la Carrera de Especialización en Psicología Clínica de Niños y Adolescentes del Instituto Universitario Salud Mental (IUSAM) de APdeBA
Directora Clínica del Centro de Estimulación Temprana y Rehabilitación La Ventana
Email: vivianaisern@hotmail.com

David Rosenfeld

Profesor consultor de Psiquiatría,Facultad de Medicina,, Universidad de Buenos Aires
Analista didacta de la Asociación Psicoanalítica de Buenos Aires
Premio SIGOURNEY AWARD (1996) New York
Premio HAYMAN,PRICE, a mejor trabajo publicado Congreso IPA-Berlín
Prenio otorgado por Virginia University ´por sus originales aportes a la comprensión de mecanismos en las psicosis
Premio Berkeley Boyer fundación por sus originales aportes a la comprensión en pacientes borderline, IPA-Chile
Vice presidente de IPA- International psychoanalytical ASOCIATION
Sus 10 libros están traducidos al inglés, francés, alemán, ruso, turco,italiano,ukraniano ,español
invitado año 2021 a dar Conferencia y workshop en Berlin, Moscú y Paris.
E-mail: rosenfeld236@gmail.com

La Pandemia y después

Mirta Iwan

Parafraseando el "Tango Sur" que tomara Hilda Catz para titular a modo de motivación, este libro, es que me detuve en la afirmación contundente del "ya nunca me verás cómo me vieras".

Lejos de la nostalgia por todo lo que ha cambiado, y por lo que no volverá a ser igual, yo empecé a soñar con las transformaciones deseadas en un mundo que cambia: En principio cambiaría la mirada que la sociedad ha construido sobre nuestras infancias del siglo XXI. Una sociedad que viene dejando de lado el valor del trabajo, de la amistad, de la solidaridad, para avanzar por un individualismo que excluye al otro, en una sociedad que deshumaniza los vínculos en favor del aumento del consumo y los valores del mercado.

¿Qué lugar hay para los chicos y las chicas en ese proyecto mercantilista?

¿Cómo garantizamos el derecho a la educación de todos?

¿Cómo toleramos las diferencias en los tiempos de los otros más allá de los objetivos de alcanzar buen rendimiento?

De la exclusión a la pertenencia

A fines del siglo XIX las clases dirigentes necesitaban construir una identidad nacional que superara las diferencias regionales y las diferencias culturales que traían los grupos de inmigrantes. La escuela y la educación fueron identificadas como un factor de integración. En nuestro país en la época de Sarmiento, la escuela perseguía la homogeneización cultural. Esa promesa integradora adquiere fuerza después de la post-guerra. Cierto grado de poder puede ser alcanzado o distribuido en forma equitativa o democrática. Se reconocen derechos de los ciudadanos a la salud, la educación y la vivienda. En este marco no se ponía en duda el compromiso de la escuela con la formación en valores ni se dudaba del mandato moral, que contribuía a definir la tarea docente. "La formación del ciudadano" fue reemplazada paulatinamente por la idea de formación para el trabajo que más tarde, a partir de las teorías del capital humano se convertiría en formación de recursos humanos. La educación era percibida como una actividad científica y contenía una visión racional del ser humano.

En los años 70 (1970) aparecen los teóricos críticos al funcionalismo y capitalismo. Estos teóricos identifican al poder conservador-reproductor de la escuela, a los fines de mantener el statu-quo. O sea que la escuela no solo dominaría, sino que también enseñaría a aceptar la dominación. Hoy estamos en una realidad muy diferente. La escuela tiene menos capacidad de promesa o tal vez ninguna: Pasar por la escuela no es garantía de empleo. El desempleo no depende de la escuela. Depende de las políticas económicas. Sabemos también que aquel que no transite por la escolaridad está condenado de antemano.

Las relaciones de poder son complejas, por lo cual necesitamos tomar en serio el enfoque post-moderno. Es importante también reconocer los cambios que están ocurriendo en muchas sociedades y ver la complejidad del nexo "poder-saber". Así lo explicita, M Apple en su artículo "Educación, identidad y papas fritas baratas" donde agrega que el trabajo educativo que no comprenda la brutal realidad cotidiana de los excluidos, en la sociedad post-moderna, corre el peligro de perder el sentido.

El siglo XX nos dejó una sociedad donde no hay lugar para todos, donde algunos pocos, concentran riquezas con las que podrían comprar un continente, mientras otros no cumplen ni las necesidades básicas. Las contradicciones de nuestra democracia son alarmantes. La educación no debería servir para reproducir una moralidad insensible ante las diferencias.

Según Pablo Gentili, en "Ciudadanía y Educación":

"...Los individuos no construyen su moralidad, no cambian o mantienen determinados valores, normas, y derechos morales, por la simple enunciación curricular de otros valores, normas y derechos morales. La moralidad es construida históricamente mediante una serie de prácticas sociales..."

"Los chicos son de madera"

A continuación, paso a realizar una lectura reflexiva de un hecho de la práctica cotidiana observado en una escuela. En mi carácter de Formadora de futuros docentes.

Cuando llegamos a la escuela con un grupo de Residentes del Profesorado para la Enseñanza Primaria, nos recibió la Directora que manifestó su intención de hablarnos de la pobreza que reinaba en esa zona y las características de su población escolar.

*Acá no van a poder enseñar, acá los chicxs son de madera. Viven en casas tomada*s y algunos provienen de un hogar de chicos de la calle.

Fundamentó luego su posición que podríamos resumirla así:

- Frente a la adversidad no podemos hacer nada....

Durante las observaciones realizadas en las aulas, los Residentes pudieron corroborar que los Maestros, repartían textos escolares o fotocopias, para que los chicos y chicas copiaran el tema del día.

A ellos les gusta copiar. – Decían....

En el aula se debía guardar silencio. Parecía que no había chicos curiosos ni preguntas. Ni posibilidad de diálogos. Si había descalificación, maltratos y falta de lazos solidarios. Los chicos se discriminaban entre ellos:

- Sos un paraguayo, sos un villero, sos sucio, sos burro...

En la puerta de la dirección siempre se podía observar algún alumno expulsado del aula por pelear o por pegar.

Con respecto a las escuelas en los márgenes, dicen Patricia Redondo y Sofía Thisted:

"...Las instituciones educativas quedan frecuentemente como la única expresión del Estado en la periferia conformándose la propia escuela como última frontera de lo público. Estas fronteras de exclusión atraviesan el campo de lo educativo y particularmente, a aquellas escuelas que se hayan en barriadas signadas por la pobreza extrema. En estos contextos, parecen establecerse limites casi inexpugnables a las posibilidades de educar y se constituyen de algún modo, como fronteras educativas que profundizan en el espacio escolar, aquellas diferencias que produce la pobreza como frontera social..."

Creatividad y Disponibilidad

El grupo de jóvenes Residentes con sus profesores no se identificaron con el discurso rígido y homogeneizante del "nada se puede hacer" y se dispusieron a brindarles a los estudiantes otra Pedagogía que no fuese una Pedagogía resignada. Se negaron a legitimar y clasificar a lxs niñxs replicando sus desigualdades educativas.

A pesar del fuerte impacto que produce la pobreza, pudieron encontrar un lugar para construir la aventura de aprender.

Para no seguir reproduciendo la marginalidad se imaginaron otros caminos. Las Residentes realizaron sus proyectos centrando el objetivo en el mejoramiento de la calidad de los aprendizajes a través de diferentes propuestas: se abrieron espacios para jugar, se construyeron con lxs chicxs reglas para la convivencia, para mejorar la integración y los lazos entre ellxs. Se trabajó con el tema de Derechos Humanos y Derechos del Niño. Como consecuencia, los chicxs denunciaron violación a esos derechos por parte de algunos adultxs. Se realizó la correspondiente denuncia e intervino la Justicia. Se incorporaron dinámicas grupales y de participación que favorecieron la interacción con pares y docentes, generando situaciones de cooperación para pensar y para aprender. Se realizaron experiencias directas redescubriendo el barrio y rescatando su cultura.

Tomás Tarden Da Silva, partidario de la Pedagogía Critica, precisa:

"...Son los materiales y significados existentes, son las propias experiencias de los y las estudiantes, los que pueden servir de base para la discusión y la producción de un nuevo conocimiento. Aquí los materiales existentes, claramente orientados, deberían constituir las materias primas a partir de la cual, los significados, las visiones y las representaciones dominantes pueden ser cuestionadas. No siempre es necesario introducir nuevos materiales para modificar los actuales documentos curriculares. En algunos casos todo lo que necesitamos es mirar los materiales existentes bajo una nueva perspectiva..."

Varios Maestrxs que hacía años que trabajaban en esa escuela se acercaron a lxs Residentes, para intercambiar información, manifestándoles haber aprendido de ellxs.

Movilizados por la experiencia vivida comenzaron a repensar su propia práctica.

"...Estas escuelas, sujetas particularmente por los contextos que las rodean, las políticas que las atraviesan, las realidades que las penetran, el modo en que se articulan la educación y la pobreza, no configuran necesariamente un mismo destino fatalmente determinado. El trabajo de campo nos permite ver que hay recorridos institucionales diferentes: en algunos la sujeción se presenta como ineludible y se profundizan los contenidos de exclusión, en otros, en cambio, cuando esta realidad se constituye en problema factible de ser abordado por los sujetos, se despliegan acciones potencialmente transformadoras. (Patricia Redondo y Sofía Thisted)

El grupo escolar y la configuración de la subjetividad

Desde una mirada psicoanalítica podemos destacar la importancia que poseen los acontecimientos precoces en la construcción de la subjetividad de los niños y niñas. La responsabilidad de lxs adultxs que asisten a los sujetos en crecimiento y reconocen su fragilidad debiera ser ineludible. Las docentes Residentes de la "viñeta" fueron capaces de trazar los puentes y canales de comunicación para que se den los procesos transferenciales necesarios en toda la situación de enseñanza-aprendizaje. La escuela debe colaborar con la tarea psíquica de encontrar sentido. Es fundamental que la escuela de lugar a la creación. Abra espacios para la música. La pintura, el movimiento, las artesanías. Copiar de una fotocopia, es una tarea sin sentido. A la inversa, inventar un cuento, un "rap", pintar un frasco para guardar galletitas, plantar una semilla y observar su desarrollo, es invitar a niños y niñas a ingresar a una red simbólica. Ante estas propuestas, las infancias siempre responden bien, con placer y alegría por hacer, por construir con sus propias manos, con su rica imaginación.

Tarea prioritaria es lograr la inclusión y pertenencia de cada uno de les alumnes a su grupo escolar. La exclusión, la falta de confianza en sus posibilidades, paraliza al infante. Por el contrario, los vínculos de respeto a sus derechos humanos sin discriminaciones reparan y le permiten al mismo, recuperar el juego y al adolescente recuperar sus sueños. A ambos, la creatividad y la ilusión que los caracteriza.

"...Desde el psicoanálisis, la pertenencia es un sostén narcisista que ampara al sujeto. El sentimiento de pertenencia se basa en la necesidad de estar incluido en un vínculo... La necesidad de pertenecer a un vínculo es inherente a la condición de ser. Formar parte de un conjunto, estar en la mente del otro, se relaciona con el estar vivo..." (Luis Oswald, 2007)

¿Cómo se puede potenciar la inteligencia que el niño/a trae?

¿Cómo se puede destrabar esa inteligencia cuando está bloqueada?

No alcanza con la trasmisión de información ni con un buen soporte neurológico. Es fundamental, que se dé la inclusión en el interior de la cultura, con la presencia del otro, del adulte que lo toma a su cargo, primero en el seno de una familia y más tarde, en la institución escolar.

Ese adulto/a, suficientemente bueno, que cumple la función humanizante de sostenerlo, amarlo y presentarle el mundo, en términos de Winnicott.

Así como él bebé, necesita de los cuidados maternos, el niño/a en edad escolar necesita del acompañamiento del docente ante la experiencia de frustración que se puede presentar en todo proceso de aprendizaje.

En el ejemplo de la viñeta, esos infantes negativizados por el adulto, sobre los que supuestamente no se podrían tejer expectativas de logros frente a nuevos aprendizajes, respondieron pegando un salto a lo impensado. Para el analista, según afirma Maud Mannoni, (2002) la educación no puede operar ciegamente, contentándose, por ejemplo, con la adquisición de automatismos, sino que debe dar cabida al deseo y abrir posibilidades de creación permanente.

"...A diferencia de los animales, los seres humanos no solo transformamos el mundo en el cual vivimos, sino que generamos nuevos mundos: mundos que una vez producidos obligan, para su transformación, a apelar al conocimiento con toda la astucia y la audacia, para sortear el riesgo. La operatoria de supervivencia de la humanidad no se establece ya directamente sobre la naturaleza sino por mediación de otros seres humanos, por interposición de sus organizaciones, de sus modos de concebir la vida, y de articular el poder que la conserva o la destruye..." (Silvia Bleichmar, 2002).

Durante la pandemia 2020, toda la humanidad, pudo reconocer el valor de los vínculos y su carácter estructurante. Desde el fondo de su fragilidad y ante la incertidumbre, los seres humanos buscan agruparse, aun corriendo riesgos, porque el grupo es instituyente del sujeto, y en cada uno de nosotres está el deseo de salir de la soledad para reconocernos a nosotres mismos, en un hacer con otros.

Después de atravesar esta peste, sentiremos el alivio de haber vencido al terrible virus Covid-19, y nos dedicaremos a restaurar lo valorado, lo amado, lo necesario para nuestras vidas humanas. Al mismo tiempo y con el mismo esfuerzo, será momento de abandonar los paradigmas y los modos de estar en el mundo, cuyos efectos nocivos, son un peligro para las sociedades en que vivimos lxs millenials.

Nuestro horizonte es incierto, sin embargo, defenderemos la esperanza de un mundo mejor donde las infancias sean respetadas en sus diferencias, en sus tiempos y necesidades propias. Sin ser patologizadas ni excluidas, sino acompañadas en sus trayectorias escolares por aquellos educadores más creativos, capaces de construir propuestas de aprendizaje transformadoras.

Para finalizar, al pensar en el después de la Pandemia, surge en mí el deseo de un cambio social que nos lleve a los habitantes de nuestra Ciudad de Buenos Aires, a desnaturalizar la presencia en las calles, de niñes y adolescentes cuyo sufrimiento psíquico no puede pasar inadvertido.

Así también es de suma importancia reconocer a lxs trabajadores de la educación, en su quehacer esencial.

¿Cómo? Escuchándolos y dándoles, más voz y protagonismo, para que ellos a su vez, puedan ser agentes de salud, sosteniendo los lazos con una cultura de la solidaridad, que integre y no excluya a nuestras Infancias y Adolescencias.

Bibliografía:

Bleichman, Silvia. *Sobre la crianza de los niños pequeños y el desarrollo de la capacidad de pensar.* Capítulo 6 del libro La clínica en el tratamiento psicopedagógico. Schlemenson, Silvia, Buenos Aires. Paidós. 2015

Catz, Hilda y Colaboradores. *Trabajando en cuarentena en épocas de Pandemia y post-Pandemia. Transformaciones e invariancias.* Prólogo Marcelo Viñar. Página 24. Buenos Aires. Ricardo Vergara Ediciones. 2020.

Gentili, Pablo. *Cultura, Política y Currículo. Ensayos sobre la crisis de la Escuela Pública.* Editorial Losada. Buenos Aires. 1997.

Mannoni, Maud. *Un saber que no se sabe. La experiencia analítica.* Barcelona. Gedisa Editorial. 2002.

Moise, Cecilia. *Psicoanálisis y sociedad. Teoría y prácticas. Capítulo 7: La pertenencia.* Oswald, Luis. Buenos Aires. Ediciones Continente. 2007.

Redondo, Patricia. *Escuelas y pobreza. Entre el desasosiego y la obstinación.* Buenos Aires. Paidós. 2004.

Valdez, Daniel. *Diversidad y construcción de aprendizajes. Hacia una*
escuela inclusiva. Buenos Aires. Noveduc. 2017.

Winnicott, D.W. *Realidad y juego.* Editorial Gedisa. Barcelona. 1971.

Lic. Mirta Iwan

Graduada en Ciencias de la Educación (UBA)
Graduada en Psicología social (Primera Escuela Dr. Enrique Pichón Riviére)
Psicopedagogía Clínica con orientación en Psicoanálisis de Niños y Adolescentes.
Formada en la Observación Psicoanalítica de Bebés en la Asoc. Psicoanalítica Argentina (2014-2018)
Co-fundadora y Directora de la Escuela Infantil Mi Grupito. Dirección General de Enseñanza Privada. Secretaria de Educación, CABA.
Colaboradora del Departamento de Niños y Adolescentes de APA.
Docente invitada en el curso-taller de "Psicoanálisis y Educación" del Centro de Estudios de APA, 2019.
Participación activa en Jornadas y Congresos de Salud y Educación en el país y el exterior.
Artículos publicados en Topia, Noveduc y otros.
Coautora de los libros: Catz, Hilda et al. (2020) Psicoanálisis de niños y adolescentes. Trabajando en cuarentena en épocas de Pandemia. Buenos Aires: Ricardo Vergara Ediciones.
Catz, Hilda (2020) Las redes humanas, lo humano de las redes. Tomo 3. Buenos Aires. Ricardo Vergara Ediciones.
Catz, Hilda (2020) Trabajando en cuarentena en épocas de Pandemia y Post-Pandemia. Buenos Aires. Ricardo Vergara Ediciones.
Miembro Concurrente de APA. (Asociación Psicoanalítica Argentina)
Miembro titular FORUM Infancias Red Federal.
Comisión Clínica y Educación. Comisión Primera Infancia.
Comisión de Políticas Públicas (FORUM Y APIABA)
E-mail: mirtaiwan@yahoo.com.ar

En el entrecruzamiento de tres crisis: adolescencia, adopción y pandemia

Lila Fabiana Gómez

> *"Yo no sé de la infancia*
> *más que de un miedo luminoso*
> *y una mano que me arrastra*
> *a mi otra orilla".*
> "Tiempo", Pizarnik (1958: 76)

Asocio las palabras de Alejandra Pizarnik "una mano que me arrastra a mi otra orilla" con la definición de adopción que implicaría desear la presencia de algo o alguien. Etimológicamente adoptar proviene del latín "ad" que significa 'tendencia o proximidad' y "optare" que implica 'desear o querer' (Rozemblum de Horowitz 1997:7) Según la Lic. Lidia Abraham de Cúneo:

"es un modo diferente de acceder a la maternidad y paternidad, y admite la posibilidad de formar una familia que no está sostenida en vínculos biológicos. Se construye simbólicamente el lazo de filiación que tiene la misma trascendencia que en la reproducción natural, debiendo orientarse al bienestar y la seguridad del niñ@ con el ideal de darle una familia y la estabilidad necesaria para su desarrollo íntegro" (Abraham de Cúneo, L. 1996:1).

¿Implica una crisis la adopción? Se considera crisis a un "cambio profundo y de consecuencia importante en un proceso o situación, o en la manera en que estos son apreciados" (RAE 2020).

La presencia a fines del 2019 del coronavirus SARS-CoV-2 nos ha sumergido en un cambio de fuertes consecuencias en nuestras vidas convirtiéndose en una crisis inesperada que adquirió protagonismo en todo el mundo. Su propagación ha modificado la cotidianidad de todos los países, volviéndose parte ineludible de la agenda sanitaria, social y económica.

¿Es la adolescencia una crisis? Conocemos que etimológicamente proviene del latín "adolescere" (de "ad": a, hacia y "olescere": crecer) Es una etapa de transición y metamorfosis entre la infancia y la edad adulta que conlleva una crisis evolutiva. Los cambios de esta etapa del desarrollo requieren contemplar varios aspectos constitutivos.

Desde el aspecto orgánico, se produce el desarrollo sexual puberal, que transforma al niño en adolescente. Esto es producto de una reacción hormonal donde se produce una secreción hipotalámica, que estimula la liberación de gonadotrofinas desde la hipófisis y esta a su vez, provoca la secreción gonadal. Las hormonas gonadales (estrógenos-testosteronas) son las responsables de los cambios morfológicos sexuales secundarios. Este proceso comienza aproximadamente entre los 11-12 años en las niñas y 12-13 años en el niño.

Desde el punto de vista sociológico se estudia la adolescencia como periodo de inserción en la vida social adulta y como grupo social de características específicas. Por eso diferirá según la época, la cultura o el entorno social.

Antiguamente el niño pasaba directamente al mundo adulto ¿Algunos aspectos actuales podrían interpretarse como una nueva corriente histórica orientada hacia la desaparición de la adolescencia? "La distancia que hay entre los jóvenes y los adultos jóvenes tiende a disminuir. La cultura originaria, reivindicada por los jóvenes a lo largo de los últimos 10 años, forma parte del patrimonio de todas las generaciones. La libertad sexual, el derecho a la palabra y la libertad de expresión, que interactúan tanto en la vida privada, como en la vida pública, son valores reconocidos en la actualidad por todos." (UNESCO, 1981).

Las características de la adolescencia se diferencian según la sociedad, en la duración, en los métodos de socialización del individuo y en el tipo de cultura. Según quién instruya a los niños las culturas pueden ser posfigurativas, en las que los adultos instruyen a los niños, configurativas en donde los individuos realizan su aprendizaje a partir de los pares y prefigurativas en donde los adultos también aprenden de sus hijos.

La perspectiva psicoanalítica considera que es posible concebir y describir la adolescencia como un proceso psicológico relativamente homogéneo según el tipo de sociedad. En este proceso los principales elementos a tener en cuenta son: la problemática del cuerpo, la excitación sexual con sus modificaciones pulsionales, el duelo por la pérdida de la infancia, los mecanismos de defensa implementados y el lugar del ideal del yo. Estos elementos variarán en importancia según la perspectiva de cada autor y por supuesto según la singularidad de cada adolescente.

El adolescente, en consonancia a sus pulsiones, suele ser reticente a sus padres debido a que su presencia moviliza los conflictos edípicos. Al mismo tiempo, cuestiona las identificaciones de su infancia pero el hallazgo de una identificación adulta no será posible sin su inserción en el seno del linaje familiar. De ahí suele surgir una imagen de sí mismo en las raíces culturales, en el grupo social o en los recuerdos familiares ¿Qué sucede cuando esto está dificultado como en Mario y Marisa, dos adolescentes con historia de adopción?

Presentaré aquí algunas viñetas de dos casos clínicos de adolescentes que se enteraron de su adopción durante la pubertad, para invitarlos a pensar en las implicancias de esto en el marco de la pandemia.

La crisis de Mario

El padre de Mario, de 16 años, consulta derivado por la institución de seguridad en la que trabaja. Quedó cesante en su función debido a una situación familiar ocurrida por un problema familiar.

El padre se enteró que su hijo no cumplía con las tareas escolares y se había salido del grupo de whatsapp tutelado por las docentes. Esto, además de escaparse durante el aislamiento restrictivo obligatorio para juntarse con sus amigos, generó dificultades y peleas entre ambos escalando hasta situaciones de violencia física que fueron fiscalizados por la policía.

En el trabajo terapéutico realizado, se manifestaron la rebeldía, los silencios, fugas y dificultades en la convivencia de Mario con el padre al que le dijo "vos no me digas nada porque no sos mi papá". Durante el abordaje vincular pudimos trabajar las diferencias de lugares y funciones entre progenitor, padre e hijo.

Relata el padre que al formar pareja con la madre de Mario, adoptó al niño siendo muy pequeño. Cuando Mario tenía 7 años se separaron y a los 11 años, durante una pelea, le comunicaron que "no era hijo de él, que era hijo de la madre". Esto fue anunciado por única vez sin explicarle datos sobre su progenitor ni ayudar en la elaboración de la situación, lo que perturbó mucho al púber. Refieren que a partir de ese momento lo observaron más rebelde, desafiante e inapetente preocupándose por síntomas anoréxicos.

Durante las entrevistas trabajamos el deseo inconciente paterno de que la madre se hiciese cargo de la crianza de Mario, al manifestar "no es mi hijo". El desarrollo físico adolescente zurcó las diferencias biológicas que con las formas redondeadas infantiles pasaban desapercibidas.

Tanto a Mario como a su padre le costaba mucho poder hablar de este tema, que quizás él actuaba a través de sus conductas de transgresión en las que buscaba inconscientemente la confirmación de la función paterna. La situación de distanciamiento sanitario implicó que transitara de la casa del padre a la madre, huyendo de límites y obligaciones, situación que los adultos no pudieron acordar entre ellos.

La crisis de Marisa

Marisa tiene 19 años y consulta por problemas en la facultad porque ha decidido abandonar la segunda carrera que comienza. Le ha resultado muy complejo cursar primer año con la modalidad virtual. Las medidas de prevención sanitaria durante la pandemia improvisaron modalidades virtuales de cursado desconocidas, resultando muchas veces complejas para profesores y alumnos ¿Qué ocurrió con los alumnos que no pudieron adaptarse a esta modalidad? ¿Se contempló acompañamiento pedagógico?

Continúa Marisa "me cuesta entenderme, no puedo expresarme o comunicarme con mi familia y en la facultad. Me cuesta el estudio. Me encierro en mí misma. Me intenté suicidar hace un año".

Expresa "a los 11 años me enteré que mi mamá no me tuvo, que soy adoptada fue en una pelea con mis padres y me cayó como una sorpresa". Agrega "decirle que no es mi mamá me lo guardo. No comparto la mesa con ellos, no converso".

Dadas las características de la situación actual de pandemia decido realizar una entrevista on-line con los padres a fin de indagar algunos datos de la historia vital de Marisa, profundizar en la adopción y en el intento de suicidio.

Los padres verbalizan "Marisa nos miente, no rinde y dice que rindió bien, compite con los hermanos, nos recrimina que a los chicos les damos todo y a ella nada; nosotros como padres les damos a los tres hijos los mismo".

Agregan "con los hermanos tiene gran rivalidad. Saca plata y no nos dice. Tiene problemas de gordura, se enoja porque la ropa no le queda bien, pero tampoco hace nada para adelgazar, sabe que al padre le molestan las mujeres gordas. Cuando se enoja come el doble". Las medidas de distanciamiento sanitario profundizaron el sobrepeso, porque Marisa no pudo asistir al gimnasio ni salir a realizar actividad física, por un tiempo.

Cuentan que a los 11 años tuvo peritonitis y comenzó a engordar; que de los 12 a los 14 años fue una rivalidad total, no daba explicaciones. El padre dice "no entiendo por qué reaccionó así en la adolescencia; no entiendo por qué le cuesta la facultad si ha sido escolta de bandera en la primaria y era una nena hábil, rápida, adelantada".

Luego agregan "no tiene grupo estable de amigas, está sola, escucha música... no encaja en el sistema... no quiere compartir con el grupo familiar". A Marisa no le resultaba fácil comunicarse con sus amigas a través de los dispositivos electrónicos, no había sostenido el contacto con el grupo de compañeros del secundario ni había logrado hacer relaciones en la facultad por la corta estadía en ambas carreras.

En relación al intento de suicidio consideran los padres que "se tomó unas pastillas para llamar la atención". Ambos se molestan cuando se los interroga sobre el origen de Marisa. Relatan que estuvieron siete años casados sin hijos y por "problemas de ellos" decidieron adoptar. Marisa fue adoptada de bebé. Cuando la niña tenía cuatro años, la madre se quedó embarazada de mellizos.

Observo durante la entrevista que los padres se niegan a seguir hablando sobre la adopción y dicen "cuando tenía 12 años la llevamos a una psicóloga porque bajó el rendimiento escolar y ella no nos preguntaba sobre estas cosas... no entiendo por qué usted nos pregunta sobre esto, de esto no se habla ... además no tiene nada que ver con lo que nos trae a la consulta".

Marisa consulta porque no sabe qué estudiar, ha comenzado dos carreras y le ha ido mal. Sabemos que la pregunta por la orientación vocacional está centrada en el hacer (¿qué quiero o puedo hacer?) cuestionamiento que remite a la subjetividad (¿quién soy, cómo soy?) hurgando en la propia historia de vida donde está presente el origen.

La constitución de la identidad convoca la pregunta ¿quién soy? y comprende valores, proyectos, metas y significados de la vida. Podríamos decir que la identidad es la auto-representación alrededor de la cual se entretejen las experiencias sociales; la imagen de sí mismo, de la familia y de la sociedad que resultan recíprocas e interdependientes.

El proceso de construcción de la identidad de Marisa tuvo una marca significativa cuando se enteró a los 11 años que era adoptada. Dice "me cayó como una sorpresa". Después de este hecho Marisa fue internada por peritonitis, comenzó a engordar y bajó el rendimiento escolar que hasta entonces le había permitido llegar a ser escolta de la bandera ¿Será que estos hechos manifestaron "en actos" la angustia que no pudo ser expresada "en palabras" a través de cierta elaboración de la situación junto a sus padres o en un espacio terapéutico? Marisa solo puede decir "me cayó como una sorpresa" y cuando se angustia "come el doble", engorda enfrentándose a los deseos de su padre (quien valora a las mujeres delgadas) ¿Por qué será que "come el doble"? ¿no será que intenta llenar con comida cierto vacío simbólico que la lleva a actuar "como si fuera el doble" que actúa de Marisa pero no es ella? ¿Podríamos pensar en una especie de desdoblamiento de la personalidad, en relación a dos momentos de su vida determinados por la noticia disruptiva sobre su origen biológico?

Algunas reflexiones

Estas dos historias de adopción tienen como característica común el haber sido silenciadas hasta los 11 años de Marisa y Mario. Fueron un secreto de los padres que sostenía un engaño que dificultó el diálogo familiar, el encuentro y la posibilidad de elaboración del conocimiento del origen biológico. Esto generó situaciones de angustia, temor y silencios que obstaculizaron y entorpecieron la comunicación entre estos adolescentes y sus padres. Pareciera que, en ambos casos "el descubrimiento del ocultamiento de la verdad" se convirtió en una amenaza constante a la función materna y paterna, como así también a la posibilidad de construir vínculos afectivos confiables. Marisa lo expresa cuando verbaliza "decirle que no es mi mamá me lo guardo", al igual que su madre se guardó durante 11 años que no era su progenitora. Mario lo verbaliza durante la pelea con su padre, al decir "no me podés mandar porque no sos mi padre".

Sin embargo, el silencio de los padres no acalla el deseo de los adolescentes de saber sobre el origen porque esto se asocia con la autoconciencia o conciencia de sí, de posicionarse como sujeto. En este sentido ¿la carencia de datos y de posibilidades para obtenerlos podría limitar la construcción de la subjetivación al obstruir la posibilidad de historizarse?

Para todo ser humano es muy importante conocer la historia de vida y en el caso del hijo adoptivo es necesario ayudarlo en esta construcción, ya que hay datos a los que no puede acceder si no se le dicen. En estos casos, la adopción marca una diferencia respecto al origen, donde se ponen de manifiesto las posibilidades con las que hayan contado los padres para transitar los duelos por las dificultades de procreación, las significaciones que tengan sobre la adopción, la noción de familia y crianza que sostengan.

Muchas veces, cuando los padres ocultan o falsean información, los hijos suelen intuirlo, sintiendo que están frente a un rompecabezas donde faltan piezas. Esto puede generar sentimientos de confusión, desconfianza y la percepción de que algo está siendo tapado puede facilitar conductas reactivas como las que manifiesta Marisa a sus padres desde los 12 años, expresadas a través de síntomas como "no darles explicaciones, mentirles, sacar dinero" ... ¿No será que Marisa está haciéndoles sentir a sus padres lo que ellos le hacen sentir a ella cuando la privan de datos tan importantes de su historia? ¿Será que con esta actitud los padres la criaron durante 11 años sosteniendo una vinculación donde imperaba la "mentira" sobre su adopción y le "sacaban" partes importantes de su historia al no "darle explicaciones" sobre su origen? ¿Generaba agresión en Marisa la negación de la diferencia biológica entre los hijos al tratarlos de igual forma, escotomizando los parecidos físicos observables a simple vista en sus hermanos?

Refiere la Lic. Eva Giberti que la estructuración de la identidad del niño adoptado cuyo origen biológico es ocultado y falseado, se irá organizando sobre la ambivalencia de sus padres adoptivos quienes, más allá del amor que sientan por el niño, no podrán evitar un "enrarecimiento" en el vínculo con él. Parecería que Marisa está tan enojada que no sólo ataca su identidad (con los intentos de suicidio) sino la de sus padres al expresar "decirle que no es mi mamá me lo guardo" Sabemos que sólo pueden convertirse en padres adoptivos si el niño los reconoce en dicha función. ¿Podríamos pensar que lo que está atacado también es el sentimiento de pertenencia al sistema familiar?

La consolidación del sentimiento de identidad depende no solamente del mundo interno del individuo sino también de una serie de factores familiares y sociales que pueden obrar en el sentido de facilitarla u obstaculizarla.

En relación a esto ¿podríamos considerar que el trastorno del sentimiento de identidad de Marisa, que se manifiesta en no saber qué carrera seguir y atentar contra su propia vida, podría ser consecuencia de sus conflictos internos como producto de las vinculaciones conflictivas con sus padres y de los estímulos patógenos que inciden sobre ella: vivir en un ámbito de encubrimiento de la verdad y ataque a su capacidad de percepción?

Marisa relata que se entera a los 11 años que es adoptada a través de una pelea con sus padres, quienes sólo le enuncian la situación. Es llamativo observar como luego de este episodio se producen grandes cambios en su cuerpo (es operada de peritonitis, comienza a engordar) y en su conducta (rivaliza con los padres, no da explicaciones, comienza a tener dificultades en el rendimiento académico, etc.) También Mario se entera del origen biológico paterno en la pubertad acentuándose la rebeldía y produciéndose síntomas anoréxicos ¿Se podría haber producido una alteración en la constitución del "yo corporal" (Fernández Mouján 2002: 153) como síntoma del impacto que resultó traumatogénico?

Como parte del proceso de construcción de la identidad, el adolescente suele tener fantasías mediante las cuales modifica imaginariamente sus lazos con sus padres, divagando que es un niño adoptado, que nació de padres importantes, o de un padre importante y atribuye entonces a su madre aventuras amorosas secretas; otras veces él es hijo legítimo pero sus hermanos son bastardos. Freud denominó a este proceso "la novela familiar".

Cabría preguntarnos ¿qué pasa entonces cuando a la "novela familiar" propia del adolescente se le confirma desde la realidad esta fantasía de que no es hijo biológico como él creía?

Dicen Marcelli y Ajuriaguerra:

"A veces el niño adoptado inventa una novela familiar, cuya intensidad viene reforzada por

la realidad. Freud ha hablado de la construcción imaginaria de los niños decepcionados por sus padres, cuando estos no responden a sus expectativas reales o imaginarias. En el momento del Complejo de Edipo, algunos niños se inventan una familia, generalmente rica y poderosa, lo que posee la ventaja de satisfacer la ambivalencia de su sentimiento y de atenuar la culpabilidad hacia sus verdaderos padres. Es evidente que el niño adoptado estará más fácilmente dispuesto a inventar la novela familiar, sobre todo si surge un conflicto con sus padres adoptivos o se halla en situación de rechazo. La capacidad de los padres para tolerar la novela sin sentirse desvalorizados ni rivales de los padres imaginarios, cuya realidad no obstante puede resultar entonces avasalladora, mantendrá la novela familiar dentro de los límites normales. Por el contrario, la inquietud de los padres adoptivos puede fijar el niño en sus sueños imaginativos. Raramente le conducen éstos a una búsqueda activa de sus auténticos progenitores, salvo en la adolescencia, cuando las huellas de la novela familiar pueden persistir bajo la búsqueda de un padre idealizado y socialmente poderoso." (Marcelli, D.; Ajuriaguerra, J.1996: 458)

En relación a esto, pienso que es importante y necesario que los padres informen al niño de su situación de adopción desde la llegada del mismo a la familia. Es útil considerar las características evolutivas del niño para poder acercarnos a las posibilidades de comprensión facilitando el procesamiento de la información. No es favorable que la información se enuncie una sola vez, ya que ayuda a su "metabolización" (Castoriadis Aulagnier, P. 1975 :117) dosificarla, reformularla y recrearla en diferentes momentos del desarrollo del niño y su familia. La adolescencia es uno de estos momentos de crisis vitales importantes para continuar elaborando esto, porque se está tramitando la pregunta por la identidad.

Siguiendo el modelo de las series complementarias de Freud, podríamos decir que la Salud Mental de una persona depende del interjuego de varios factores: la constitución hereditaria, las experiencias infantiles, los factores exógenos determinados por la cultura y las experiencias vividas por cada uno. Así se pone de manifiesto la imbricación de lo personal y cultural, lo general y particular, lo individual y familiar.

A modo de conclusión

El cambio de vida ocasionado por la pandemia, el distanciamiento sanitario, una convivencia más estrecha con los padres (que lleva a que cumplan varios roles: profesores, compañeros, entrenadores, peluqueros, etc.) la distancia con el grupo de pares como continente para tramitar diferentes problemáticas y el distanciamiento de instituciones que sostienen el desarrollo adolescente, coadyuvaron quizás al desencadenamiento de las crisis de Mario y Marisa, quienes ya venían cargando con temas por trabajar.

En ambos se jugaron, de diferentes formas, el ocultamiento acerca de los datos del origen biológico y la enunciación de la situación por única vez, sin posibilidades de elaboración y comprensión de la misma con sus padres. ¿Podríamos pensar que estos factores abonaron una crisis inesperada, que quizás podría haberse evitado al informar al niño de su condición de adoptado desde muy pequeño, a través de relatos, fotos, cuentos, etc.?

La separación de los progenitores y la familia biológica para una posterior vinculación con una familia adoptiva, suele ser un hecho disruptivo en la historia de vida de un niño. El Dr. Moty Benyakar define "lo disruptivo" como la capacidad potencial de un fenómeno fáctico de desestabilizar los procesamientos psíquicos. Pero se puede observan en la clínica que existen hechos o entornos disruptivos que no siempre generan procesos psíquicos del orden de lo traumático. Este autor define "lo traumático" como un fenómeno psíquico "provocado por un impacto externo que causa una falla de la capacidad procesual" (Benyakar, M. 2003) Entonces "lo traumático" no estaría en relación con lo sucedido, sino al modo en que cada psiquismo lo vivencia y a la función que cumple el "discurso del conjunto" (Castoriadis Aulagnier, P. 1975 :161)

¿Cuál sería nuestra función analítica? Pienso que agudizar nuestra escucha sobre esta temática y brindar un espacio de trabajo donde se puedan: desplegar las fantasías respecto al origen, las hipótesis acerca de la entrega o el abandono, la ubicación simbólica de los progenitores y los padres, hilvanar emocionalmente las diferentes vinculaciones con familias o grupos convivientes, la construcción de la novela familiar y todo lo que pueda asociar cada sujeto sobre su adopción. En paralelo, el trabajo con los padres incluiría la elaboración del duelo por el hijo biológico, la simbolización subjetiva sobre la adopción, la noción de familiar que conforman. Quizás esto contribuiría a promover vinculaciones familiares legítimas, ya que lo que pueda ser "puesto en palabras" tiene menos posibilidades de "circular como silencios" abonando actuaciones o síntomas que generen sufrimiento, malestar y patologías.

Bibliografía

Aberastury, Arminda; Nobel, Mauricio (2009) *"La adolescencia normal. Un enfoque psicoanalítico"* Bs. As. Paidós Educador.

Abraham de Cúneo, L. (1996) "Revista Archivos Argentinos de Pediatria", *"Deseo de Maternidad y Adopción"*. Vol. 94, Nro. 6 Bs. As. Argentina Año XXII, N° 241 (19-20) Bs. As. Argentina

Benyakar, Moty (2007) *"El psicoanálisis frente al trauma"*. Recuperado el 7 de diciembre de 2017 en: http://www.imagoagenda.com/articulo.asp?idarticulo=1716.

Benyakar, Moty, Lezica, Álvaro (2005) *"Lo traumático"*. Tomo 1. Bs. As. Biblos,

Castoriadis Aulagnier, Piera (1975) *"La violencia de la interpretación"*, Bs. As. Amorrortu editores. 2014

Catz, H (2020) *Trabajando en cuarentena en épocas de Pandemia y de Post-pandemia. Transformaciones e invariancias, Tomo II*, Ricardo Vergara, Buenos Aires

Giberti, Eva y colaboradoras (2001) *"Adopción para padres"*. Bs. As. Editorial Lumen.

Giberti, Eva - VUL, Martín (compiladores) (1999) *"La adopción: Nuevos enigmas de la clínica"*. Bs. As. Ed. Sudamericana.

Giberti, Eva. *"La falsa inscripción del niño, la necesidad obtura al deseo"*. www.evagiberti.com 2003.

Giberti, Eva (1998) *"La Adopción"*, Bs. As. Editorial Sudamericana.

Grinberg, León; Grinberg, Rebeca (1971) *"Identidad y cambio"*. Bs. As. Ediciones Kargieman.

Fernández Moujan, Octavio (2002) Bs. As. Ed. Nueva Visión.

Freud, Sigmund (1910) *"La novela familiar del neurótico"*, Obras Completas, Tomo IX, Bs. As Amorrortu Editores.

Grinberg, Rebeca (1982) *"La adopción y la cesión: dos migraciones específicas"*, Revista de la Asociación Psicoanalítica de Buenos Aires, n°1, Volumen IV.

Laplanche, J; Pontalis, J (1996) *"Diccionario de Psicoanálisis"*. Bs. As. Ed. Paidós.

Marcelli, D.; Ajuriaguerra, J. (1996) *"Manual de psicopatología del niño"* Barcelona. Ed. Masson, 3° ed.

Pizarnik, Alejandra (2000) *"Poesía completa"*. España. Ed. Lumen.2018.

Rozemblum de Horowitz, Sara (1997) *"Adoptar"*. Bs. As Editorial Espacio.

Rae (2020) Recuperado 2 de agosto https://dle.rae.es/crisis.

UNESCO (1981) Conferencia General.

Winnicott, Donald (1954) *"El niño y el mundo externo"*, *"Peligros de la adopción"* Ed. Hormé. Bs. As.2007

Winnicott, Donald (1953) *"El niño y el mundo externo"*, *"Dos niños adoptados"* Ed. Hormé. Bs. As.2007
Zicari, G, Formaggini, M (1995) *"La familia adoptiva"*. Bs. As. Ed. Corregidor.

Lic. Lila Fabiana Gómez

Licenciada en Psicología
Psicología clínica. Psicología clínica Infanto Juvenil.
Psicóloga del Centro Infanto Juvenil N°1 y N°2 del Ministerio de Salud de Mendoza (desde 2005)
Residente en Psicología Clínica Infanto Juvenil, Hospital "Dr. Pereyra" (2000- 2004)
Miembro Adherente de la Sociedad Psicoanalítica de Mendoza, filial IPA (2017)
Secretaria científica y Vicepresidenta OCAL (2014 – 2016)
Representante IPA IPSO Relation Committe (2018 - 2021)
Primer premio en el 5th IPSO Writing Award for Latin America: "Edipo: intimidad de un asesinato", IPSO (2017) Publicación de artículos en: Revistas de APdeBA, APA, Transformación (OCAL) Revista Uruguaya de Psicoanálisis, Revista Peruana de Psicoanálisis, Revista de Barcelona de Psicoanálisis y Calibán (FEPAL).
Catz, Hilda y colaboradores (2020) "Trabajando en cuarentena en épocas de pandemia y post-pandemia". "Avatares del análisis remoto de un niño preescolar".
Investigación (colaboradora) "Teorías cognitivas en el análisis", Dr. Rotenberg y Lic. Bordone, APdeBA (2018 - 2019)
Investigación (colaboradora) "Teorías implícitas del analista", Dr. Zysman, APdeBA (2015-2017)
Cursa Doctorado de Psicología de la UNSAL, Buenos Aires (desde 2020)
E-mail: lilagza@gmail.com

La ilusión de lo por–venir

Marta Lago

> *"Por tanto, quien ceda a la*
> *tentación de pronunciarse*
> *acerca del futuro probable*
> *de nuestra cultura,*
> *hará bien en tener presente,*
> *desde el comienzo los reparos*
> *ya señalados, así como la*
> *incerteza inherente a toda*
> *predicción en general"*
> (S. Freud, 1927)

Este trabajo se propone reflexionar acerca de las creencias desde el artículo de Freud *El porvenir de una ilusión* (1927), desde un artículo recientemente publicado sobre el covid19 de Giorgio Agamben y desde el libro *21 lecciones para el siglo XXI* de Yuval Noah Harari. La brevedad que requiere la escritura de este trabajo hace que sean sólo algunos párrafos los que van a ilustrar estas ideas.

Estaba en mi mesa de trabajo rodeada de varios textos. Tengo la costumbre de leer una hora cada uno de ellos. En un momento dejé la lectura y encendí la televisión. En un programa periodístico se entrevistaba a un médico infectólogo sobre el tema del Covid19, tema por demás recurrente en los medios y las redes sociales, escuché de un periodista del programa una frase que me hizo pensar... El dato mata el relato. Se me apuraron algunas preguntas: ¿Y si el relato mata al dato? ¿Y si hay relato y dato?

¿Qué significan los relatos? ¿Por qué algunas creencias y hechos comprobados científicamente perduran? Ahí me levanté, fui a mi biblioteca a buscar a Freud, a Agamben y a Harari y comencé a releer... así comenzó este trabajo.

Si durante muchos meses hemos vivido dentro de una pandemia-cuarentena con datos y relatos acerca del Covid19, hoy podemos intentar dirigir nuestra mirada hacia ese futuro postpandémico que nos aguarda, teniendo en cuenta que los conocimientos del pasado y del presente no aseguran la verosimilitud de las predicciones científicas o imaginarias que podamos hacer sobre el futuro..

Con respecto al presente los seres hablantes vivimos los hechos con cierta ingenuidad porque no podemos tomar esa distancia óptima que propone el cuento de los puercoespines de Schopenhauer, y con respecto al pasado no podemos decir que los humanos no hayamos experimentado evoluciones en la ciencia y la tecnología, pero en lo que hace al dominio de la naturaleza nos asombran las creencias que hacemos sobre las pandemias, los terremotos, las inundaciones, o las sequías.

Comencemos por definir y diferenciar la palabra relato de la palabra creencia.

Creencia: Acción y efecto de creer. Dar por cierta una cosa que no está comprobada o demostrada. Tener fé en los dogmas de una religión. Tener una cosa por verosímil.

Relato: Es una narración, un cuento[1]

Freud dice que las creencias nos hacen soportable el desvalimiento humano y que tienen su arquetipo en la infancia durante la cual frente a los peligros que nos acechan recurrimos a las figuras protectoras de nuestros progenitores. El humano confiere a esas representacio-

---

[1] **Casares, J.(1942)** *Diccionario ideológico de la lengua española,* Editorial Gustavo Gili S.A., Barcelona

nes un carácter paterno no sólo ontogenético sino filogenéticamente en la añoranza del padre y en los dioses. Parece ser que establecemos una continuidad de la desprotección infantil al mundo adulto. La libido siguiendo los caminos del narcisismo se adhiere a los objetos para su satisfacción, a la madre como el primer objeto de amor que, suficientemente buena, nos protege y decodifica las amenazas del mundo exterior y al padre como figura de la ley al cual se le teme y también se le anhela. Freud dice sobre las creencias:

"Son enseñanzas, enunciados sobre hechos y constelaciones de la realidad exterior (o interior) que comunican algo que uno mismo no ha descubierto y demandan creencia" (Freud 1927)[2].

Las creencias son ilusiones que cumplen deseos más antiguos, intensos y urgentes que aquellos que podemos sentir en el presente porque dan alivio a enigmas nunca respondidos que nacieron en nuestra infancia y a las cuales apelamos como una solución mágica. No es importante que sean errores o que no tengan correlato con la realidad pero, algunas veces, renuncian a los testimonios del trabajo científico que nos puede llevar al conocimiento de la realidad exterior.

Me llamó la atención un artículo periodístico que leí días atrás:

"El diario La Vanguardia publicó hace algunos días una noticia que decía que habían rescatado en el mar a una pareja que trataba de encontrar "el fin del mundo". A pesar del avance de la ciencia y los viajes espaciales, hay quienes todavía creen que nuestro planeta es plano."

No encontré mejor comentario que el de Freud sobre el artículo anteriormente citado:

"Algunas (creencias) son tan inverosímiles, contra-

[2]   Freud, S.(2007) *El provenir de una ilusión (1927), Obras completas,* Amorrortu editores, Buenos Aires

dicen tanto lo que trabajosamente hemos podido averiguar sobre la realidad del mundo, que se las puede comparar- con las ideas delirantes"[3].

Pensemos ahora en la situación sanitaria que vive el mundo por la pandemia del coronavirus. Los consejos médicos como creencias toman sus conceptos fundamentales de la biología y los articula en una clara y exasperada concepción dualista. Hay un principio maléfico que es el virus y un principio benéfico que es la curación cuyos agentes son el médico y las terapias. Y si las creencias gozan de un culto esporádico, en la actualidad son una continua celebración sin descanso posible a distancia y con barbijo. No es una práctica voluntaria sino obligatoria y expuesta a sanciones en la cual los que no la cumplen son considerados herejes y expulsados del colectivo social. Se trata de un poder político profano que debe asegurar que las prácticas que propone se cumplan sin discusión. Que se trata de instalar una creencia con carácter científico es evidente. Si se observa detenidamente y con un análisis reflexivo se podría decir que la medicina como creencia combina la idea de una crisis permanente con la idea de un tiempo final, pero la ciencia médica no ofrece hoy ni salvación ni redención. Volvemos a aferrarnos a esas creencias infantiles que por venir de la autoridad parental son nuestro refugio y fortaleza. Si nosotros nos creíamos "Su majestad el bebé", nuestros padres eran los "Reyes Magos". Hoy los humanos-niños pensamos que ese bicho escurridizo puede dañarnos y nuestros médicos-padres nos van a cuidar y salvar.

Giorgio Agamben dice:

"Todas las naciones y todos los pueblos están ahora permanentemente en guerra consigo mismos porque el

---

[3]   Freud, S (2007) *El porvenir de una ilusión (1927) Obras Completas* Amorrortu editores, Buenos Aires

invisible y escurridizo enemigo con el que están luchando está dentro de nosotros[4].

Por lo expuesto, parece que construimos creencias en la infancia y en la adultez por la nostalgia que sostenemos internamente de figuras protectoras que nos cuiden y protejan.

Con respecto a lo porvenir

Si algo podemos decir del futuro es la integración con su inmanente complejidad y simultaneidad de los hechos y las creencias.-

Alberto Rojo en su libro Borges y la física cuántica dice:

"...otra de las revoluciones conceptuales de la mecánica cuántica: la pérdida de la existencia de una realidad objetiva en favor de varias realidades que existen simultáneamente".[5]

Nunca fue fácil predecir el futuro, pero hoy es aún más difícil porque el planeta es un jardín de senderos que se bifurcan y no sólo tendremos que elegir entre la multiplicidad de información que nos llegan y nos van a llegar y al mismo tiempo dar sentido a los datos y a las creencias para poder diferenciar entre lo que es importante y lo que no lo es. Refuerzo el concepto *sentido* porque a diferencia de los *significados* abre nuevas interpretaciones y nuevas posibilidades. En ese orden del *sentido*, el pensar en lo *por-venir* se abre a lo que viene como acontecimiento. Lo fundamental parece ser la capacidad de manejar el cambio, de aprender nuevas cosas y de mantener el equilibrio mental y emocional en situaciones nuevas, para reinventarnos una y otra vez.

Se nos plantea el tema de lo que vamos a transmitir a nuestros hijos para que lo que digamos no sea anticuado ni atemporal y con un desafío mayor que es el de vivir en

---

[4]   Agamben, G (2020) *La medicina como religión,* ficciondelarazón. org

[5]   Rojo, A (2013) *Borges y la física cuántica,* Siglo veintiuno editores, Buenos Aires

la incertidumbre porque las creencias y los hechos se han desmoronado y puede ser que no surjan otros que los reemplacen en la forma que estábamos acostumbrados.

¿Quiénes seremos? Nuestra identidad se constituyó por las creencias y los hechos que nos sucedieron cotidianamente en una relación del binomio *"sujeto objeto"* y hoy parece que debemos pensar en deconstruir ese paradigma lineal para posicionarnos en un "entre", y en una descentración antropomórfica. El universo no tiene guiones escritos y aquellos que conformaron nuestra historia no fueron muchas veces exitosos y permanentes.

También es cierto que los humanos hemos conquistado el mundo gracias a nuestras creencias y le hemos dado a las mismas diferentes significaciones desde la filosofía, la psicología, la sociología. No hay que desesperar a pesar que todas esas creencias fueron generadas por nosotros mismos. La realidad sigue estando ahí en la proximidad de la distancia para que la pensemos con claridad, y si sabemos de nosotros y sobre el mundo, y podemos dejar de aferrarnos a las creencias en aquella forma infantil, tal vez logremos sentirnos bien.

El final de las creencias no es una mera reducción a los números o a los datos es el final del tiempo lineal, de la serie de causas y efectos y el surgimiento de la simultaneidad. Y esto no es una catástrofe, es una suspensión que posibilita pensar las creencias como narraciones independientes y a los hechos como acontecimientos que se entrecruzan y se bifurcan.

Reflexionar sobre lo que sucede e investigar sobre quienes somos nos dará la posibilidad de elegir. Si como humanidad lo queremos hacer, hagámoslo ahora porque el tiempo pasa mucho más rápido que una mera aceleración. Tomemos un tiempo de demora para que en lo oscuro del devenir haya algo a lo que nos podamos aferrar.

El desafío está *entre* lo singular y lo colectivo de las acciones que debamos realizar. Es un reto sin precedentes por lo complejo y simultáneo que se nos presenta el mundo, pero si podemos domeñar nuestros temores y tener más humildad respecto a lo que somos dentro del universo, podremos tal vez encontrar algunas soluciones posibles para los problemas globales y también nuevos interrogantes. Me pregunto: ¿es una ilusión?

> *El Sutra de las montañas y los ríos dice:*
> *No denigres las mentes diciendo que las azules montañas no*
> *pueden andar o que la montaña oriental no puede caminar*
> *por las aguas. Sólo un hombre con burda inteligencia pone en*
> *duda la sentencia "las montañas azules caminan".*[6]

---

[6] **Byung-Chul Han(2017)** *filosofía del Budismo Zen,* **Herder, Buenos Aires**

Bibliografía

Casares, J (1942) *Diccionario ideológico de la lengua española*, Editorial Gustavo Gili S.A, Barcelona

2020 Catz Hilda y colaboradores *Psicoanálisis de Niños y Adolescentes Trabajando en cuarentena en tiempos de Pandemia*. Bs Aires.Ricardo Vergara editores

2020 Catz Hilda y colaboradores, *Trabajando en cuarentena en épocas de pandemia y de post-pandemia. Transformaciones e invariancias Transformaciones e invariancias*. Bs Aires Ricardo Vergara editores

2020 Catz Hilda y colaboradores, *Las redes humanas, lo humano de las redes. Trabajando en cuarentena y en la post-pandemia*. Bs Aires Ricardo Vergara editores.

Freud, S .(2007) *El porvenir de una ilusión*, Obras Completas, Amorrortu editores, Buenos Aires

Agamben, G. (2020) *La medicina como religión*, ficcióndelarazón.org.

Rojo, A. (2013) *Borges y la física cuántica*, Siglo veintinuno editores, Buenos Aires

Han, Byul- Chu (2017) *Filosofía del Budismo Zen*, Herder, Buenos Aires

Harari, Y.N. (2018) *21 lecciones para el siglo XXI*, Debate, Buenos Aires

Lic. Marta Alicia Lago

Licenciatura en Psicopedagogía Universidad del CAECE
Licenciatura en Psicología Universidad de Belgrano
Post-grado en Psicoanálisis de niños y adolescentes APA-CAECE
Miembro didacta de la Asociación Psicoanalítica Argentina
Docente terciaria y Supervisora de Pasantías y Residencias de la
Carrera de Psicopedagogía
Coordinadora del Equipo de Orientación Escolar de la Escuela-
Hogar de Ezeiza Pcia de Bs.As.
Directora cultural de la Asociación Brasilera de Psicopedagogía
Trabajos presentados sobre Psicoanálisis y Educación en Argentina
Cuba, Colombia y Brasil
Colaboradora en los libros:
2020 Catz Hilda y colaboradores
Psicoanálisis de Niños y Adolescentes Trabajando en cuarentena en
tiempos de Pandemia. Ricardo Vergara editores
2020 Catz Hilda y colaboradores
Trabajando en cuarentena en épocas de pandemia y de post-
pandemia. Transformaciones e invariancias Transformaciones e
invariancias. Ricardo Vergara editores
2020 Catz Hilda y colaboradores
Las redes humanas, lo humano de las redes. Trabajando en cuarentena y en la post-pandemia. Ricardo Vergara editores.
E-mail: martalago16@gmail.com

HILDA CATZ Y COLABORADORES

Trabajando durante la pandemia. Un intento colectivo de ir pensando en las posibilidades y en las dificultades

Patricia Linenberg

En un intento colectivo por sostener una de las dimensiones de la vida que tanto amamos, como es nuestro trabajo profesional en este difícil momento de pandemia mundial, compartimos con varios colegas la potente iniciativa de Hilda Catz, de escribir lo que estamos pensando y sintiendo en nuestra tarea. Esta actividad nos une en una fecunda trama que impulsa a metabolizar y dejar testimonio y, al mismo tiempo nos produce una gran alegría. Deseo agradecer con el corazón a todos nuestros queridos maestros y colegas, también a los que hoy ya no están físicamente con nosotros, pero sí lo está su alma y sus ideas, por ayudarnos a crecer como personas y como analistas.

Algunas preguntas

¿Qué es lo que se produce en una sesión analítica hoy a través de las imágenes de la computadora o los sonidos del teléfono? ¿Qué teorías analíticas nos resultan inspiradoras y revitalizantes?

Estas preguntas, ya formuladas varios años atrás, adquieren otra densidad durante esta pandemia.

Vamos siendo analistas en cada encuentro haciendo nuestro trabajo con el patchwork de teorías y experiencias clínicas y personales que nos siguen formando y que van mutando en las diferentes épocas a lo largo de toda la vida. Los fracasos terapéuticos y el coraje de algunos maestros innovadores nos han ayudado a desacralizar conceptos que pensábamos inmodificables para una situación analítica. Esto no significa derribar la riqueza previa del edificio teórico psicoanalítico, sino correrlo del lugar hegemónico que tenía para dar lugar a otras teorías y técnicas sin confundir unas con otras.

La teoría psicoanalítica vincular

La teoría vincular piensa un psiquismo abierto y describe la persona como perteneciente a tres espacios que la subjetivan constantemente y son producidos por ella: 1) El mundo interno; 2) El mundo vincular que piensa al sujeto en relación al lugar del otro y su diferencia con el objeto interno, es el mundo de la familia, de la pareja, lo fraterno y 3) El mundo relacionado con la subjetivación por la pertenencia a lo epocal y a la realidad social, política, económica y cultural en que vive cada uno. Los tres planos actúan como una orquesta donde diferentes voces, instrumentos y ritmos van entrando y se van silenciando en la sesión, implicándonos como personas totales, no solo como depositarios de objetos internos.

Berenstein I. (2004): "Son tres mundos distintos en que el sujeto es producido por ellos y que a la vez, los produce. Una lógica de la complejidad permite verlos siempre en actividad, en intersección, por separado y superpuestos". [1]

Puget J. (2015): "El presente ofrece nuevos derroteros según los cuales se instala una discontinuidad entre pasado y presente. Poblar el mundo interno y habitar los territorios del hacer entre dos o más depende de mecanismos propios de cada procedimiento. Es a cada uno de esos territorios que vengo llamando el Uno y el Dos". [2]

Por ejemplo, en un encuentro clínico vincular, se trate de una pareja, madre/hija, familia, el acento estará en ir creando entre todos los presentes, nuevas posibilidades para ir pensando en lo que vemos que está sucediendo en esa situación. Observar qué está produciendo ese específico modo de estar juntos. ¿Ese particular encuentro, ¿produce alejamiento?, ¿desconfianza?, ¿cansancio?, ¿amor? ¿desborde?

Primer encuentro

A pesar de la insistencia y el cariño que un ex paciente puso en esta derivación, y cuando creía que ya no me llamaría después de esperarla dos meses, recibo el mensaje de una mujer que consulta por su única hija Cinthia de 12 años.

En la primera entrevista cuenta: "Pronto va a cumplir 13, teníamos un régimen ordenado con el papá y ahora en la cuarentena él se fue a vivir a Brasil. Quiere que yo vaya pero no me interesa, no tengo relación alguna con el papá, para mí está muerto. Ella estuvo dos meses con él, acaba de volver. Tiene primos acá. Es muy buena alumna en el colegio pero tiene pocas amigas y le falta socialización. Está muy encima mío, a veces se carga mucho y se ahoga llorando, siente dolor. Viene a mi cama y hace tiempo que no logro sacarla, quiero ayudarla".

Le sugerí tener algunas entrevistas vinculares con ella y con su hija, alguna con ella sola como mamá y otra con el padre. Como preveía, se resistió a esto último ya me había dicho que para ella el padre estaba muerto. Entonces aproveché ese momento para tranquilizarla y ayudarla a pensar que su hija era otra persona diferente a ella, que sí tenía un padre vivo y presente.

La entrevista "vincular"

Unos minutos antes de la supuesta primera entrevista con Cinthia y su mamá, recibo el mensaje de esta última avisándome que se uniría más tarde, que comenzáramos nosotras y que Cinthia estaba con una de sus hermanas y es ella la que va a llamarme. Así es como conozco a una de las tías, escucho voces y veo pasar algunos chicos revoloteando. Esta tía le dijo que me atendiera en ese lugar lleno de ruidos y Cinthia hábilmente va en busca de un lugar privado, un baño, desde donde me llama y puede conversar sin ser molestada. La saludo solo escuchando su voz ya que no enciende la cámara, y le pregunto si quiere compartir algo conmigo ya que su mamá me llamó y quería que la ayudara. Comienza diciendo: "Yo no necesito esto sino alguien que ayude a mi mamá, tiene esa costumbre de escuchar en el momento y olvidarse luego de todo. ¡No le entra!"

Al no poder verla mientras que conversaba animadamente y compartía algo tan importante y doloroso de su intimidad, me sorprendo ante una sensación de alegría y en un verdadero gesto espontáneo le digo: "¡Qué divertido, las escondidas! ¡estamos jugando a las escondidas"! Sentí el placer y la excitación compartida de estar entrando en un campo de experiencia lúdica en el que las dos estábamos muy a gusto a pesar del contraste con el contenido preocupante y doloroso de lo que relataba. De esta forma se abrió un espacio imaginario entre las dos, espacio en el que ella fue capaz de desplegar algunas dificultades, temores, fantasías, ideas y logros. Esta escena con Cinthia entra en sintonía con los conceptos que Catz, H. (2020) describe en el artículo "Crear presencia, de transformaciones e invariancias": "estos dejan de ser un fantaseo para hacerse "realidad imaginaria" en ese espacio virtual de la sesión donde la ausencia física se hace presencia. Las palabras construyen paredes virtuales elásticas y provisorias y vamos transitando desde esos primeros instantes de extrañeza ante lo nuevo, hacia la posibilidad de realizar esos pasajes desde la intimidación inicial a la intimidad del encuentro". [3]

Sentí que las dos entrábamos en ese plano intermedio, esa atmósfera de placer y libertad que R. M. Rilke describe tan poéticamente como "eternidad". "Pero cuando estábamos a solas, nos entregábamos a la eternidad: allí nos quedábamos, en ese lugar que desde el principio mismo había sido establecido para un acontecer puro, en la brecha que se abría entre el mundo y el juguete". Es con esta cita que Clare Winnicott (1989) nos presenta el modo en que su marido arribó al concepto de espacio transicional, "muy vinculado a su verdadera capacidad de juego que para él era equivalente a calidad de vivir". [4]

Le pregunté luego a Cinthia por su papá y ella me dijo que se habían ido a vivir a Brasil, que lo amaba profundamente. Así me enteré que él se había vuelto a casar, que tenía un hermanito que adoraba y que le encantaba cuidar, con la confianza que la mujer del papá ya le tenía en ese momento.

Le pregunto: "¿Quisieras ir allá con ellos?" "Sí y no, eso me tiene complicada, acá estoy con mis primos y si voy para allá no podré verlos; y si mi mamá viene, ella va a estar sola". Luego de bastante tiempo en el que respeté su deseo de privacidad le pregunté si aceptaría encender la cámara un ratito así yo también la veía. Lo hizo y apareció una linda y delgada jovencita haciéndome gestos de saludo simpático con ambas manos. Segundos después apagó la cámara y continuamos las dos hablando tranquilamente de sus amigas del colegio, de lo que le costaba levantarse tan temprano a la mañana, etc. Resultó muy alentador este primer encuentro en el que cada una de nosotras, en palabras de M. Pelento (2018), "fue creada y encontrada" [5] y esta reciprocidad generó alivio y confianza en ambas.

Ante la presentación de Cinthia sin encender la cámara me hice varias preguntas, sin buscar respuestas que funcionaran como explicaciones o que obturasen nuevos y fluctuantes sentidos. ¿No enciende la cámara porque necesita tomarse primero un tiempo para armar un territorio de confianza ante lo nuevo amenazador? ¿Sustrayendo su cuerpo me oculta aspectos que no tolera o que la avergüenzan? ¿Jugando a las escondidas se ilusiona con que activamente puede gobernar los duelos por las pérdidas inevitables que el crecimiento y la pandemia le están imponiendo?

Destaco algunos aspectos que me parecieron altamente reveladores de su capacidad de pensar y de su madurez emocional. Su espontánea capacidad de jugar a solas conmigo placenteramente ante la sorpresiva ausencia de la mamá, que iba a estar en esa primera entrevista. Que resolviera sola tanto ese abandono como el caos que provocaban el ruido y desborde de sus primos pequeños dando vueltas, eligiendo finalmente a diferencia de la propuesta de su tía, refugiarse sola y tranquila en el baño, un lugar en que aparecen metafóricamente lo íntimo, lo secreto, lo sucio, lo rechazado, lo limpio y el embellecimiento.

Me informa simbólicamente que sabe que para que se arme intimidad no puede entrar todo, ni cualquier cosa, que se hace indispensable realizar una operatoria de sustracción para que este objetivo resulte satisfactorio, ya que logramos juntas sostener un clima emocional de confianza e intimidad que nos permitió conversar tranquilas durante 45 minutos.

Este encuentro fue el verdadero cimiento donde comenzó un proceso que posibilitó que no fracasara la difícil primera entrevista vincular con su mamá. La relación con ella era muy ambivalente, la quería mucho y la odiaba otro tanto, enojándose y pegándole a veces. Una mamá que le resultaba imprevisible, "a la que se le borra todo, no le entra nada", describiendo así algunas de las serias fallas maternas en su capacidad de diferenciarse de ella, de alojarla como hija, de contenerla de acceder a la simbolización y el trabajo del pensamiento, dificultades que comprobé en algunas de las situaciones que se fueron presentando.

Luego de escucharla recordé una increíble frase de W. Bion que postula que la verdad es tan necesaria para el crecimiento mental como el alimento para el cuerpo.

Entrevista vincular

En la entrevista de la semana siguiente veo y escucho a la mamá pidiéndole reiteradas veces que por favor se acerque a participar ante la cámara. Ella se niega rotundamente. Por el sonido de su voz deduzco que Cinthia está cerca y que me oye, entonces, apoyándome en la confianza que juntas empezamos a construir, imagino que no se va a ir, sino que va a aprovechar mi presencia para que se produzca algo distinto. Sabiendo que las dos me están escuchando le digo a la mamá que no le insista, que seguramente ella va a intervenir cuando quiera y que las dos pueden aprovechar mi presencia para decirse cosas que quizás, solas, les resulta difícil hablar y escuchar.

La mamá empieza diciendo que la hija va hace mucho tiempo a la noche a su cama y que quiere que deje de hacerlo, al mismo tiempo que mira el celular y escribe un mensaje. Es una escena en donde las dos no se hablan y la mamá permanece atenta al celular como algo natural, (desconociendo y desmintiendo cualquier afectación que esto pudiera producir en su hija y en mí), insistiendo casi automáticamente "Cinti vení vení y bueno..... ¡Chau!, me voy!" con una pregunta "Como las palabras no les salen estando juntas y como se quieren y sufren por esto, ¿será quizás que el ir a tu cama sea la única manera de sentirse juntas? Enseguida escucho que este comentario produce que Cinthia empiece a hablar casi a los gritos y sin parar y cuando la madre intenta interrumpirla le hago varias veces señas que no, que haga silencio y la escuche. Cinthia dice, primero muy acaloradamente y calmándose de a poco mientras comprueba que nadie la interrumpe:"¡Claro, ¡las palabras no! ¿cómo explicar algo tan difícil?!..... No me gusta que cuando le hablo ignore algo que le digo, quiero que no se enoje, que no lo tome a mal, no me gusta que elija a sus amigas antes que a mí, que no me respete cuando habla con su novio enfrente mío, no me gusta que no se hable con mi papá, los dos quieren hacer lo mismo y ninguno le escribió al otro". Veo el rostro de la madre ir mutando desde el automatismo anterior a una progresiva sensibilización y se le van llenando los ojos de lágrimas. Intervengo diciéndoles que me pregunto si quizás pudieran escuchar algo de la otra que no les guste, sin reaccionar o enojarse porque no coincidan, y que si buscaran e hicieran algo que les guste a ambas, como por ejemplo patinar un rato sin llevar el celular y no priorizar a las amigas, ¿esto no les produciría algo distinto a la bronca y el agotamiento que las dos sienten? El límite externo puesto insistentemente varias veces por mí a la madre ante sus desbordes con el celular y las reacciones que detuve porque iban a hacer callar a su hija, que por primera vez podía poner en palabras lo que la angustiaba tanto y la ahogaba, ¿operó de alguna forma para que pudiera alojar algo y producirle esa emoción integradora al final de la entrevista? Si la mamá no estuviera tan conectada con el celular, ¿estaría Cinthia tan enojada? Si la pandemia no hubiese provocado que su papá y sus dos hermanitos se fueran a Brasil, ¿estaría tan triste y preocupada? Dormir juntas hace años y en silencio, ¿será casi el único modo que Cinthia encontró de sostener la ilusión de no perder a su mamá y poder controlarla al mismo tiempo? A los dos días la mamá me escribió que la entrevista había estado buena.

Pienso las relaciones familiares desde una perspectiva de familia en la que no se es de la familia desde el concepto de identidad y de parentesco, que no niego, pero considero que se van haciendo familia desde lo que hacen juntos en cada situación y en constante devenir.

Sonia Kleiman (2016) dice: "En el hacer juntos se va produciendo la vincularidad y a partir de allí se diferencian los que participan en esa configuración, se posicionan, se hacen madre, padre, hijo y no previamente a ese hacer en relación". [6]

Lo epocal y el entorno cultural

El tercer espacio de la teoría vincular trabaja el modo en que lo social y lo epocal entran en el material y nos puede ayudar en el crecimiento de nuestras conceptualizaciones. A comienzos del 2000, el historiador I. Lewcowicz nos hablaba de las marcas subjetivas que la época nos estaba produciendo al irnos transformando inconscientemente de ciudadanos a consumidores. En esos años I. Berenstein nos recordaba que "los hijos se parecen más a la época que a sus padres". Además de pensar en los efectos psicológicos de la pandemia, me parece enriquecedor el aporte de Chul Han Byun (2018), quien nos dice: "La sociedad occidental está planteando un progresivo cambio de paradigma: el exceso de positividad está arrojando como resultado lo que llama una sociedad del cansancio. La explotación a la que uno mismo se somete es mucho peor que la explotación externa. Es más eficiente y productiva debido a que el individuo decide voluntariamente explotarse a sí mismo hasta la extenuación y resulta muy difícil rebelarse cuando víctima y verdugo, explotador y explotado, son la misma persona." [7]

Siguiendo esta dimensión en que lo epocal y lo social nos marcan subjetivamente, ser testigo de una dolorosa experiencia en esta pandemia, me motivó a escribir acerca de un aspecto del Protocolo Covid-19.

Cuando la arrogancia ataca al pensamiento

El Protocolo Covid-19 prohíbe las visitas de familiares (aun de los ya inmunizados) a los pacientes que no están en terapia intensiva, agregándoles así a los dolores propios de la enfermedad, la angustia de verse solos, asustados y privados del amor y los cuidados de un ser querido bajo el rígido e "incuestionable" argumento de que los contagios aumentarían si esto se implementara. Solo se permiten estas visitas en casos de estado terminal o cuando se trata de pacientes niños. ¿Agravarse es la condición para conseguir el permiso de visita de un ser querido?

En un contexto de enfermedad y angustia, la ausencia de interacción afectiva favorece un estado de desconfianza y de regresión emocional en el que se manifiestan necesidades primarias del Yo. Estas necesidades imponen una inmediata satisfacción. Hablo de la necesidad de apego, de ser reconocidos sensiblemente por un otro querido, de ser sostenidos ante la angustia y de recibir y facilitar, con ese otro, el proceso de creación e interacción de palabras e ideas capaces de producir una transmutación del poder destructivo en el mundo interno, evitando así un posible derrumbe psíquico. El contacto con los seres queridos, su presencia, las caricias y el "cálido baño de palabras" de las personas significativas, también son "remedios" que pueden calmar frente a angustias catastróficas y rescatar de sensaciones terroríficas, pudiendo muchas veces evitar somatizaciones, favorecer la integración del Yo y el trabajo del pensamiento y la elaboración, tan indispensables para el proceso de restablecimiento.

El psicoanalista W. Bion (1996) que vivió y trabajó durante la Primera y la Segunda Guerra Mundial, hizo muchos aportes acerca del "ataque al pensamiento que implican conductas como la arrogancia, la omnipotencia, la estupidez, la falta de creatividad y de curiosidad para descubrir significados, además de la creación de dogmas o ideas fanáticas que no permiten cambios en las nociones establecidas y la falta de capacidad de correlación y construcción coherente de pensamientos dentro de la mente y en relación con los cuerpos" (8). Los familiares ya inmunizados podrían colaborar con el cuidado cotidiano y la recuperación de los pacientes que no están en terapia intensiva. Entiendo que es complejo implementar esta flexibilización del protocolo, pero podría llevarse adelante siendo el familiar asignado evaluado por alguna autoridad de la institución, mostrando las pruebas de estar inmunizado y firmando un compromiso escrito de aislarse al regresar a su casa.

Esta reflexión no significa dejar de reconocer, valorar y agradecer profundamente la tarea y el compromiso médico y asistencial observado desde el comienzo de la pandemia. Implica registrar cómo la rígida y arrogante implementación del protocolo no afecta solo a los pacientes sino también el desempeño del personal de la salud, cargándolo con funciones que lo exceden con creces y provoca además el dolor y preocupación de la familia del enfermo, que sufre profundamente por la pérdida de contacto con su ser querido. Todavía no sabemos cómo curar este virus. Pero estas dificultades y frustraciones también nos impulsan, nos obligan, a producir nuevos pensamientos y nuevas acciones conjuntas. El chequeo con la realidad y el dolor que reina en el mundo nos imponen una revisión urgente y una modificación de este tipo de disposiciones entre todos los que estamos trabajando en el campo de la salud, para que incrementemos la prevención en salud, la eficacia terapéutica, el bienestar, la esperanza y la alegría. Las leyes y los protocolos no vienen dados por alguna Ley divina, los hacemos nosotros, las personas. Los protocolos tienen que estar al servicio de la vida, y no la vida al servicio de ellos.

Bibliografía

(1) Berenstein Isidoro (2004) *"Devenir otro con otros"* Cap.6 Editorial Paidós

(2) Puget Janine (2015) *"Subjetivación discontinua y psicoanálisis"* Lugar Editorial

(2) Puget J. (2014) *"Entrevista en Uruguay"* AUPCV https://youtu.be/_qk_sEL0kxc

(3) Catz Hilda (2020) y Colaboradores. *"Trabajando en Cuarentena en épocas de Pandemia y de Post Pandemia Transformaciones e invariancias"* R. Vergara Ediciones

(4) Winnicot Donald.W. (1989) *"Exploraciones Psicoanalíticas I" Una reflexión sobre D.W.W.*, por Clare Winnicott. Editorial Paidós

(5) Pelento Marilú (2018) *"Psicoanalista de nuestro tiempo. Un panorama de sus ideas"* J. Puget, J.Braun y M. Cena Lugar Editorial

(6) Kleiman Sonia (2016) "Perspectiva vincular: sin centro, desde el medio" en *Diálogos en construcción* pág. 19-34 Sonia Kleiman compiladora Del Hospital Ediciones

(6) Kleiman Sonia (2016) "The links: What is Produced in the Space Between Others" in Couple and Family Psychoanalysis VOL 6 (2) Autumn pag 173 - 180, Karnac Books a journal sponsored by The Tavistock Institute of Medical Psychology - London

(6) Kleiman S. (2004) *"Lo parento-filial en perspectiva de Hospitalidad"* Revista APdeBA Psicoanálsis vol XXVI: 682

(6) Kleiman S. (2014) *"Pensar lo vincular , desde los vínculos".* Conferencia Maestría en Vínculos. familias y diversidad socio cultural IUHI

(7) Chul Han-Byung (2018) *"Psicopolítica"* Herder Editorial S.L. Barcelona

(8) Bion W (1996) *"Volviendo a Pensar"* Editorial Lumen

Lic. Patricia Linenberg

Lic. en Psicología Mat. Nac.19170 Psicoanalista. Miembro Titular de la Asociación Psicoanalítica Argentina y de la Asociación Psicoanalítica Internacional. Posgrado en Teorías y Técnicas y Clínicas Psicoanalíticas y Psicodiangnósticas U.B. Es Miembro Titular de la Asociación Psicoanalítica Argentina y de la Asociación Psicoanalítica Internacional. Fue muchos años miembro activo de la AAPPG asistiendo a los seminarios de Pareja coordinados por J. Puget y a los Seminarios de Familia coordinados por I. Berenstein. Fue muchos años Miembro de Referencia Buenos Aires, Institución para la formación de Niños y Adolescentes creada por M. Pelento, M. Cena y M.Wasserman. Fue profesora en la UB. Publicó varios artículos en la Revista de la A.P.A. Es artista visual.

E-mail: patlinenberg@gmail.com

Malestares pandémicos de un grupo familiar antes y después del confinamiento

Alicia Monserrat
Espera lo mejor y prepárate para lo peor.
Fernando Pessoa (1942)

Introducción

En este trabajo intento contrastar dos escenarios clínicos de un tratamiento familiar, antes y después del confinamiento. Mis reflexiones dan cuenta del proceso terapéutico que se inscribe como huella de un período de tiempo, inacabado aún, marcado por la situación traumática que nos ha generado la pandemia.

En nuestra escucha como psicoanalistas nos encontramos tras la búsqueda del deseo de vivir, de sumarnos, activamente a la realidad, y a las posibilidades de comprometernos con el mundo, como una forma de evitar el conformismo y las adaptaciones forzadas al padecimiento humano. Sin dejar de anudar lo aprendido de las exhaustivas experiencias y con herramientas conceptuales psicoanalíticas que posibilitan a despertar del aletargamiento en el que podríamos estar sumidos por la impotencia ante el Covid-19.

Nuestras elaboraciones están atravesadas por el concepto del inconsciente en los grupos familiares, al modo que nos trasmitió Armando Bauleo. Partimos de la búsqueda de autores y/o significantes para ser interpretados en cada situación, de la historia familiar, de escenas de fusión y al mismo tiempo de rechazo, de la tensión entre lo subjetivo individualista y lo no individualizado, todo como emergente de la grupalidad constitutiva familiar.

Ponemos el foco en el complejo campo de las ideas acerca de la vincularidad en los grupos familiares, que surgen con los saberes intra-trans-disciplinares. Nos referimos a la necesidad de descentrar al individuo. De sujeto a sujeto, decía Pichón-Riviêre, y el sujeto incluye lo singular, lo grupal familiar, lo institucional comunitario y lo global, en estas dimensiones de la subjetividad se recogen y reconocen las posibilidades políticas contenidas en el relieve sinuoso y controvertido de los nuevos planos de la existencia atravesados por la epidemia.

Lo social se impone en las instituciones familiares, el vínculo a su vez exige trabajo elaborativo , que los sujetos van experimentando a partir de la situación grupal familiar; se producen multiplicidad de sentidos y significados. Emergen y se van organizando fenómenos simbólico-imaginarios en los cuales todos participan. En estas idas y vueltas en el grupo familiar se producen cambios; se asumen y se asignan roles, afloran ansiedades y sobre todo aparecen fantasías. A través de ellas se enriquece el proceso del grupo familiar productor de subjetividad.

Nuestra concepción psicoanalítica del grupo familiar se aborda desde la perspectiva de un pensamiento complejo con énfasis en las investigaciones que vislumbran la fragilidad y el desvalimiento de la condición humana.

Descripción clínica del Grupo familiar

La familia que presento está en tratamiento grupal desde hace más de un año y medio, y está compuesta de madre y padre de mediana edad y tienen un hijo de 4 años y una hija de 15. Durante el confinamiento las sesiones se realizaron de modo virtual. Los integrantes de esta familia describen la situación con lucidez y desazón, a la vez que acusan la irrefrenable aceleración de los tiempos y definen nuevas dinámicas de convivencia y vinculación afectiva, y también reflexionan sobre el aislamiento en los ámbitos públicos y la predominancia de lo doméstico.

En estos momentos el tratamiento terapéutico psicoanalítico continúa en modalidad presencial.

Escena durante el confinamiento

La experiencia de la cotidianidad presentificada en espacios virtuales nos ha obligado a los analistas de familia a entrar en los grupos familiares atravesando las pantallas-ventanas de su intimidad.

La consulta de familia a través de la pantalla sitúa al analista en reflejo con los otros; se intuye la fragilidad de los vínculos, se percibe tristeza con mucha ansiedad y la transformación de representaciones de figuras en torno al virus que afectan los movimientos de intercambio entre los cuerpos, el contacto se restringe. Sienten el dolor de la existencia con nostalgia de lo que fuimos. Ahora nos vemos y oímos pero no podemos tocarnos, y estas sensaciones quedan suspendidas. Estamos en permanente proceso de dolor y duelo.

Se han sucedido muchos acontecimientos desde la última sesión, que fue presencial como todas hasta ahora. El abuelo, de más de 80 años, había superado la enfermedad del covid-19 hacía una semana y guardaba cuarentena en su casa.

Madre: *¿Estaré infectada? No lo sé, pero por la dudas estamos todos con las mascarillas y la distancia de más de un metro. La situación exige que estemos en habitaciones separadas.*

Analista: *Sin duda la situación nos impone muchos cambios, como hacer este encuentro por este medio telemático.*

Padre: *Tenemos que reinventarnos. Mi padre acaba de salir del hospital y nosotros seguimos confinados.*

La hija adolescente se queja y dice que *"Esto es un rollo"* y el hijo menor juega con coches, trenes y aviones que invaden los espacios comunes y se mueve sin parar.

Después del encuentro compruebo que durante la sesión exponen la precariedad, la fragilidad amarga y la ansiedad de los cuerpos confinados. La atmósfera emocional es que están descolocados y no distinguen entre el encierro voluntario y el obligado.

Los niños expresan deseos y sentimientos contradictorios:

-No me importa ningún abuelo del mundo. -Quiero salir -dice el niño.

-No saldré nunca, debo salvar al mundo de la pandemia -asegura la adolescente.

En apariencia tanto los padres como los hijos eligen una existencia esencialmente autónoma al margen de los mandatos impuestos por la cuarentena. Aluden precisamente a las obsesiones propias que habitan opresivamente espacios y tiempos indistinguibles, donde trabajo y ocio se confunden. Aquí se impone la referencia kafkiana a los estados larvales del sujeto prisionero y domesticado.

Las exigencias educativas son fuente de presión para que los hijos despierten de esos estados larvales. Ambos progenitores usan los dispositivos tecnológicos para acceder a los recursos educativos a través de los medios de comunicación. "Los hijos sin título", de esta manera los padres expresan el temor de que si sus hijos no consiguen la titulación correspondiente no alcanzarán el éxito social. Su preocupación revela el deseo de que esta tragedia termine.

Aparece el conflicto con límites de esta realidad impregnada de amenazas. La incertidumbre envuelve un sentir plagado de realismo escéptico: la pandemia se propaga; la cuarentana se extiende en representaciones tenebrosas y mesiánicas; al final de esta pesadilla vendrá la resurrección; la calma y la esperanza aparecen en la Semana santa, que coincide con la sesión terapéutica.

Acento en lo vincular cibernético

El uso de la cibernética ha irrumpido con peso dramático y voluntario en nuestras vidas y en las sesiones durante el encierro. Las personas estamos inmersas en universos virtuales no solo para trabajar sino como refugios de privacidad y de exogamia familiar en el mejor de los escenarios. Y este es el caso del espacio terapéutico.

Puedo observar sus rostros uniformados por expresiones neutras que replican como reflejos especulares al mismo individuo en representación de muchos; no obstante subyace en ellos el sentimiento de que la salvación de uno es la salvación de todos. La percepción que tengo es que la imagen del otro se refleja en cada uno, la alteridad es reencontrada en la ausencia.

Aparece en la consulta el imaginario de la "generación perdida", embestida por una crisis que no solo trunca vidas sino expectativas, y hace mella en la subjetividad sin horizonte global. Se alude a que se desploma la economía y que esta es "Peor crisis que la del 29".

Preguntan: *¿Qué hace este virus, nos arrasará a todos por igual?*

Se acentúa la inquietud generada por la amenaza de la muerte. Ante la presencia de un peligro y la ausencia del otro aparecen lugares de memoria y significados constituyentes de la comunidad: la gripe española, las guerras mundiales, la Guerra Civil española, los exilios. Traumas acumulativos que desencadenan la reapertura de heridas.

En el interior del hogar, los abrazos virtuales se ofrecen en solitario, con cuerpos como máquinas, cosificados, el tacto anestesiado por los guantes aislantes. Los miembros del grupo desorientados, despersonalizados, reeditan las dudas identitarias del adolescente o la infancia como agujero negro que activa una suerte de regresión perturbadora no exenta de inocencia.

La familia muestra actitudes de reconciliación de las subjetividades expresadas como un sueño mutante, transformador. Reminiscencias del motor de los deseos infantiles que han transitado la metamorfosis de la pubertad y ahora sacuden al cuerpo social con la tragedia del coronavirus como representación, acontecimiento. Podemos identificar esta figura a la vez como la del reconocimiento y la empatía con el dolor, el pesimismo, el enfado y el anonimato del que habita en la ciudad vacía. Y con el ritual de atravesar la sesión semanal en línea se percibe un sentimiento de reconciliación con las fragilidades ante el regreso a un futuro incierto.

En este contexto, el espacio analítico en línea ha generado, no obstante, un nuevo tejido, una red que incluye el deseo de la presencia transformadora y de la continuidad sostenedora por la movilidad virtual.

El a posteriori del confinamiento

Cuando se desbloquean las restricciones la familia retoma las consultas presenciales con la analista.

Hay deseo de reencontrarnos, pero no es sencillo, hay sentimientos ambivalentes en el vínculo "entre" tránsfero-contratransferencial. Se expresan así:

Madre: *¿Estaremos protegidos en la consulta física? Con mascarillas ¿distancias óptimas en la consulta?*

Padre: *Ahora estamos fuera de la cápsula del ordenador, a la intemperie.*

Analista: *A la intemperie sin protección, que no se puede tapar ni con la mascarilla.*

Afloran sentimientos de inseguridad, aunque el espacio, por las nuevas circunstancias, ha sido habilitado siguiendo la normativa. El reencuentro en presencia nos predispone a adentrarnos en la tarea en un clima emocional agitado explícito en un diálogo que supuso una sacudida de los viejos acomodamientos que según ellos habían permanecido inalterables.

En la terapia grupal familiar, con este nuevo encuadre, seguimos abocados a lograr la continuidad de tramitar los conflictos y al mismo tiempo operar cambios en su padecer vincular familiar.

Padre: *En ese entonces, entre nosotros fuimos más humildes e incluso amables, nos amigamos en nuestro proceder, aunque el dolor y la rabia nos inundaron.*

Madre: *Pudimos generar modos de movernos en el hogar. Programábamos todos los pasos: cuándo ir a la compra, cuándo limpiar la casa, cuántas horas dormir y así cantidad de tareas, estuvimos en cuerpo y alma.*

Analista: *Estuvimos y pudimos pensar juntos; ahora estamos aquí, pero con cuerpo y alma, antes con un*

*cuerpo recortado a través de las ventanas ordenadas...
y ahora, ¿qué pasará en presencia?*

Padre: *Recuerdo algo que trabajamos antes en las
pantallas. Que el dolor no nos detenga, que la cuarentena no nos detenga, pero aún...*

Momento de silencio.

Analista: *¿Aún...?*

El niño pequeño, que estaba jugando, dice que no les
gusta que ahora que puede salir los parques sigan valla-
dos y se queja de que tiene que ir con mascarilla.
La adolescente pregunta si he desinfectado todo. *No
quería venir pero me gusta más estar aquí... -dice.*

Madre: *La pandemia continúa y ahora peor, me siento menos protegida, sigo teniendo miedos y mucho más
por mis padres. Creo que hemos venido aquí como si hu-
biéramos vuelto de la guerra pero ahora es más difícil;
se respiran otros aires, como si fueran otras pandemias
que nos contaminan.*

Analista: Otras pandemias que no nos dejan respirar.

Evocan lo ausente de aquellos encuentros virtuales
con este primero en presencia. Pienso que ahora con este
cambio en la modalidad del encuadre se resisten. ¿Aparece el fantasma de ser devorados? ¿Contagiados?
La incorporación pasiva no nos permite metabolizar
estos acontecimientos, se reconoce la diferencia de lo virtual y lo presencial, se intenta deconstruir y construir,
hacer el duelo por lo perdido y al mismo tiempo emerger
de este caos. Tendrán que defenderse en presencia.

Desde la contratransferencia siento que deberé habitar estos espacios familiares y, simultáneamente, sin permanencia, los que vayan creándose en el devenir de la tarea: ingresar en el laberinto del inconsciente familiar, hasta que una brecha se abra y haya sintonía para redecodificar, reinventar en esta experiencia inédita de la pandemia con nuevas aperturas de signos y representaciones para reelaborar.

Es relevante la cuestión que concierne a la creación de la alianza terapéutica, de cómo construirla, analizando las condiciones de seguridad para contener las angustias masivas que produce el contexto actual y aplicando las técnicas que disponemos desde los primeros tiempos de este proceso terapéutico familiar. Partiendo de una invitación inicial, propuesta por la terapeuta, comienza a crearse una herramienta abierta a lo que siga acaeciendo, a lo incierto y por venir.

Los analistas de familia solemos implicarnos de este modo, amplificando el conflicto o expandiendo una escena que mantiene la estructura que sintomatiza el vínculo, sin ofrecer una salida. La terapeuta, en su intervención, aclara la situación de la consulta y los convoca a participar de una experiencia inédita. ¿Podrá su comentario tener un efecto terapéutico? Lo que se produzca, entre todos, en el sendero que tracen al avanzar el material, proveerá alguna respuesta a esta inquietud.

Esa disponibilidad de la analista para alojar lo inesperado se pone a prueba. Está respaldada por su decisión de no esperar nada, sin memoria ni deseo, tal como lo plantea Bion, en cuanto a la función del terapeuta familiar que ofrece y mantiene su receptividad. El gesto con el que los invita a pasar muestra el modo en que acepta los hechos que se van sucediendo, y que es esta su fidelidad y compromiso últimos. La construcción conjunta del vínculo en el grupo familiar con la analista, supone una forma de co-pensar, ya que instituye subjetividad, diversa, que alojará otras posibilidades por ahora desconocidas.

Enlaces reflexivos

En las breves viñetas que ilustro, puede verse la presencia de dos mundos, el interno y sus fantasías inconscientes vivamente representadas en la relación, y el impacto del mundo externo, la pandemia que irrumpe tan bruscamente en la convivencia. La modalidad vincular queda reflejada en este caso en la dinámica del grupo, donde el rechazo, la atracción y la intolerancia se filtran en la convivencia y revelan la inseguridad de un universo vulnerable.

Esta familia ha sufrido una discontinuidad en el tratamiento terapéutico que ha provocado la emergencia de un sufrimiento. Desde lo vincular esta circunstancia posibilita que pensamos en posiciones fijas de dominación y sometimiento que no hacen lugar al pensar juntos y al reconocimiento de diferencias subjetivas apreciables tras el acontecimiento de la pandemia.

El dispositivo familiar entonces altera los previos saberes y verdades emocionales, desculpabiliza o deconstruye certezas, imponiendo una situación en la que puede producirse un sentido de significación no solo resistido, sino también novedoso. Se intenta de este modo hacer visible y enunciar una determinación psíquica compleja, abierta al acontecimiento, que debiera ser respetada y alojada con sinceridad, flexibilidad, sensibilidad y sostenida con firmeza, para dar cabida a la incertidumbre de la vida en general y de los proyectos.

Un aspecto importante de la propuesta del psicoanálisis vincular operativo es su dimensión crítica, que se dirige tanto a un sujeto instalado en la continuidad de la razón (roles instituidos, roles parentales y de filiación), como también a la sociedad y a la cultura, por lo que incita a la subversión (instituyente, las nuevas parentalidades o funciones parentales), ante la incertidumbre inherente del padecimiento de la subjetividad social. El objetivo es que el sujeto-grupo familiar instituido devenga en ser deseante-pensante-responsable, transformador, en suma, seres no robóticos, estereotipados.

A modo de conclusión

Explorar territorios inconscientes familiares nos sugiere incursionar en otro tiempo, no solo après-coup, sino avant-coup (prevención en los grupos familiares), atender el instante, lo fugaz, lo efímero, valorar el potencial y la condición humana, el encuentro con lo no acontecido. Como viene postulándose desde lo vincular psicoanalítico, afirmar que las certezas deberían ser efímeras.

Esto contiene una promesa de futuro en el después de la pandemia: rompamos con la ficción de la superioridad de la razón frente a las emociones para entender cómo somos y poder ser más libres e iguales.

Todo esto viene a impregnar de esperanza el futuro potencial desde la concepción psicoanalítica vincular en las temáticas familiares.

Bibliografía

Catz, Hilda: en *Psicoanálisis de Niños y Adolescentes en esta Pandemia tomo 1.Trabajando en cuarentena en época de Pandemia y de Post-Pandemia transformaciones e invariancia tomo 2. Las redes humanas lo humano de las redes tomo 3* de la. Ediciones Vergara 2020

Bauleo, A.: (1997) *Psicoanálisis y grupalidad. Clínica de los nuevos objetos.* Buenos Aires, Paidós.

Benedetti, M.: (2007) Cita a Pessoa, F. en Vivir adrede, Editorial Alfaguara. Madrid.

Bion, W.R.: (1965), *Memorias del futuro.* Editorial Julián Yébenes, S.A. Madrid.

Freud, S.: (1921c) *Psicología de las masas y análisis del yo.* [OC, T. XVIII] Buenos Aires, Editorial Amorrortu.

Pichón-Rivière, E.: (1985) *Teoría del vínculo.* Buenos Aires, Nueva Visión.

Pontalis, J.: (2007) *Al margen de las noches.* Paidós Biblioteca de Psicología Profunda, Buenos Aires.

Puget, J.: (2015) *Subjetivación discontinua y psicoanálisis. Incertidumbres y certezas.* Lugar Editorial, Buenos Aires.

Dra. Alicia Monserrat

Doctora en Psicología por la Universidad Complutense de Madrid. Especialista en Psicología Clínica. Psicoanalista titular con función didáctica y reconocida como psicoanalista de niños y adolescente por la IPA. Posee experiencia en el campo de la Salud Mental. Con formación de post-grado en Teoría, Técnica y Clínica Psicoanalítica, ejerce principalmente en Madrid. Actualmente es Coordinadora del Grupo de trabajo de Familia y Pareja. Miembro fundador de APOP (Asociación de Psicoterapia Operativa Psicoanalítica). Miembro fundador del Forum Infancias de Madrid.

Vitalidad↔Muerte y Cuarentena

Erica Guadalupe Morais
Ricardo Juan Rey

El paciente Ernesto tiene 30 años, vive con sus padres y tiene un hermano 4 años menor llamado Sebastián. Ernesto es un paciente con diagnóstico de autismo, siendo su enfermedad detectada al año de edad. La madre afirma que dormía muchas horas y que ella lo permitía y no lo estimulaba. Ernesto atraviesa tratamientos psicológicos, y psicopedagógicos continuos hasta el día de hoy que posibilitaron que adquiera lenguaje, que pudiera cursar la escuela primaria y secundaria. Actualmente cursa un terciario en la carrera de corrector de textos (decisión con bastante influencia paterna). Sus padres colaboraron hasta el agotamiento en esta evolución bastante satisfactoria teniendo en cuenta el diagnóstico inicial.

Ernesto ha desarrollado un emprendimiento de venta de on line de libros, al comienzo con la ayuda del padre y actualmente lo maneja casi totalmente solo.

Los padres de Ernesto son docentes de materias del secundario. Tanto sus padres como su hermano son militantes de partidos de izquierda bastante radicalizados, Ernesto tiene dificultades para sostener una posición política diferente a su familia, se ubica en una centro izquierda y ha participado en los comicios voluntariamente como presidente de mesa.

En lo que respecta la sexualidad Ernesto llega a tener

una novia de mayor edad que él durante un año y medio con la cual tiene relaciones sexuales, dicho vínculo fue roto por él mismo por la diferencia de edad con la mujer. A partir de allí, solo tiene sexo ocasional con prostitutas.

Las referencias futbolísticas muestran a Ernesto filiado en la familia materna ya que comparte simpatías por el club que sigue su abuela materna, mientras que su padre y su hermano menor son de otro club.

Los padres me consultan por la aparición de conductas agresivas y violentas, llegando a amenazar a los padres con un cuchillo y teniendo que llamar a la emergencia del SAME para el control de la situación. Estaba en tratamiento con un psicólogo una vez por semana. A partir de dicho episodio requirió medicación psiquiátrica con risperidona a dosis bajas. Pero las conductas violentas, si bien se atenuaron continuaron.

Por el estado de desborde y agotamiento de los padres, les propuse a él y a sus padres efectuar un tratamiento familiar con ambos padres y Ernesto, con alguna entrevista ocasional a su hermano Sebastián que se va a vivir solo en el transcurso del tratamiento. Luego de un año y medio los padres me plantean que se han jubilado y que están agotados y que han decidido dejar el tratamiento, pero Ernesto plantea que quiere seguir viniendo a verme, lo que hemos hecho una vez por semana hasta ahora, y durante la pandemia hemos mantenido el tratamiento con sesiones virtuales.

Antecedentes de la Familia

En las entrevistas familiares intento reconstruir la historia familiar. Rápidamente queda en evidencia ciertos indicios de filiación con la historia de su abuela materna (esta abuela muere unos meses antes de la pandemia, pero en los últimos años casi no tiene contacto con él y su familia). Esta abuela tiene una relación muy ambivalente con la madre de Ernesto, la que corta casi totalmente el vínculo con la madre debido a sus agresiones continuas. La abuela termina conviviendo con una cuidadora que la estafa y se apodera de muchos de sus bienes obligando a la familiar a un intento de intervención judicial para salvaguardarlos.

Los abuelos maternos son inmigrantes italianos que llegan desde su país a Argentina con escasos recursos económicos sin embargo mediante trabajo intenso mejoran su nivel económico y tienen dos hijos, la mayor es la mamá de Ernesto y un hermano menor de ella. Cuando la madre de Ernesto tiene 5 años se produce la enfermedad de su padre que muere de una leucemia en pocos meses.

La mamá de Ernesto refiere que ella luego de dicha muerte "se quedaba sentada en la puerta de su casa, en el umbral , esperando el regreso de su padre". Paradójicamente la abuela de Ernesto reacciona ante el duelo con rabia y odio acusando al muerto de dejarla sola, y de abandonarla a ella y a sus hijos "no pensó en nosotros".

Cuando la madre de Ernesto tiene 24 años queda embarazada de su pareja con la cual continúa hasta ahora. La madre me cuenta que su madre reaccionó con hostilidad ante el embarazo "mi mama me pegaba golpes en la panza cuando me veía". Al nacer Ernesto, su nacimiento coincide en la misma semana con la mudanza de la casa donde vivían a la casa donde viven actualmente, la madre relata la mudanza y esas primeras semanas de vida de Ernesto como caóticas para ella. A pesar de los antecedentes referidos de la abuela, como la madre trabaja, una vez por semana el niño queda al cuidado de la abuela materna. La madre me cuenta que un día al regresar de su trabajo encuentra a Ernesto gateando entre los restos de una botella rota de vidrio, y a la abuela dormida (aparentemente abusaba a veces del alcohol). Recién allí toman la decisión de que no sea cuidado más por ella, luego de haber transcurrido varios meses de dicha situación.

La carrera del corrector

Ernesto está cursando su carrera de corrector a distancia. Al preguntarle por qué cursa a distancia, con la idea de que si su cursada fuera presencial tendría vínculos con otras personas surge la siguiente historia:

Ernesto comienza a cursar su carrera en forma presencial. A los 6 días de estar en clase, comienza a mirar en forma persistente e insistente todo el tiempo a una compañera a lo largo de varios días sin decirle nada. La compañera molesta por su insistencia realiza una queja a las autoridades alegando sentirse acosada. Las autoridades se entrevistan con él y con los padres y "sugieren" por su enfermedad que siga su cursada en forma virtual para evitar expulsarlo o suspenderlo en la carrera. Si bien Ernesto continúa con sus estudios, esta limitación lo enfurece por momentos, en otros siente que si retorna a la presencialidad, su compañera lo denunciará judicialmente ya que él se considera culpable del acoso mencionado. Costó mucho trabajar con él la idea de que él había generado dicha escena, para abortar el paso que había representado para él cursar la carrera terciaria.

La pandemia y la cuarentena

Durante la pandemia debe abandonar dos actividades que realizaba habitualmente: concurrir a espectáculos teatrales y dejar de concurrir a clases de baile donde esperaba "levantar mujeres". Su respuesta frente al Coronavirus y el confinamiento desata terrores paranoicos y reacciones violentas. Cuando la población sale a los balcones a aplaudir a los médicos que enfrentan la pandemia, él sale al balcón de su casa a insultarlos y a oponerse a sus vecinos a los gritos. Requiere de entrevistas de urgencia en su casa junto con los padres y hasta se baraja la posibilidad de una internación psiquiátrica. Se aumenta la dosis de antipsicóticos y se agrega como ansiolítico pregabalina. Con dichas modificaciones las reacciones son controladas. Se enfrasca en conversaciones obsesivas interminables sobre los riesgos de vivir y hacer cosas durante la pandemia o la necesidad de permanecer en su domicilio, no salir para nada y no ver a nadie y aún suspender su actividad laboral durante la pandemia.

Correlacionando lo observado

Intentaremos dar coherencia a todo lo observado en los apartados anteriores – la reconstrucción infantil, la historia de su cursada presencial como corrector y su reacción ante la pandemia- una tarea difícil en el contexto de su psicosis autista.

Creo que la psicosis autista de Ernesto comienza con la identificación del niño con el padre muerto de la madre (su abuelo materno) cuyo retorno la madre anhela. Sin embargo, cualquier conexión con la vitalidad de Ernesto de parte de la madre le provoca a ésta por un lado un conflicto incestuoso que además implica enfrentar la lectura psicótica de la abuela (no se puede amar a aquel que al morirse nos abandonó). Ello provoca cierta retracción de la madre ante cada muestra de amor y vitalidad de Ernesto.

Ernesto introyecta una madre que prefiere tratarlo como un muerto anhelado que cuando se demuestra vitalidad es preferible que siga muerto. Se genera para Ernesto una opción paradojal como fue señalado por **Racamier** [1]: no puede estar ni vivo ni muerto. Ernesto intenta hacer frente a esto con un control obsesivo del objeto y de la distancia a la que él debe ponerse respecto del objeto. Ello se expresa en una oscilación claustrofóbica-agorafóbica típica de los pacientes dependientes de un objeto sustentador enloquecedor como fue descrito por **Salomon Resnik** [2].

La escena del instituto con la compañera es un retorno

de la escena infantil, él mostrando su anhelo de vinculo sexual, su vivacidad sólo mediante la mirada como cuando era un bebé y su compañera en lugar de su madre sintiendo el acoso de su vivacidad, intentando poner distancia ante el vínculo amoroso propuesto, con el ulterior castigo por su osadía de mostrar que está vivo y su condena al autismo del mundo virtual, su exclusión del mundo presencial.

En la cuarentena el Coronavirus y el confinamiento representan al complejo madre –abuela hostil que dictamina que la vitalidad es esencialmente peligrosa y decreta que sólo el confinamiento y la disminución de la vitalidad (autismo) permite sobrevivir.

Referencias a la bibliografía

Eugene Minkovski [3] en la década del 30 afirmaba que el evento esencial del proceso psicótico era la pérdida de contacto con la realidad con pérdida del contacto afectivo siendo el paciente incapaz de tolerar el movimiento, el cambio o la duración. El autismo es definido por Minkovski como un desapego de la realidad acompañado de un predominio relativo o absoluto de la vida interior. Estos pacientes se esfuerzan para evitar que el ambiente penetre en ellos, y su pensamiento autista está al servicio de su aislamiento. El individuo da preferencia al mundo imaginario sobre la realidad, con hostilidad con respecto al mundo y al ambiente

En casos extremos, el retiro libidinal del mundo externo es tan intenso que el paciente se siente **un muerto vivo,** siente que ha perdido su identidad o que ha dejado de existir total o parcialmente. Desean conectarse con los demás pero emerge un terror a quedar aniquilado, sofocado, poseído, atrapado, tragado dominado o absorbido por el objeto.

Para **Harry Guntrip** [4] el mundo que debía dar reverie

y seguridad brindó paradójicamente amenaza de aniquilación. Por ello, en la retracción autística secundaria ocurre una fantasía de retorno al vientre materno que aleja al paciente de la lucha por reencontrarse con el objeto bueno pecho, lo que implica el abandono de la lucha por seguir viviendo en contacto con los demás. El deseo de retornar al vientre materno puede ser sentido como deseo de morir.

Al encerrarse en su propio ser, se sienten omnipotentes pero el yo cerrado y aislado no se enriquece con la experiencia exterior y se empobrece cada día más, lo que provoca un sentimiento de impotencia y vacuidad. A veces, se aíslan por amor a los demás ya que creen que su amor amenaza a las otras personas. Pero cuanto más retirado y apartado del mundo, es más vulnerable a los aspectos hostiles fantasiados de los demás.

Mahler [5] cree que estos pacientes tienen dificultad para reconciliar a la madre real con la imagen mental previa de una madre ideal y buena (objeto estético) y por ello la madre real es rechazada como si fuese un objeto externo que produce dolor. De esa forma, prefieren las relaciones con sus objetos introyectados por sobre las relaciones con objetos reales.

Pao (6) expresa que ante cualquier percepción de separación estos pacientes experimentan una tendencia hacia la regresión y a la desorganización de su yo con desvitalización, deanimación, desmantelamiento, desdiferenciacion con fusión de los límites entre el self y el objeto idealizado con el objetivo de mantener el contacto arcaico con un medio primitivo globalizador.

Siguiendo a **Racamier** [7], la regresión autista es una insidiosa y tenaz tentativa de suicidio psíquico, mediante la desertificación mental. Los pacientes que se refugian en un autismo secundario severo tienen una capacidad omnipotente de generar vacío. La dependencia objetal produce una injuria narcisística incesante. Hay una adoración

/desprecio de transferencia, así no soportan la atracción que ejerce lo real pero tampoco la ausencia de lo real.

Para **Tustin** [8], la retracción autística secundaria se produciría por una separación súbita y dolorosa con una madre con la que previamente había un estado de fusión intensa. Es común que aparezca estas retracciones autísticas con madres deprimidas, deprivadas o que hayan experimentado un shock cercano al nacimiento del hijo.

Conclusión

La intelección del hilo conductor entre las tres secuencias descritas nos ha permitido efectuar interpretaciones y construcciones topográficamente ubicadas en los diferentes lugares del conflicto *autismo↔vitalidad* que Ernesto suele desplegar en las sesiones.

Ello nos ha permitido que transcurran los últimos meses de cuarentena en relativa calma, que haya recomenzado su actividad comercial, y como novedad que haya tomado la decisión de abandonar su carrera de corrector (corregir la vida de su abuelo muerto??) por la de editor (editar algo novedoso de si mismo??), como signo de un pronóstico más favorable.

Bibliografia

1. Racamier PC *Los esquizofrénicos* Ed Biblioteca Nueva Madrid 1996.
2. Resnik S *La experiencia psicótica* Ed Tecnipublicaciones Madrid 1990
3. Minkovski E *La esquizofrenia, psicopatología de los esquizoides y de los esquizofrénicos*, Fondo de Cultura Económica de México, Mexico 2000.
4. Guntrip H Schizoid *Phenomena object relations and the self* Ed International University Press N. York 1969.
5. Pao Ping-Nie *Shizophrenic disorders* Int Univ Press USA 1979.
6. Mahler M *Autism and simbiosis: two disturbances of identity in Int* J Psychoanal 1958, 39:77-83
7. Racamier PC *De la psychanalyse en psychiatrie* Ed Payot Paris 1979.
8. Tustin F *Revised understandigs of psychogenic autism* Int J Psychoanal 1991, 72: 585-591.

Dra. Erica Guadalupe Morais MD Médica clínica

Concurrente de Psiquiatría del Htal Ramos Mejía de Buenos Aires. Profesora adjunta de Psicofarmacología de la carrera de Psicología de la Fundación HA Barceló. Miembro concurrente de la Asociación Psicoanalítica Argentina.
E-mail: guadalupe.morais@gmail.com

Dr. Ricardo Juan Rey MD PhD Médico clínico

Psiquiatra, Psicoanalista. Miembro adherente de la Asociación Psicoanalítica Argentina. Profesor titular de Psicofarmacología de la carrera de Psicología de la Fundación HA Barceló. Profesor de psiquiatría UBA unidad Htal Ramos Mejía de Buenos Aires.
E-mail: reyricardo57@gmail.com

Capital libidinal y confusión de redes

Juan Pinetta

¿Qué volvió a poner sobre relieve la última pandemia, sino aquello que sustenta la necesidad humana del reencuentro de uno con otros, quienes devuelven con su presencia y mirada más o menos sostenida cierta garantía de que se está en una red libidinal que mantiene cierta integridad?

Habrá quienes no necesiten que un otro esté de cuerpo presente para garantizar su existencia; en general son aquellos quienes han logrado un mundo interno poblado de representaciones vivas que lo acompañarán el resto de su vida, con inscripciones primarias satisfactorias, habiéndose generado una fuerte red libidinal intrapsíquica a partir de sostenidas y placenteras vivencias con sus progenitores, ejercicio necesario para una posterior evolución.

Y habrá quienes, con un dolor intenso, verán necesaria una devolución permanente de los otros a manera de sostén ortopédico de su yo, no ya en el orden del deseo, sino de una necesidad imperiosa de satisfacción con el fin de mantener en pie su integridad narcisista.

Si no fueron los padres, aparecerán otros capitalistas quienes, como tales, exigirán su contraprestación en su rol de socios.

Decir que no es del orden del deseo es referirse a la imposibilidad de espera, donde la obturación de esa falta, de ese agujero producto de la incompletud yoica exige reparación incesante e inmediata (no mediada), produciéndose de lo contrario la entrada en la desesperación, en la angustia, depresión y melancolía, o salidas como autolesiones, consumos problemáticos o francos turn-off psíquicos.

Uno de los observables más notorios promediando el primer año de pandemia ha sido justamente que, más allá de las cuestiones que contribuyen a angostar la vida cotidiana y de las diferencias económico-sociales, se han transgredido desde el inicio y en forma creciente las diversas prohibiciones de encuentros y desplazamientos.

Hay un impulso, un empuje a la búsqueda de alguien que acompañe en términos concretos, con su presencia realmente comprobable. Si no, no habría tantas transgresiones, en una época en la cual impera una invitación al ejercicio del individualismo como práctica vital y emblema de presunta libertad. Producción de individualismos que a la vez quedan presos del investimento narcisista de otros yoes (o "para-yoes" tecnológicos) para su integración, no internalizados, sino externos.

Exige cierta cautela calificar a ciertas inobservancias a la cuarentena absoluta como transgresiones a la ley, pudiendo ser en cambio una sana resistencia frente al enclaustramiento, la desesperación y las consecuencias venideras. Se están realizando investigaciones acerca de la posible elevación de casos de depresión, de ansiedad, de suicidios y enfermedades vinculadas al estado de pandemia. Incluso hay estudios que señalan que una de cada cuatro personas han tenido ideas suicidas, mientras otros ya confirman incrementos efectivos de patologías mentales.

En este contexto, se realza la problemática de la necesidad de apego del ser humano como parte de la economía libidinal, en un mercado donde se ejerce un capitalismo libidinal por el cual -claro- hay que pagar con la alienación de ser provisto de "ser" por eso otro que hace desaparecer por un rato el vacío como marca permanente.

Resistencia que, mediando el cuidado de sí y del otro, sin caer en estados maníacos de negación y omnipotencia, apunta a recuperar aquella "tecnología" de lo humano que es el cuerpo y el diálogo no mediatizado por un otro tecno/digital, el uso de la palabra como tecnología autónoma, aunque sin disociarla de lo inconsciente.

Sólo recordemos por un momento que el bebé precisa de la asistencia (handling y holding) de un otro que acompañe en presencia, ausencia, presencia, y que si esto no se produce quedará establecida una voracidad libidinal que hará síntoma por diversos caminos durante el resto de la vida.

Si "Lo humano en las redes y la red en lo humano" fue el título convocante de la edición precedente, el siguiente, "La pandemia y después" sirve como invitación a reflexionar acerca de lo que podría llamarse confusión de redes y capitalismo libidinal. Una confusión donde prima la *fusión.*

Donde no se creó una red de objetos lo suficientemente buena, habrá la necesidad de una reparación ortopédica mediante la incorporación de otras redes, en algunas de las cuales el sujeto será integrado una y otra vez, pero siempre con un peligro inminente de expulsión, a menos que haya sometimiento absoluto (tribus urbanas, pandillas, tribus tecno, mundos paralelos...).

Hay redes y redes: si no es el grupo de amigos de la infancia, de hermanos, pares, si no es el grupo de agentes primarios (padres y subrogados) los que provean proyectos, modelos identificatorios y de pertenencia, otros pondrán frente a sí caminos compensatorios que se convertirán en falsos empoderamientos.

La pandemia puso en evidencia la importancia de las redes tecnológicas como soportes a través de los cuales se pudieron continuar innumerables actividades y encuentros sociales, científicos, educativos, de esparcimiento... se modificó la perspectiva de un psicoanálisis exclusivamente presencial, obligando a nuevas adaptaciones necesarias que eran resistidas.

Pero no fue suficiente para evitar el dolor de la reclusión de los llamados grupos de riesgo, algunos de los cuales -pese a contar con buenos recursos- fueron condenados a la soledad física, aun con la posibilidad de conectarse vía redes con sus familiares, lo que no fue suficiente en muchos casos. También exacerbó los terrores y los miedos que habitan a muchas estructuras psíquicas.

Tampoco se sabe qué hubiera pasado si no hubiesen existido estas redes que, además de "prestar" estos servicios, ofrecen "infodemia", ese mal de sobre-información de alta pregnancia atencional bañada de tergiversaciones enloquecedoras y contradictorias que conducen a la fragmentación (splitting) de la realidad externa, pero también interna, con mayor o menor impacto de acuerdo a la estructura psíquica.

Retomando el hilo en esta complejidad, los más jóvenes fueron los más propensos a romper la cuarentena radical, al igual que muchos adultos, buscando así re establecer redes humanas, lazos sociales, en lo concreto, en espacios abiertos, respetando ciertos cuidados, aunque no todos lo hicieron.

El virus ya no era sólo el SARS-CoV-2. Había emergido otro con efectos devastadores por sus consecuencias subjetivas, produciendo pasajes a la acción (y extendiendo así los contagios): el de la soledad, la incertidumbre y el terror a la desconexión *umbilical*.

La pandemia mostró lo que había bajo la alfombra de la cotidianeidad por la que el mundo transitaba velozmente, corriéndose el velo de la condición de un mundo cada vez más mecanizado tecnológicamente, donde pareciera primar la de-sujeción de los vínculos primarios debido a una creciente y sostenida ausencia de psiquismo contenedor.

Es paradójico que el sufrimiento psíquico parece ser

mayor hoy que hace cien años atrás, cuando la Gripe de Kansas (mal llamada española) produjo unos 40 millones de víctimas fatales según estimaciones conservadoras, en un mundo con muchísimas menos comodidades sanitarias y tecnológicas que hoy. Un número no sólo mayor en números concretos, sino también en términos relativos.

¿Qué es lo que produce esta diferencia? Siempre pensando en tendencias, nunca en generalizaciones absolutas, cabe considerar en el pasaje de una red humana, autónoma e internalizada, a una en expansión, no humana y a la que se tributa dependencia, en una confusión de redes en la que impera un como sí inauténtico lleno de vistas, "likes, App" que permiten mantener una imagen joven y umbilical... pero eso sí: "dentro" de las redes.

Hay que subrayar el carácter vincular del sujeto frente a sus primeros modelos identificatorios, los que además imprimen una regulación y modulación libidinal, traduciéndose necesariamente en la producción de inconsciente, pensamientos, discursos, acciones y actos con el mundo y consigo mismo, lo que traerá siempre una resultante.

Hay una transmisión de algo que empodera o que -por el contrario- produce falta de autonomía y dependencia. La transmisión de cultura implica la capacidad donar aparato psíquico para producir representaciones simbólicas frente al paso del tiempo y sus consecuencias en el cuerpo, la muerte, la sexualidad... la castración. Estamos en el nivel del empoderamiento, del saber enfrentarse a los desafíos de la realidad y la finitud.

Hoy, y hace tiempo, parece gobernar un aflojamiento de los lazos de transmisión de cierta delimitación subjetiva, donde se ha puesto en jaque, se ha dejado de lado, el ejercicio de la "función límite" o función paterna, que es la imposición de una terceridad que provee recursos productivos simbólicos frente al empuje fusional, lo que sirve para evitar el re-engolfamiento que ha sido una vez necesario.

Huérfanos de delimitaciones que habilitarán el pasaje hacia la vida adulta, con la aceptación de límites, definición de espacios y la capacidad crítica de cuestionar, se deja el campo abierto a la aparición de aquellos dispositivos sustitutos y calmantes que obturan angustias, pero sólo en forma transitoria, ya que se consume rápido y hay que ir por más.

Es oportuno relanzar en este punto el concepto de "capitalismo libidinal" para referirnos al ejercicio de un poder que establece una seducción de las subjetividades, destinado justamente a la oferta y compra (alquiler efímero sería más acertado decir) de identidades que semblantean singularidad exclusiva, libertad, reconocimiento y pertenencia, en guiones preestablecidos de consumo dirigidas al deseo; más que al deseo, a la necesidad de tapar el vacío como sea.

En este sentido, Bauman pondrá el lente en cómo la regulación libidinal ha sido sustraída como ejercicio de poder a los padres, que aparecen ahora como potenciales amenazas abusadoras de sus propios hijos. Se trataría de un discurso que orientado a la de-sujeción de las relaciones vinculares de estos, rompe el vínculo intergeneracional estable (Bauman, 2014). Al mismo tiempo empezaron a "producirse", a proliferar lo que podría considerarse como padres laissez-faire, quienes dejaron de poner límites a sus hijos por temor a perder el amor de ellos.

Aparece el hijo como el doble del adulto que no puede donar el límite a la demanda pulsional. Se impone el "no molestar" y no ocuparse en el trabajo de erigir diques, siendo a veces una de las consecuencias la deriva digital que devuelve a los niños a un estado autoerótico de pura descarga, que llevará a un narcisismo digital.

Algunas décadas atrás se anunciaba la aparición y la influencia de los para-familiares mediáticos de los que nos hablaba Giberti, E. (1994) en la vida cotidiana familiar: aquellos personajes que se presentaban en el televisor colocado en la cabecera de la mesa en desayuno, merienda y cena, pasándose a hablar de ellos como si fueran... verdaderos integrantes de la familia.

Hoy hemos superado eso, estamos en la era de los dispositivos casi incrustados en los cuerpos, que funcionan como elementos altamente adictivos frente a los cuales resulta difícil ejercer un corte. Y viene bien para entender esta situación casi global la idea de "capitalismo libidinal" y "economía libidinal", compartida por pensadores como Lyotard, J.F. (1979) y Lipovetsky, G. (1990) décadas atrás.

No es el dispositivo lo problemático, mejor dicho la tecnología, sino lo discursivo y vital que emana de ello, en términos de producción de subjetividades. Sucede, y ni siquiera afirmamos que sea algo planificado en forma sistemática, aunque sí hay planificaciones de seducción como esa idea de colocar a la altura de los niños golosinas en las góndolas de los supermercados que están al lado de las cajas, haciéndole difícil a los padres decir que no frente al berrinche posible.

Existe un fenómeno por el cual los adultos se desentendieron de su responsabilidad, o fueron puestos en dificultades por un entorno hostil, algo que hoy es observable con mayor énfasis, donde la tendencia es que -además- cada integrante de la familia esté cada vez más enfrascado en su propio dispositivo tecnológico, habiendo perdido el vínculo humano con los suyos.

Y si bien son tendencias contrastables, hay que ser claros y enfáticos en que no se trata de culpabilizar, sino de tratar de registrar un estado de cosas que suceden como, por ejemplo, que el superyó cultural que hoy induce a ser objeto irreflexivo (de goce) de la acción de un otro de quién es imposible desasirse. Hacerlo implicaría romper un vínculo que se ha vuelto vital, tanto desde una relación con alguien que ejerce violencia directa, como cuando se trata de esos vínculos que podrían llamarse "maternantes tecnológicos". En estos casos el corte de dichas relaciones suelen conducir a un estado de vacío y soledad terroríficos; por todo lo expuesto no es casual que se hayan incrementado las crisis de angustia o ataques de pánico en las últimas décadas, y aún más en pandemia.

Recordemos que para Freud "la comunidad plasma un superyó, bajo cuyo influjo se consuma el desarrollo de la cultura [...] tiene un origen semejante al de un individuo: reposa en la impresión que han dejado tras sí grandes personalidades conductoras, hombres de fuerza espiritual avasalladora, o tales que en ellos una de las aspiraciones humanas se ha plasmado de la manera más intensa y pura, y por eso también, a menudo, más unilateral" (Freud, S.; 1930; pág. 136,137).

Siguiendo esta línea, podríamos decir que se ha dejado de lado la efectividad de la eficacia simbólica (siempre a interrogar) que proveía el superyó cultural, debido a las ausencias cada vez mayores de referentes auténticos. También, acudiendo al "Moisés y la religión monoteísta" (Freud, S., 1939), se ha dejado de lado toda esperanza en una recompensa por los esfuerzos de la travesía evolutiva guiada por Moisés.

Recordemos que así como la 1ra. y 2da. guerras mundiales, entre otras, produjeron secuelas en el mundo psíquico de los niños huérfanos, hoy vivimos un nuevo estado de conmoción y desorientación permanente. Podría decirse que tiene que ver con la pérdida de cierto entramado de proyecto de cara a un futuro incierto: la mayoría de la población está con sus pensamientos en cómo sobrevivir económicamente en el día a día. Todo esto afecta la importancia de sostener la presencia de los padres u otras figuras de relevancia en la regulación y modulación pulsional, libidinal, identificatoria de los hijos, que quedan a expensas de otros "proveedores" que capitalizan ese espacio para su propio beneficio.

Se trata de múltiples ataques y desafíos a la integridad de los padres, desintegrados de sus funciones por demandas para la supervivencia no sólo narcisista, sino de provisión material en un estado donde el futuro es incierto y sin mínimas garantías o bajo amenaza permanente y aún más incrementado por la pandemia.

Más allá de una cuestión de adultos e hijos, se trata de un estado de cosas que involucra el dominio de cuerpos y subjetividades. ¿Acaso hay niño sin madre, acaso hay madre desvinculada de su mundo extenso, desvinculada de las vivencias no sólo singulares sino económicas, políticas, sociales, culturales... de este superyó cultural que se infiltra con lo que podríamos llamar ideales epocales?

Estas imposibilidades debido a la ausencia de red simbólica, producen un empuje a la demanda de certeza forzada, simbólicamente a modo de tapón que evita que se produzca lo que denomino como un desagüe del ser frente a los problemas que van surgiendo.

Nos encontramos de esta forma con pedidos de consulta caracterizados por la demanda de diagnósticos acelerados respecto de conductas la mayoría de las veces esperables de acuerdo al desarrollo emocional de los niños y al medio ambiente facilitador que lo rodea. Como si se buscara más que nada tranquilizar a los padres mediante la provisión de "etiquetas" rotuladoras frente a la angustia de lo que puede estar sucediendo con sus hijos: ADD/H, autismo, TGD, trastorno oposicionista. De esta forma la autoridad la pasa a ejercer todo aquello que se erige como un gran "otro" que sabe y determina pero que no escucha al niño ni al adolescente en su penar.

En este sentido la política del psicoanálisis es una particular acción que tiene como objetivo ayudar a poner en evidencia aquello por lo cual el sujeto es gozado en su economía libidinal, tras lo cual quizás se decida cambiar o no cambiar algo, y que tiende a la producción de redes simbólicas para restaurar la fuerza de los vínculos en el terreno de lo humano.

Recordemos que el psicoanálisis no busca gobernar ni

ponerse en modelo, aunque en el Esquema Freud escribió que a veces el analista cumple una función de educador, lo que nos llevaría a otro tipo de discusión, pero donde claramente se erige como portador e impresor de superyó, que en este caso debería ser el de la donación de capacidad de pensar, de conocerse, de tener mayor dominio sobre sí en relación a las exigencias del Ello y del mundo.

En esto se diferencia la política del psicoanálisis de la política de los ideologismos y de los partidismos que establecen verdades y baluartes; pero -en otro nivel- no se puede desconocer que las ausencias de políticas públicas para proveer soluciones a las frustraciones poblacionales, producen una mayor presencia de trastornos de la personalidad (Kernberg, O. 2020).

Proveer soluciones es crear redes, lazos más humanos, poniendo en cuestionamiento lo dado y subvirtiendo sus modalidades de existencia ofrecidas. Sabemos que fue subversivo el surgimiento del psicoanálisis en el contexto de dominio sobre el cuerpo, los pensamientos y los vínculos que ejercía la moral victoriana, que establecía su regulación. Hoy todo se ha vuelto más complejo, más etéreo e inasible, pero intentamos que siga sosteniendo esa misma fuerza que mostró su creador.

Al decir del escritor Torres Blandina, estamos frente a "una generación adánica, colonos de un mundo nuevo digital donde han levantado una cultura sin canon ni tradición. Ellos, jóvenes deseosos de estímulos, se consumieron a sí mismos porque apenas tenían otra cosa con la que alimentarse. El mundo digital en el que se mueven desde recién nacidos, su hábitat natural, es un lugar con pocos referentes adultos".

En lo que hace a la mirada psicoanalítica de "La pandemia y después...", se puede decir que hay un presente que sirve para generar el hilado de proyectos anclados en lazos sociales perdurables, que recuperen la continuidad intergeneracional, la narrativa en clave de red humana.

Frente a la desesperanza también aparece un movimiento de resistencia que se ve en la acción de muchos francamente comprometidos con el futuro, creando y tendiendo redes, desenredando nudos, generando tramas, historias, recuperando el capital libidinal con distintas estrategias subjetivantes, allí donde los adultos han desertado por una complejidad de factores en distintos ámbitos.

> *"...la expectativa esperanzada y confiada es una fuerza eficaz de la que en rigor no podemos dejar de prescindir en todos nuestros ensayos de tratamiento y curación...".*
> Freud, S. (1890)

Bibliografía

Bauman, Z. y Dessal, G. (2014). *El retorno del péndulo*. Fondo de Cultura Económica. Buenos Aires.

Catz, H. y colaboradores (2020). *Las redes de los humano, lo humano de las redes. Trabajando en cuarentena y en la Post-Cuarentena*. Ricardo Vergara Ediciones. Buenos Aires.

------(2020). *Trabajando en cuarentena y en la post-cuarentena en épocas de la Pandemia. Transformaciones e invariancias*. Ricardo Vergara Ediciones. Buenos Aires.

------ (2020). *Psicoanálisis de Niños y Adolescentes, trabajando en cuarentena en tiempos de la Pandemia*. Ricardo Vergara Ediciones Buenos Aires.

Freud, S. (1939). *Moisés y la religión monoteísta*. En Obras Completas, Volumen XXIII. Amorrortu Editores. Buenos Aires

-------(1930 [1929]). *El malestar en la cultura*. En Obras Completas, Volumen XXI. Amorrortu Editores. Buenos Aires

-------(1940 [1938]). *Esquema del psicoanálisis*. En Obras Completas, Volumen XXIII. Amorrortu Editores. Buenos Aires.

Giberti, E. (1994). *La familia y los modelos empíricos*. En: Wainerman, C., Vivir en familia. UNICEF/Losada. Buenos Aires.

Kernberg, Otto (2020). *Entrevista*. En diario El Mercurio. Chile. Extractado en octubre de 2020 de http://gda.com/detalle-de-la-noticia/?article=4144759

Lipovetsky, Gilles (1990). El imperio de lo efímero. Editorial Anagrama. Barcelona.

Lyotard, J. F. (1979). *Economía libidinal*. Ed.Saltés. España.

Simon, N. M.; Saxe, G.N; Marmar, Ch. (2020). Mental Health Disorders Related to COVID-19–Related Deaths. Extractado en noviembre de 2020 de JAMA, https://jamanetwork.com/journals/jama/fullarticle/2771763

Juan Pinetta

Psicoanalista. Miembro de la Asociación Psicoanalítica Argentina.
Coordinador del Departamento de Psicoanálisis y Sociedad de la
APA periodo 2016-2020 e integrante en periodo 2020-2023.
Coordinador del Capítulo de Investigación de APA "Zeitgeist Analí-
ti@".
Premio IPA en la Comunidad en el Congreso de Londres, 2019.
Ex editor de las revistas TRANSFORMACIÓN (de la Organización de
Candidatos de América Latina 2014-2016) y de MOCIÓN (Claustro
de APA 2012-2015)

E-mail: jpinetta@jpinetta.com.ar

Barlovento:
donde soplan los (nuevos) vientos

Susana Rasinsky

La pandemia por coronavirus que estamos viviendo, implica una situación inédita en nuestro país y el mundo. Pronto se cumplirá un año desde la aparición de este virus en Wuhan´, China y se ha extendido rápidamente cambiando la vida en el planeta ,cuestionando sus valores ,sus proyectos ,sus certezas.

¿Cómo lo enfrentamos los seres humanos?

¿Qué desafío constituye para nosotros como psicoanalistas?

Frente a esta situación podemos pensar la pandemia en términos de trauma, el sujeto se enfrenta a una situación traumática.

¿Cómo procesar el exceso de información diferente ,el no saber cómo y dónde nos podemos contagiar.

Tener los cielos limpios y las rutas despejadas y no poder transitarlas ,de tener brazos y no poder abrazar, el sufrir pérdidas significativas (de familiares, amigos ,trabajo), vicisitudes y duelos que pueden permanecer como congelados y enfrentan al sujeto con la situación traumática. La misma habilita las condiciones para que su aparato psíquico claudique con lo cual sabemos que apelará a diferentes modalidades defensivas frente al dolor: escisión, desmentida, puesta en acto, como formas de evitar el exceso de tensión.

Por supuesto que la incertidumbre y la falta de certezas van a estar siempre presentes en la vida y forman parte de ella.

En estos momentos la sensación de enfrentar una situación nueva que mata, que destruye desde los lazos afectivos, sociales, económicos actualiza nuestra actitud frente a la muerte donde tolerar la incertidumbre implica tolerar la frustración ante lo desconocido e imprevisible de este virus Covid-19 que asola el planeta.

"La incapacidad para tolerar la frustración puede obstruir el desarrollo del pensamiento y de la capacidad de pensar que disminuiría la sensación de frustración inherente a la apreciación de la distancia entre un deseo y su satisfacción" Bion, W. pag.151.Volviendo a pensar.

En la clínica hubo pacientes que en esta Pandemia no pudieron continuar el tratamiento on-line como el caso Frida, (Rasinsky,S) en el Tomo 2 de Psicoanálisis en Pandemia pág. 244-245. Dra. Catz. H. y colaboradores.

Frida pudo tolerar la frustración de no verme, ya que quede en otra ciudad por la pandemia, pudo reflexionar, pensar. En vez de tener las conductas que evitaban entrar en contacto con su angustia, cuando percibía el peligro de la violencia. del desafecto vivido con sus figuras parentales, pudo en este caso ligar sus pensamientos y lograr así expresar sus sentimientos.

Aspectos socioculturales de la situacion de la pandemia

La situación de Pandemia dejó al descubierto la mentira y el fraude con respecto a las carencias respecto de la educación y la salud, poniendo al descubierto la desigualdad social en el planeta.

Freud en 1915 en "La guerra y la muerte" Pág. 281, expresa que "el estado exige de sus ciudadanos la obediencia y el sacrificio más extremo pero los priva de su mayoría, mediante un secreto desmesurado y una censura de las comunicaciones y de la expresión de opiniones que los dejan inermes sofocados intelectualmente frente a cualquier situación desfavorable y a cualquier rumor antojadizo" "Tampoco puede asombrar que el aflojamiento de las relaciones éticas entre los individuos vectores de la humanidad haya repercutido en la eticidad de los individuos pues nuestra conciencia moral no es ese juez insobornable y que dicen los maestros de la ética en su origen no es otra cosa que la angustia social"

¿Qué movilizó en la subjetividad esta situación de pandemia?

Cuanto más obligatoriedad, más sofocación de los impulsos, que aumenta la tensión de la población y también aumentan las patologías, somatizaciones agresiones, violencia familiar.El psiquismo tiene regresiones a situaciones vividas y las reacciones de violencia y agresiones son más primitivas.

Frente a la desilusión de las promesas de los gobernantes moviliza diferentes conductas defensivas: desmentida, escisiones, somatizaciones, omnipotencia frente a la angustia de desamparo. La población se ilusiona con la vacuna, rápidamente y al mismo tiempo con la misma velocidad se desilusiona, se desalienta ante el horizonte de extrañeza en el que la vacuna no se logra hallar..

En la carta de Freud a Einstein sobre la pregunta que hacer frente a la guerra, en 1932, en Viena Freud S. pág. 187 Obras Completas *"Me ha ganado el rumbo de barlovento, por así decir pero de buena gana navegaré siguiendo su estela"*.

Al leer estas palabras, pensé que nosotros como psicoanalistas tendremos que navegar con las estelas que la sociedad y la cultura nos dan. La cultura y la sociedad son como un psiquismo colectivo que tiene su caos pero al mismo tiempo se va ordenando con las exigencias actuales de la naturaleza ,de las necesidades. Tal vez el psicoanálisis puede ayudar a descifrar ciertos aspectos del inconsciente colectivo de los hombres que manejan el poder, las relaciones humanas en las organizaciones que administran los estados, la salud y educación. Sabemos que el psicoanálisis colabora para escuchar los acordes sonoros de la orquesta y al mismo tiempo de las pequeñas melodías de la música que reconoce las diferentes tonalidades, donde se despliegan los matices inefables de lo humano. También la escucha analítica tiene la capacidad de distinguir la melodía clandestina, disruptiva que perturba la armonía de la cultura y la sociedad.

Como dije antes , tendremos que navegar y llegar a nuevos puertos, con las estelas que la sociedad y la cultura nos dan. Puerta y Puerto derivan de pasos, en griego. La puerta significa el umbral entre lo interior y lo exterior, pasaje hacia otro lugar, hacia otra mirada donde se hace necesario que se instale la solidaridad . Freud como Einstein hablan de que la unión entre todos es lo que da el derecho, el poder de la comunidad.

En la actualidad la globalización supuestamente daba ese poder, sin embargo como es una prótesis deja al descubierto con la pandemia la singularidad, las diferencias sociales, educativas y culturales que subterráneamente subyacen a los intentos de globalización y la desestabilizan de manera ineludible.

Porque como dice Freud en la carta a Einstein pag.189 Sigmund Freud Obras Completas *"La unión de los muchos tienen que ser permanente duradera"*

Pag.191 *"dos cosas que mantienen cohesionadas a una comunidad, la compulsión de la violencia y las ligazones de sentimiento, identificaciones entre sus miembros"*.

Ejemplo del poder de la comunidad

Cuando estuve en Vietnam 2016, en el museo de la guerra, el museo de Etnologías de Vietnam, en casas rurales, escuelas, instituciones y conversando con personas de diferentes comunidades del país, lo que protegió e hizo que ganaran la guerra fue el sentimiento de comunidad nacional, a pesar que Vietnam tiene diferentes etnias y religiones, todo están y estaban muy unidos. La gente es muy amable, tiene educación obligatoria hasta los 15 años. Valoran ir a la escuela. El sistema de salud es deficitario aún. Tienen diferentes religiones como el budismo, el taoísmo pero frente al enemigo estaban todos unidos. Durante la guerra hacían túneles de defensa que les permitió una zona liberada a tan sólo 50 km de Saigón.

Con su cuerpo delgado bajaban, vivían en medio de la guerra con su familia, cocinaban, salía el humo antes del amanecer, no suspendieron las clases .Esta unión afectiva entre todos le permitió enfrentar al enemigo y organizarse. Vemos así que la constancia de objeto y la cooperación nos permite organizarnos para evitar la destrucción psíquica, en una familia, en una institución, en un Estado.

Siguiendo la metáfora náutica (Barlovento)

La escucha desde el psicoanálisis intenta dar cabida al pensar y tener la expectativa de reconocer lo caótico, destructivo para el ser humano y lo que le permite evolucionar y vivir mejor. La escucha analítica admite percibir al otro como otro . Rasinsky, S. (2020) en Catz, H. (2020) *Psicoanálisis de niños y Adolescentes. Trabajando en cuarentena en tiempos de Pandemia.* en esta Pandemia. Tomo 1 pág. 251.

Durante la pandemia podemos constatar que el uso de la tecnología permitió seguir trabajando, ayudar a la población a que no quede invadido su aparato psíquico por el virus y descubrir que frente a situaciones traumáticas si bien no se pueden cambiar como dice Marcelo Viñar, porque el trauma va con nosotros, podemos no quedar adheridos al mismo buscando una transformación .El trabajo del analista es percibir al otro y ayudarlo a integrar sus aspectos escindidos más desorganizados en este momento de la sociedad sin desconocer el efecto del dolor y el sufrimiento en los mismos analistas y sus consecuencias tanto en pacientes como en analistas la mayoría de las veces inesperadas.

En esta pandemia la Asociación Psicoanalítica Argentina ha participado con la red de ayuda psicológica gratuita donde se ha atendido más de 1500 casos, ha asesorado instituciones y fue incluida en la Red de Salud Mental del país, extendiendo la mirada psicoanalítica a nivel comunitario para enfrentar y evitar el desarrollo de patologías graves que se desencadenan en estas situaciones.

Considero que el psicoanálisis después de la pandemia tendrá que seguir transformándose y tratar de permanecer en los organismos estatales y privados, en la cultura, la educación, la economía, y en las diferentes áreas del estado colaborar para diferenciar las metas pulsionales que ostentan el poder, si representan realmente los intereses y necesidades de los que representan. Esta podría ser una invariancia en que se apoye la mirada psicoanalítica sobre "la Pandemia y después...".ante el horizonte de incertidumbre que amenaza cada día.

Bibliografía

Bion, W. (1996) *Volviendo a pensar* Edit. Lumen.
Dra. Catz H. y colaboradores (2020) *Psicoanálisis de Niños y Adolescentes Tomo 1*, Ricardo Vergara Ediciones (2020).
Dra. Catz H. y colaboradores (2020) *Trabajando en Cuarentena en época de Pandemia y de Post-Pandemia Transformaciones e Invariancia* Tomo 2 Editoria lRicardo Vergara 2020
Freud S. Obras Completas Tomo XIV (2001) Amorrortu
Freud S. Obras Completas Tomo XXII (2001) Amorrortu

Lic. Susana Rasinsky

Licenciada en Psicología
Licenciada en Ciencias de la Educación
Perito Psicólogo.
Miembro Adherente de A.P.A.
Ex -jefa de Psicopedagogía en Salud Mental de Mar del Plata
Ex -docente de la Universidad Nacional de Mar del Plata
Profesora de seminarios y cursos en Mar del Plata y Buenos Aires.
Colaboradora del Departamento de Niños y Adolescentes de A.P.A.
(Asociación Psicoanalítica Argentina).
Terapeuta del Centro Racker de A.P.A.
Docente en el Curso-Taller de Psicoanálisis y Educación del Centro de Estudios de A.P.A.
Coautora en Psicoanálisis de Niños y Adolescentes en esta Pandemia tomo 1. Trabajando en cuarentena en época de Pandemia y de Post-Pandemia transformaciones e invariancia tomo 2. Las redes humanas lo humano de las redes tomo 3 de la Dra Hilda Catz. Ediciones Ricardo Vergara 2020
E-mail: susanarasinsky@hotmail.com

Psicoanálisis: luces y sombras para la post pandemia

Gladis Mabel Tripcevich Piovano

Introducción

Un día nos despertamos y el mundo se había detenido: pero... ¿realmente se había detenido? Sólo la especie humana estaba escondida, a resguardo del virus, porque los peces volvían a los ríos, animales de los bosques cruzaban y paseaban por las avenidas desiertas, o curioseaban por calles vacías. Los cielos eran más nítidos, la polución descendía, el aire más limpio traía reminiscencias de un tiempo desconocido, todo lucía más bello sin nosotros, los que nos adueñamos del planeta creyendo que nos pertenecía. La naturaleza recobraba vida y muchos advertíamos cuánto daño le habíamos hecho; sería esperable que esta percepción no se diluya a futuro, aún con el peligro que estamos transitando (por lo que implica en Psicoanálisis la memoria), y conservemos el recuerdo de este tiempo con sus más y sus menos.

De una reciente encuesta de 465 casos que realizamos entre mayo y agosto de 2020 (Tripcevich Piovano, Piovano, 2020) surgen algunos datos a los que me quiero referir, tomando solo algunos, a modo de foto parcial e instantánea de lo que en parte y a mi criterio, ha ido sucediendo:

Siempre las mujeres...

Como en la mayoría de las encuestas, el porcentaje

de mujeres que responden (72%) es mayor que el de los hombres y excede largamente a la tasa ajustada de femineidad esperable para esta muestra, según la edad de la misma, de acuerdo al último censo nacional, que es del 56%; por supuesto sin dejar de considerar que hay en la población, mayor número perteneciente al sexo femenino, esto podría estar también relacionado con el tema COVID-19.

En un mundo en el que prima la idea de autosuficiencia humana, capaz de enfrentar cualquier dificultad, descubrimos un día que sólo podíamos enfrentar la pandemia con lavado de manos, uso de barbijos, higiene de superficies etc, esto aún considerando la información errática y contradictoria que vamos recibiendo (superficies si, superficies no, etc). En suma, se trata de una dimensión de lo materno, lo femenino: el cuidado. Pero nunca habíamos vivido una situación como ésta, en la que se transformara en política nacional y mundial en los países que priorizaron la vida y a regañadientes y con poca intensidad, en los que recurrieron al negacionismo, por ser hasta ahora, la única defensa frente a la pandemia.

Así nos enteramos que en el mundo (y el feminismo lo sabe muy bien) el predominio de categorías masculinas no nos alcanza y por el contrario, nos pone en peligro, en pos de una producción irracional que cada vez tiene menos consumidores y por eso los considera descartables; tal vez esa sea la razón por la cual, los grandes representantes planetarios del macho alfa, haciendo gala de su primitivismo (Bolsonaro, Trump y otros) sobreactúan la masculinidad desafiante e invulnerable frente al virus. Algo se ha corrido de lugar y se percibe a lo lejos.

Rita Segato (2020) sostiene que el Estado es la última etapa de la historia del patriarcado y sucede que en nuestro país, se instauró desde el comienzo un estado materno, una gestión materna de nación, apuntando al cuidado y la protección de los más débiles.

"La patria patriarcal, bélica, defensiva, amurallada, y la patria maternal, hospitalaria, anfitriona..." (Segato, 2020)

nunca convivieron públicamente tan juntas como desde que comenzó la pandemia, en un intento de integración femenino-masculino, que podría provocar sorpresa y esperanza, pero también está generando otras reacciones.

Pues de lo contrario y asumiendo que no sea la única causa ¿de dónde nace tanto rechazo y repudio a todo lo que signifique cuidado en algunos sectores de la sociedad? ¿Sobre qué se montan las manifestaciones anticuarentena, la quema de barbijos, que esgrimen el derecho a la libertad aún con las aperturas que se van haciendo? ¿Qué libertad? ¿La de contagiarse y contagiar a otros e incluso morir? Todo ello acompañado de violencia, ataques físicos e insultos a periodistas, o al gobierno. ¿ Se trata solo de cuestiones políticas? Porque como psicoanalistas no podemos desconocer que son epifenómenos cabalgando sobre pulsiones en mayor o menor grado de procesamiento psíquico. De lo contrario, deberíamos admitir que lo político nada tiene que ver con las pasiones humanas. Las representaciones de la sociedad patriarcal no diferencian los sexos, están instaladas en ambos casi desde que el mundo es mundo y no van a caer fácilmente si es que eso sucede algún día.

"La politicidad en clave femenina..," (Segato, 2020), se adapta mejor en circunstancias como ésta en la que primero importa salvar la vida. Regato se pregunta cómo retener esta experiencia, que quede registrada y no se pierda como las estructuras reactivas del 2001, en pos de recuperar la "normalidad" anterior. Porque estamos asistiendo a una concientización de lo femenino, como recurso prínceps para proteger la vida, como nunca antes y es esperable que este siglo, desde hace tiempo llamado, el de las mujeres, marque impronta profunda en el psiquismo humano, con la integración de lo que lo femenino y lo masculino, pueden dar, cualesquiera sea el resultado de este intento actual.

Las relaciones Interpersonales

En la misma línea, y también señalado por Segato, como las nuevas formas de satisfacer el deseo en estos tiempos del COVID 19, se observan cambios en las relaciones interpersonales o al menos así responden en la encuesta mencionada. El 38% de los encuestados señala que hubo cambios y de ese grupo el 46 % señala que mejoró, solo para el 9% empeoró y un 45% señala ambas posibilidades. Si bien es llamativo que el 62% restante no admita cambios en sus relaciones interpersonales, en este apartado, nos ocuparemos sólo del 38% que sí lo asegura.

Los que mejoraron la relación con sus convivientes rescatan el compañerismo, la confianza, confidencialidad, sinceridad, amor, comprensión, aparición de sentimientos y experiencias postergadas, empatía, mejoría de la intimidad, posibilidad de mayor diálogo, etc.

Convengamos que si bien es un 46% (57 casos de 168) de toda la encuesta respondida, (456 encuestados), no se habla mucho de esto pero también está sucediendo y era esperable que no fuera en muchos casos. El silencio sobre este tema ¿ será porque que solo se les pregunta por la economía o la depresión? En Psicoanálisis, se observa cierta tendencia a la generalización de trastornos psíquicos, en una suerte de patologización de la vida cotidiana, como si fuera lo único posible en el campo de la Salud Mental en pandemia, cuando sabemos que también existe el miedo normal a una pandemia inédita, la angustia señal, la reacción resiliente (Cyrulnik, 2003), por mencionar algunas.

¿De dónde habrá salido la idea de que convivir muchas horas con el otro, iba a ser imposible de tolerar? ¿Y porqué coexiste con la queja de no poder verse con otros (familia, amigos, etc) y extrañarlos tanto?¿Cuando se instaló esta idea de aislamiento **afectivo** en pos de lo laboral, entendido como lo sano, y tal denigración del estar juntos? No podemos ser ingenuos, el neoliberalismo como sistema ideológico que gobierna el mundo, construye subjetividad. El tiempo de estar cerca de los otros, los convivientes y no convivientes (por que las redes sociales han aportado formas de estar cerca, privilegiando lo afectivo), también **ha existido en pandemia**, y en muchos casos ha dado lugar a sentimientos e insights que la urgencia de la vida pre pandemia diluía.

Resulta entonces evidente que la subjetividad viene dañada de hace mucho tiempo y no lo hemos advertido suficientemente. Volver a la normalidad ¿implica solo seres productores (de objetos, de servicios) y consumidores compulsivos?

No puede extrañar entonces la dicotomía que se planteó ya en los inicios de la pandemia: vida, salud, versus economía, eludiendo la pregunta obvia de para qué una economía sin seres vivos, y evitar la respuesta que se prefiere ocultar: para algunos pocos seres vivos, los que podrán protegerse porque disponen de los medios necesarios. Otra vez el Neoliberalismo.

Las no respuestas

Hay un porcentaje enigmático de preguntas no contestadas, aunque es frecuente en la encuestas y se sabe que remiten a dificultades con la respuesta. En este caso la mayoría de ellas fue en los ítems donde se indica fundamentar una afirmación.

Hace unos 5 años, Alejandro Dolina respondió a una pregunta periodística con una frase que resume tal vez un estado emocional de época: No es tiempo de argumentaciones.

Pequeños destellos televisivos lo confirman también hoy: gente que grita quejándose, reclamando pero cuando se le pregunta por qué, pueden dar varias respuestas contradictorias o incluso mostrar que no conocen el tema del que se quejan, pero quieren hacerlo de todos modos. Tal vez la más risueña haya sido la respuesta de un despistado señor que, incluso riéndose al escuchar su propia contradicción, terminó respondiendo, que sí, que quería que le aumentaran las tarifas aunque resultara extraño.

Esta suerte de catarsis social, donde las demandas carecen de estructuración, aumentaron desde que apareció la pandemia o tal vez se hicieron más visibles. Predomina lo evacuativo. Viendo estas expresiones, podríamos preguntarnos si es representativo del estado mental de la población y mi respuesta inicial es no. Sin embargo, lo antedicho de la encuesta, que señala un vacío en las argumentaciones merece una mirada más detenida.

¿Qué sucedió con las argumentaciones?

Las mencionadas demandas las tienen, sólo que no corresponden al proceso secundario, el cuál parte de la necesidad de significar, permite reconocer que la relación entre los elementos del espacio exterior está definida por la relación entre las significaciones que aporta el discurso sobre esos elementos; donde hay una puesta en sentido, con representación ideica o enunciado y cuyo postulado enuncia que todo existente tiene una causa inteligible que el discurso podrá conocer; en el cuál hay sentimiento, terceridad, apelación a un discurso consensuado, categorías de espacio y tiempo. Hay duda, sufrimiento, el yo lo siente y lo nombra. (Castoriadis-Aulagnier, 1977)

Qué son entonces estas expresiones que prescinden de toda lógica procesal secundaria y nos recuerdan la del inconciente?

Que alguien reconozca ignorar casi todo del tema por

el cual se queja, pero reivindica igualmente el quejarse, está reclamando su derecho a expresar una sensación, tal vez una emoción que ha perdido su conexión genuina con los demás espacios, el primario y el secundario, aunque intenta hablar y hablar por el secundario, careciendo de sus características. Estamos en presencia de la palabra vacía, esa que dice en el aire, porque no contiene en sí el procesamiento de los tres espacios y proviene del originario, **con sus certezas,** sin apelar al sentido ni la significación. (Benyakar, 2015)

Este procesamiento psíquico deficitario aparece sin embargo, avalado desde los medios aportando un pretendido sentido que donan ellos, según la conveniencia de las líneas políticas que manejan.

Y resulta que no es nuevo y viene sucediendo desde hace bastante tiempo, con las fake news (falsas noticias), la post verdad que es sencillamente la mentira, y parece tener consecuencias que tal vez no estamos advirtiendo demasiado, pero a juzgar por la falta de criterio de semejantes demandas desestructuradas, que otrora se habrían cuidado de aparecer públicamente, revelan su nocividad. Porque se está legitimando un decir, un "pensar" como marca de época muy peligroso, tal vez con el peregrino fin de banalizar cualquier demanda futura, ya que todas carecerían de racionalidad. O lo que es peor, promoviendo un estado psíquico sin mayores pretensiones, donde se pueda decir y hacer cualquier cosa sin riesgos, además de no poder comprender la realidad circundante y ser cada vez más repetidores de consignas ajenas e intencionadas. Casi, casi similar a lo que sucedía cuando la mayoría de la población era analfabeta y sólo podía enrolarse detrás de algún caudillo que "sabía qué hacer".

No es necesario advertir, lo peligroso que esto puede resultar.

Sobre todo si consideramos la escalada de violencia

con que vienen acompañadas estas expresiones caóticas, en una suerte de todo vale.

Otra pregunta menos contestada en la encuesta, fue la relacionada con la atención médica y/o psicológica durante la pandemia. Y aquí ingresamos en un terreno resbaladizo, ya que una hipótesis puede ser el miedo a descubrir el contagio.

"Normalmente" transitamos por la vida, aturdiéndonos para no recordar que somos mortales. Tanto que algunos filósofos (sobre todo los existencialistas) sostienen que todo lo que incluímos entre nacimiento y muerte, estudio, amores, carreras, trabajo, etc, existe para no pensar en la vía final común de la especie humana, la muerte.

Pero con esta experiencia del COVID-19, se nos instaló como omnipresente, eludiendo cualquier artilugio, ya que a cada instante sabemos que un descuido puede acarrearnos serios peligros de atraerla, ya que aún no existe la cura. O sea, no podemos excluirla del comercio asociativo tan fácilmente como antes. Por ello resultan más importantes los recursos que comienzan a aparecer: negación, desmentida, negacionismo como ideología de ambas.

Por otra parte, asistimos a la descalificación de la ciencia por parte de algunos sectores; los que transitamos en ella, estamos acostumbrados a resultados provisorios, superables y hasta descartables, unido a nuevas investigaciones y búsquedas de otras respuestas cuando las primeras fallan; pero observamos que esto ha puesto a prueba la capacidad de tolerar la frustración en muchos sectores de la población, muestra de la idealización que le otorgaba a la propia ciencia, y a lo médico en particular antes de la pandemia, y el consiguiente viraje a la denigración corrobora.

Reacciones juveniles

En un artículo periodístico reciente, una milenial asegura pertenecer a la primera generación que no superará a sus padres, adjudicándolo al consumismo obligatorio del neoliberalismo

Y el COVID-19 ha desnudado comportamientos juveniles seriamente preocupantes. Pero no siempre fue así.

La peste bubónica que se instaló en Florencia en 1348, marcó un cambio de época: un grupo de jóvenes ricos, burgueses, siete mujeres y tres hombres, se instalaron en una villa de las afueras para huir de la peste y para matar el aburrimiento decidieron que en 10 días contarían historias, que más tarde darían origen al Decamerón de Bocaccio: 100 historias de fines de la Edad Media, sobre personajes nada celestiales y temas como el amor infeliz, el adulterio, costumbres; aunque se la considera una obra erótica medieval, marca el inicio del Humanismo, con una caída brusca de los temas religiosos en la literatura. Conforme al momento histórico, estos representantes de la burguesía en ascenso iniciaban el revolucionario camino hacia el Renacimiento y la Edad Moderna.

En nuestros tiempos de COVID-19, muchos jóvenes (aunque no todos, y tampoco faltan los mayores) están reaccionando en abierto desafío al virus (fiestas clandestinas multitudinarias, repudio al barbijo, beber alcohol de la misma botella, etc). Siendo la rebeldía condición propia de los jóvenes, ésta tiene sin embargo, una característica particular: ellos son algo menos vulnerables a los efectos del virus a diferencia de los mayores para quienes suele ser más letal. Vivir en sociedad implica la renuncia a la satisfacción pulsional directa, generando el conocido Malestar en la Cultura freudiano; la pandemia y sus limitaciones parecen haber exacerbado la emergencia de contenidos reprimidos parricidas y matricidas, sofocados en circunstancias normales, por la influencia civilizatoria.

¿Es posible que los jóvenes (muchísimos pero no todos) hayan renunciado a sus posibilidades simbólicas de cambiar el mundo, como vimos a lo largo de las generaciones? ¿Puede la satisfacción inmediata facilitada por el consumismo propio del neoliberalismo, haber anestesiado esos impulsos? ¿Será por eso que superar a los padres (parricidio simbólico) ya no sea posible para ellos y quede en bruto como realidad fáctica, a través del contagio?

Estas preguntas vienen abrochadas a otros datos inquietantes de la encuesta: sólo la respondió el 33% de los menores de 40 años y también se observa en este grupo, que el incremento o comienzo de ingestión de drogas o alcohol, la emergencia de ideas suicidas y la visión acerca de un futuro peor, es superior a lo respondido por los mayores.

Resumiendo, las impresiones de la milenial parecen confirmarse en una preocupante realidad juvenil que seguramente será tema de futuros desafíos y debates en el Psicoanálisis, porque no parecen ser cuestiones pasajeras.

Consideraciones finales

Entiendo que la pandemia de COVID-19 vino a exacerbar condiciones preexistentes en el psiquismo humano, muchas de ellas sojuzgadas a presión por la fuerza de la cultura, aunque como hemos visto también, han resurgido funciones perdidas de la subjetividad, tanto como algunas desconocidas, tal vez como producto de la resiliencia, ya que ésta puede existir también sin trauma (Zukerfeld, 2017). Sorprende sí, la presunción de patología como única expresión en pandemia, cuando también damos cuenta de nuevas categorías de convivencia, con el rescate de la condición humana y de la vida, por encima de valores abstractos que la condicionan y atropellan.

He omitido hablar de trauma, como aparece prematuramente en algunas expresiones públicas por zoom, precisamente porque aún no sabemos en cuáles casos aparecerá mientras no observemos ese psiquismo en particular (Benyakar; Lezica, 2006) y hemos corroborado la presencia de recursos inimaginables y resilientes, en personas expuestas a las más crueles condiciones que puede soportar un ser humano. (Tripcevich Piovano, 2017)

Bibliografía

Benyakar, M. (2006)a *"Lo disruptivo"*- Buenos Aires. Biblos. (2ª ed.).

Benyakar, M; Lezica, A: (2006) *" Lo traumático"*. TI y TII. Buenos Aires. Biblos

Benyakar, M: 2015: *Lo disruptivo. Sus características, cualidades y análisis de su dinámica. Modalidades de análisis de un un fenómeno fáctico y su impacto en el psiquismo.* Marzo de 2015. Difusión interna USAL APA. Buenos Aires.

Benyakar, M: *Lo disruptivo: de lo fáctico a lo psíquico. Difusión interna USAL APA.* Buenos Aires, Argentina. Julio 2015

Castoriadis -Aulagnier, P: (1977) *" La violencia de la interpretación. Del pictograma al enunciado".* Pcia de Bs As. Amorrortu editores. 1°edición en castellano,1977.4° reimpresión. 1997.

Cyrulnik, B: (2003*) El murmullo de los fantasmas. Volver a la vida después del trauma.* Barcelona. Editorial Gedisa. 2003.

Freud, S: (1929) [1930] *El malestar en la cultura.* O.C.T. III. Pág. 3047. Biblioteca Nueva. 3ra Ed. Madrid. 1973.-

Galende, E: (2004) *Subjetitividad y Resiliencia: del azar y la complejidad.* En : Melillo, A; Suarez Ojeda, E; Rodriguez, D; (Comp.). Resiliencia y subjetividad . Los ciclos de la vida. Pp 23- 61. Buenos Aires. Paidós. 2004

Segato, Rita L: (2020) *Coronavirus: Todos somos mortales. Del significante vacío a la naturaleza abierta de la historia* . 2020

Tripcevich Piovano, G.M: (2017) *"Procesos psíquicos en damnificados directos de la desaparición forzada de personas, durante la década del 70 en Argentina."* Tesis Doctoral. Universidad del Salvador. Defendida el 8 de abril de 2017. Buenos Aires.

Tripcevich Piovano, G.M; Piovano, C.F: (2020) *Pandemia por COVID 19. Cuarentena y subjetividad: Conductas,emociones, sentimientos;* Dra Gladis Mabel Tripcevich Piovano Ph.D; Prof. Consulto UBA Dr Carlos Francisco Piovano Ph.D MD) 2020. Encuesta en proceso

Zukerfeld, R: (2017): Comunicación personal.

Dra. Gladis Mabel Tripcevich Piovano Ph. D.

Licenciada en Psicología . Universidad de Belgrano. 1984
Sexóloga Clínica .Centro de Educación, Terapia e Investigación en Sexualidad. 1988
Miembro Titular en Función Didáctica de la Asociación Psicoanalítica Argentina. 2007
Magister en Psicoanálisis.
MAESTRÍA Asociación Psicoanalítica Argentina- Universidad CAECE. 2010
Doctora en Psicología. Universidad del Salvador. 2017
Miembro de los Capítulos "Psicoanálisis, Subjetividad, y Comunidad". y Psicoanálisis y Derechos Humanos. APA.
Member of The International Forum of Teachers. Law and Ethics. Haifa University.
Presidenta del Comité Ejecutivo del Foro de Catedráticos Independientes de Ecobioética. Red Iberoamericana de la Cátedra UNESCO de Bioética. Univ. Haifa.
Premio Psicoanálisis y Libertad. Fepal. 2014 : "Videla o la Libertad en un dictador". En Calibán. Revista Latinoamericana de Psicoanálisis . Vol 13. N° 2, 2015.

E-mail: gmabelt@hotmail.com

Las Narraciones, La desazón social y las resignificaciones

Patricia Morandini Roth
Madrid, octubre 2020

*"El mayor riesgo que atravesamos es cerrar los ojos(desmentida), condenar o festejar los cambios para el sujeto sin pensar en que es lo que significa, ensordecer nuestra escucha y caer vencidos por un tiempo acelerado contrario al desarrollo humano"**
Morandini Roth, P. (2017)

En este trabajo comenzaré con una narración compleja sobre algunas de mis experiencias pasadas en diferentes ámbitos de trabajo para luego poder pensar un recorrido, resignificar experiencias, para ser contenidas en un proyecto futuro. Tengo mis razones, como otros tendrán las suyas y seria enriquecedor poder realizar institucionalmente los intercambios para enriquecer las organizaciones y las instituciones a las que pertenecemos. Mi experiencia clínica personal intensiva es con pacientes niños, los adolescentes, sus familias y la comunidad educativa.

Creo que no deberíamos dejarnos engañar, a lo mejor tenemos tan incorporado la negación, la disociación entre los grupos, las diferencias y exclusiones entre las diferentes instituciones y un cierto aire de clasismo. Tratemos de hacer aquí un ejercicio de narración, para ver qué es lo que se repite compulsivamente, ampliar la conciencia asomándonos en los datos de la interdisciplina (que no

---

* Morandini Roth, P. (2017) Trabajo "Los diagnósticos urgentes subjetivos del TDAH en la familia e instituciones. Departamento de Niños y Adolescentes APA-IPA

están reñidas con nuestro quehacer) para más tarde, resignificar y tal vez, elaborar. De esta forma, es un camino posible para detenernos a pensar esta contribución para el cuarto libro: - "Psicoanálisis de niños y adolescentes; "La pandemia y el después... de Hilda Catz y Col. (2020).

Un ejercicio posible es este camino que propongo aquí ya que los pueblos y las instituciones tienen memoria que algunas veces hay que rescatar, pues si lo suprimimos, el olvido tiene sus enemigos, tanto para la salud individual como la colectiva-social. Un tema preocupante y complejo como la salud mental de niños, adolescentes y adultos jóvenes que necesita un debate serio e institucional en muchas regiones. Según la OMS hay un incremento intenso en los niños y niñas que padecen un sufrimiento psíquico intenso con riesgos vitales incluidos los diferentes contextos de familias. Estos riesgos vitales en las familias donde se ejerce la parentalidad, con efecto domino desbordan otras organizaciones como la comunidad educativa. Este entretejido silencioso de diferentes violencias institucionales con sufrimientos psíquicos, son similares en España, Europa, Asia, Norteamérica, o Latinoamérica. No es adecuado los sectarismos pocos solidarios para justificar que el sufrimiento psíquico es diferente según la región, o práctica clínica, aunque desde luego probablemente, pueden percibirse pequeñas diferencias. Actualmente la cuestión social del malestar y el sufrimiento psíquico infantojuvenil en particular, las diferentes configuraciones de familia y sus vínculos parentofiliales preocupa cada vez más a los psicoanalistas de niños y adolescentes. Todos ellos son protagonistas; las diferentes familias y la comunidad educativa. La escuela hace un gran esfuerzo para dar las respuestas posibles a tanta desazón social y familiar que se traduce en un alto sufrimiento infantojuvenil, familiar, y en lo social algunas veces de pérdidas humanas. Esta crónica quiere dar cuenta de diferentes narrativas culturales, discursos sociales, sectores institucionales sobre los problemas de la salud mental infanto-juvenil. Es necesario que "La Pandemia de lo invisible" lo que no sale en los medios, lo que esta silenciado, puede recortar nuestra conciencia social en lo institucional.

Una gran interrogación que me he formulado en el capítulo (1) Morandini Roth. P. (2020) en el libro Dr. Carlos Tewel 2020. "Crisis en la Parentalidad". Es la siguiente: ¿Podemos pensar y de-construir sobre las complejas narraciones sociales que afectan las capacidades parentales, en riesgo? ¿Cuáles son las capacidades de aprendizaje excluidas en educación? ¿Qué decir de los dilemas sociales que atraviesan las instituciones incluidas las educativas? ¿Estaremos nosotros mismos los psicoanalistas afectados por ello?

En el último trabajo recogido por Unicef, Programa País 2016-2020, 1.500.000 niños/as no acceden a la asignación universal por hijo/a en Argentina, el 68% de niños/as menores de 4 años no asiste a ningún tipo de servicio de cuidado educacional. El 46% de padres y madres recurre a la violencia física como medida disciplinaria hacia niños, niñas y adolescentes. Se ha multiplicado por tres los suicidios en los adolescentes en los últimos 20 años y el 15,1% de nacimientos fueron de madres adolescentes. Estos datos provenientes de Unicef dan cuenta de un calado profundo de conflictos y déficits socioeconómicos, sanitarios, educacionales que repercuten en la salud mental que se arrastran desde varias décadas. Esta punta del iceberg hace eclosión actualmente, sin programas de atención clínica y prevención en educación evaluados desde instituciones y organismos internacionales que abarquen la inclusión de todos; los niños, sus familias y la comunidad educativa. El gran problema de falta prevención primaria en salud mental infanto-juvenil y secundaria en educación es el resultado de innumerables factores e intereses de dominio y sumisión de las relaciones, características de las faltas y de fallas en las políticas institucionales. ¿Hay debate y /o lectura en las instituciones de lo nuevo, lo que emerge en un acontecimiento y deviene en traumático? ¿Escuchamos algo nuevo que surge en la clínica y en lo social? ¿Lo pensamos, lo integramos o lo clivamos, o lo desmentimos?

Pero volvamos algo atrás, en mi experiencia como subdirectora de Sanidad Escolar de la Nación de Argentina en los últimos años de la década del 80. Puedo narrar apoyada en las actas de la Institución, las funciones que dicha organización cumplía y que hoy en día, han desaparecido, hace tiempo. Puedo decir que las dificultades y la situación crítica de la hiperinflación de la época impactó traumáticamente con un alto índice de emergentes situacionales en las provincias desde la desesperación social y depresión socioeconómica hasta la corrupción y el vaciamiento de las instituciones. No obstante, la institución a pesar de sus conflictos fue puntera durante décadas desde su creación en 1958 para dar protección, y cuidados a los escolares de todo el territorio. Sus funciones interdisciplinarias para todo escolar sea cual fuere su residencia en el país fueron: A) Cartilla de vacunación y revacunación infantil B) Revisión y diagnóstico bucodental en odontología, C) Psicodiagnóstico precoz para el escolar inadaptado, D) Primeros auxilios escolares- Exploración pediátrica E) Certificados de enfermedades infectocontagiosas infantiles F) Educación sanitaria para los programas de enseñanza media y secundaria. G)Diagnóstico de los servicios de alimentación de los colegios e institutos adscriptos a la enseñanza primaria y secundaria H) Colonias de vacaciones de verano para el seguimiento de la nutrición y deporte de niños vulnerables I) Enseñanza de Puericultura y Formación docente continua en cuidados de la salud y mente J) Programa docente de actualización en sanidad escolar K) Organización pediátrica y psicológica del departamento nacional de ciegos y discapacidad L) Cuidado y preservación de la salud del personal a cargo de la enseñanza escolar, M) Control sanitario de edificios e instalaciones. N) Lucha contra las enfermedades endo-epidémicas en el medio escolar. O) Orientación psicológica para el apoyo a padres y madres.

A principios de la década del 90 la institución después de dar cuidados escolares a 8500 niños por semana durante décadas Sanidad Escolar se cerró para que sus competencias sean transferidas a territorios federales. La institución desapareció supuestamente transfiriendo a las provincias "funciones irrepetibles" y en la cual los territorios convocados nunca fueron capaces de absorber una estructura compensada para acoger esas funciones. Los diferentes planes sectoriales y sectarios fueron reducidos a campañas temporales de educación sin continuidad y sin convocatoria social. Toda esta transferencia institucional de funciones fue hecha por unos cambios sucesivos de diferentes gobiernos que no han volcado proyectos longitudinales evaluados. Lo que provocó fue su desaparición y desintegración. No se dio continuidad por las innumerables cuestiones y relaciones de poder, sometimiento y dominación entre instituciones, grupos y personas. Se desintegro los proyectos y sus funciones. Como se observa en el Diagrama 1, se presenta un circuito de interdependencias reciprocas y patógenas inter-trans-institucionales que llegan hasta el individuo, en este caso a los niños y adolescentes, alterando las funciones de hetero-autoconservación. Bleichmar (1997)

Desde otro punto de vista, otro gran conflicto: lo económico. Los presupuestos en salud mental de los estados más específicamente por ejemplo España no da el aprobado hace décadas. "El compromiso de la inversión en salud mental no se ha cumplido", lamenta director del Instituto de Salud Mental y Psiquiatría del Hospital General Universitario Gregorio Marañón de Madrid, tras su participación en el Foro de Bruselas, celebrado en el Parlamento Europeo como parte de la iniciativa, Headway

2020. Otro tema preocupante En cuanto a las asignaturas pendientes en España, el mismo director del hospital recuerda que "No hay especialidad de Psiquiatría Infantil y Juvenil", y añade que "falta inversión en programas de intervención temprana, es decir, prevención primaria y secundaria, algo que no ocurre en otros países de nuestro entorno".

Por otro lado, la creciente y alarmante medicalización en cualquier rincón del mundo en salud mental infanto-juvenil **como propuesta unidimensional**, en el sentido de ofrecer esa exclusiva opción o no acceso a un tratamiento, es otra propuesta antidemocrática convirtiendo al niño/a en desarrollo de su constitución psíquica en un devenir deshumanizado y etiquetado. Llamo **"Proto-colonización"** del sufrimiento infantil cuando los niños están dominados por las creencias y actitudes dogmáticas de los adultos sean estos profesionales de la salud mental, educación o padres de los cuales utilizan múltiples protocolos solamente para colonizar en el otro sentimiento de tranquilidad aparente y pseudo-control. Colonizando mediante una identidad psicopatológica para tratar de aplacar el sufrimiento parental y atribuir una pseudo-identidad a un menor. (Morandini Roth, P.2017)

El Dr. Badaracco en su época anunciaba a pesar de las resistencias institucionales de los propios psicoanalistas, diferentes dispositivos a favor de otros tratamientos humanizantes para poder llegar allí donde otros tratamientos no llegan. ¿Estamos preparados hoy para incluirnos dentro de las organizaciones como propiciadores del cambio, o seguiremos con resistencias?

Focalizar en algunos aspectos clínicos con datos, proveerá a las instituciones o a nuestras consultas en general una conciencia más ampliada. ¿Qué características tienen los pacientes, cuales son el común denominador de motivos de consulta? Podemos observar en una muestra de 70 niños con una categoría pre-diagnóstica como el TDAH, un 35 % niños sufren una estructuración pre-psicótica, otros 30 % pueden sufrir una estructuración con psicopatología arcaica, fobia difusa, TCA, ideas suicidas, autolesiones, y accidentes graves. Solo alrededor de un 35 % puede a lo mejor contener una evolución normal o neurótica de estructuración psíquica. (Tabla diferencial presentada en el Depto. de Niños y Adolescencia APA-IPA 2017). Hoy es un tema preocupante. Podemos nosotros atenuar y transformar los tratamientos de pobreza asistencial, seguimientos clínicos ineficaces con un sufrimiento estancado, sin desarrollo transformador dando cuenta de lo que llamo: **"Procesos Desintegradores en la Pubertad y Adolescencia."**

Todos estos psico-diagnósticos aparecen sin el acompañamiento de componentes psicosociales, institucionales, educativos, psicoanalíticos grupales, multifamiliares y comunitarios como si fueran excluyentes uno de otros y si lo hay, des-jerarquizados entre si. Ahora bien, intentemos focalizar la clínica y sus vicisitudes. Hoy creo que las diferentes violencias y el impacto sufrido en las familias, los niños/as y adolescentes en pandemia merecen ser *el objetivo institucional de preocupación* para resignificar sus estructuras por los cambios complejos sufridos antes de la pandemia, que han quedado congelados y actualmente emergen al descubierto. Actualmente se necesita una transformación que acompañe a estos tiempos actuales y tumultuosos que deja al descubierto diferentes violencias silentes institucionales sobre lo infantojuvenil. Ya no podemos seguir en soledad en las consultas clínicas, pero ¿Hacia dónde vamos? ¿Que podemos pensar y resignificar? Podemos resignificar los contenidos de los cambios que aparecen en una complejidad cultural, social y familiar diferente, en el desarrollo psíquico de los niños y los adolescentes. Por ejemplo, un tema que preocupa en estos momentos es la formación.

La formación necesita una transformación adecuada a

sus tiempos. Las condiciones socioculturales modifican el aprendizaje de la transmisión. De lo contrario, esta situación da cuenta que cada vez hay menos psicoanalistas y menos psicólogos con la especialidad de niños y adolescentes. Como psicoanalistas buscamos respuestas para la vida, con el gran bagaje experiencial y formativo tratamos de elaborar la realidad material y la realidad psíquica de nuestros pacientes, pero a la vez comprometernos más con una trans(misión)alejada del conformismo práctico. Dado la complejidad de la transmisión ¿Podría ser integrada la formación-transmisión con la especialidad con niños y adolescentes? Un debate profundo que podría comenzar en las instituciones, necesitando de acciones específicas. ¿Ahora estamos preparados? y ¿después? ¿Cuándo? La educación y la sanidad siempre constituyen dos ejes o pilares de la dignidad humana. El primero es un derecho a la verdad del conocimiento y el segundo es un derecho a la vida. Sin la vida, o con la vida desintegrada, no hay educación adecuada posible. Pensamos una interrelación de componentes cada vez más complejas para dar cuenta del desarrollo y estructuración psíquica infantojuvenil. De este modo la salud mental infanto-juvenil puede estar articulada con la complejización de sus componentes. (Diagrama 2). Es importante comprender que *la prevención de la salud mental es la reducción de la incidencia, prevalencia y recurrencia de un conflicto intrapsíquico- intersubjetivo-transubjetivo* (*)

Un mensaje importante es que se puede prevenir exitosamente de forma comunitaria en gran medida. Para dar vida y sostenerla se necesitan unas condiciones que permitan el logro de capacidades parentales sostenidas y contenidas. La salud mental infanto-juvenil, la mentalización a padres y madres, la mentalización a los grupos, la detección precoz en la infancia es una prioridad de la humanidad universal y sin fronteras. Resignificar las decisiones y formatos institucionales es una contribución histórica en lo que respecta a un futuro diferente, que puede llegar con un esfuerzo intencional consciente. Y entonces, ¿Estamos preparados?

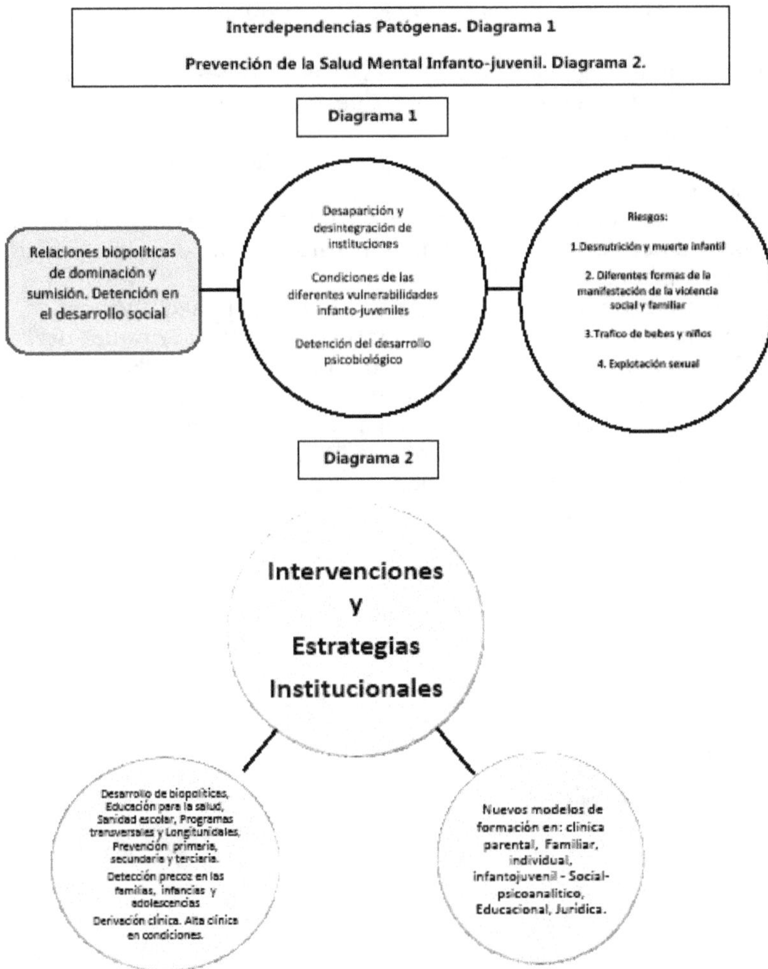

Bibliografía

Badaracco J. (1998)" *El mundo de las interdependencias"*. Selección de trabajos. Comp. Maria Elena Mitre. Editorial APA-Centro Ditem. Volumen 3.

Bleichmar H. (1997) *Avances en Psicoterapia Psicoanalítica*. Editorial Paidós.

Catz, Hilda. (2020) *Psicoanálisis de Niños y Adolescentes Trabajando en Cuarentena y en la Post- Cuarentena*. Editorial Ricardo Vergara. Tomo 1, 2, 3.

Headway 2020. https://ec.europa.eu/youth/policy/youth-strategy/evidence_es

*Morandini Roth, P. (2017) *Trabajo "Los diagnósticos urgentes subjetivos del TDAH en la familia e instituciones*. Departamento de Niños y Adolescentes APA-IPA

Morandini Roth, P (2020). "Riesgos Parentales, Desequilibrios Familiares, Dilemas sociales". Libro *"Crisis de la Parentalidad"*. Compilador: Dr. Carlos Tewel. Editorial Ricardo Vergara.

Sanidad Escolar. Revista de Sanidad Escolar del Ministerio de Educación y Justicia. Dirección Nacional; *Acotaciones referentes a las vacunaciones de los escolares*. División profilaxis.1960-1987. Actas de la subdirección Periodo 1986-1988.

UNICEF.www.unicef.org

Prof. Lic. Patricia Morandini Roth

Psicoanalista Licenciada en Psicología. UBA. Psicóloga General Sanitaria.
Especialista Clínica de Niños y Familia por la Universidad Pontificia de Comillas. UPC. España.
Miembro de la Asociación Psicoanalítica De Madrid. APM-IPA. España.
Miembro concurrente de la Asociación Psicoanalítica Argentina. APA-IPA. Candidata a Doctora en la Facultad de Ciencias Biomédicas y de la Salud. Universidad Europea de Madrid.
Directora del Centro Consulta Abierta, clínica de niños y familia. (Centro concertado para prácticas clínicas de Universidades UNED, Universidad Europea de Madrid en España.)
 Profesora y tutora de Psicoanálisis de niños y adolescentes en el Máster de Psicología Sanitaria y Máster de Psicología del Desarrollo Infantojuvenil de la Universidad Europea De Madrid. España
Coordinadora del Seminario clínico de Niños y Adolescentes de la Sociedad Fórum de Psicoterapia Psicoanalítica (Formación Continua),
 Formadora continua de las Actividades Sanitarias por la Comunidad de Madrid en el Hospital Universitario La Paz, Madrid. (Sociedad Fórum de Psicoterapia Psicoanalítica). Co-coordinadora del Taller de Prevención en Salud Mental infanto- juvenil. Ex subdirectora de Sanidad Escolar de la Nación Argentina.

E-mail: centroconsultaabierta@gmail.com

HILDA CATZ Y COLABORADORES

A la manera de un Epílogo

"En este sentido, el confinamiento podría dar lugar a una crisis existencial saludable en la que reflexionaríamos sobre el significado de nuestras vidas profundamente, esta crisis es antropológica: nos revela el rostro lisiado y vulnerable del formidable poder humano, nos revela que la unificación tecno económica del mundo creó al mismo tiempo que una interdependencia generalizada, una comunidad de destinos sin solidaridad".

Morin, E.(2020)

"Entre la visión conservadora, que niega el poder profundamente re-configurador de la pandemia, y la visión quimérica, que propone un año cero de la historia, se anuncia algo más preciso, el acontecimiento de la pandemia desnuda la fragilidad de la complejidad humana...Pero la cifra de la complejidad es la fragilidad de un sujeto impensado que emerge en medio del miedo y la lucidez, el sujeto humanidad, el nombre "genérico" del habitante de la casa común".

Raúl Domingo Motta
Catedra Itinerante UNESCO "Edgar Morín" CIUEM

Se terminó de imprimir en el mes de diciembre de 2020
en Imprenta Dorrego Ciudad de Buenos Aires.
Coordinación gráfica Ricardo Vergara
E-mail: edicionesvergra@gmail.com